郑州大学当代资本主义研究中心资助

郑州大学政治学丛书
Zhengzhou University Political Science Series

空间政治下的
城市发展与城市治理

刘兆鑫 / 著

中国社会科学出版社

图书在版编目（CIP）数据

空间政治下的城市发展与城市治理/刘兆鑫著.—北京：中国社会科学出版社，2019.12

（郑州大学政治学丛书）

ISBN 978-7-5203-5523-0

Ⅰ.①空⋯ Ⅱ.①刘⋯ Ⅲ.①城市管理—研究—中国 Ⅳ.①F299.23

中国版本图书馆 CIP 数据核字（2019）第 245716 号

出 版 人	赵剑英
责任编辑	赵 丽
责任校对	李 莉
责任印制	王 超

出　　版	中国社会科学出版社
社　　址	北京鼓楼西大街甲 158 号
邮　　编	100720
网　　址	http://www.csspw.cn
发 行 部	010-84083685
门 市 部	010-84029450
经　　销	新华书店及其他书店
印　　刷	北京明恒达印务有限公司
装　　订	廊坊市广阳区广增装订厂
版　　次	2019 年 12 月第 1 版
印　　次	2019 年 12 月第 1 次印刷
开　　本	710×1000　1/16
印　　张	20
字　　数	288 千字
定　　价	118.00 元

凡购买中国社会科学出版社图书，如有质量问题请与本社营销中心联系调换
电话：010-84083683
版权所有　侵权必究

总 序 一

2016年5月16日，习近平总书记在哲学社会科学工作座谈会上的重要讲话中呼吁包括政治学在内的哲学社会科学创新，这对充分体现新时代中国特色、中国风格、中国气派的政治学的发展，提出了新的更高的要求。

什么是政治学？在弄清什么是政治学之前，需要先弄清什么是政治。早在1940年，毛泽东在《新民主主义论》中就指出："一定的文化（当作观念形态的文化）是一定社会的政治和经济的反映，又给予伟大影响和作用于一定社会的政治和经济；而经济是基础，政治则是经济的集中的表现。这是我们对于文化和政治、经济的关系及政治和经济的关系的基本观点。那末，一定形态的政治和经济是首先决定那一定形态的文化的；然后，那一定形态的文化又才给予影响和作用于一定形态的政治和经济。"毛泽东这段著名论述告诉我们，一个大社会，是由经济、政治、文化三个部分组成。经济是基础，经济基础决定上层建筑，不仅决定政治的上层建筑，而且进而决定文化的上层建筑。但政治是经济的集中表现，在一定条件下，政治对经济、政治的上层建筑对经济基础又起着决定性的反作用。一定形态的政治又与一定形态的经济一道首先决定一定形态的文化。所以，一定的政治在一定的社会形态中，占有十分重要的不可替代的作用。

为了进一步弄清什么是政治学，让我们进一步从习近平总书记"5·17"讲话中寻找答案。习近平总书记指出："马克思主义理论体系和知识体系博大精深"，"涉及历史、经济、政治、文化、社会、生态、科技、军事、党建等各个方面";"中国特色哲学社会科学"应该"体现系统性、专业性。中国特色哲学社会科学应该涵盖历史、经济、政治、文化、社会、生态、军事、党建等各领域，囊括传统学科、新兴学科、前沿学科、交叉学科、冷门学科等诸多学科，不断推进学科体系、学术体系、话语体系建设和创新，努力构建一个全方位、全领域、全要素的哲学社会科学体系"。在列举的所有学科中，习近平总书记没有直接讲到法学，这决不是总书记的疏漏。法学本身不是一个领域，它仅是渗透到社会各个领域的一个工具，是阶级斗争的工具，是阶级意志的体现。法学也十分重要。但在总书记的讲话中，法学在哪，我个人理解，法学涵盖在政治学的之中。

无论从毛泽东的论述，还是习近平的论述，都说明我们不能把政治学的内涵理解得过于狭窄甚至偏颇。政治学的研究领域十分广阔，其研究对象应该是经济、政治和文化这三者组成中的"政治"即也可以称之为"大政治"，应是与历史、经济、文化、社会、生态、军事、党建等各个领域相并列的政治领域，而不是仅仅限定于公共政策、公共管理、人事管理、社会调查与社会统计等方面的"小政治"。具体而言，政治学就是研究群众、阶级、领袖、政党、国家、政府、军队、法律以及统一战线、战略策略等方方面面发展变化着的活动及其联系并上升到规律和本质的学问。仅仅研究公共政策、公共管理、人事管理、社会调查与社会统计等方面的"小政治"学，既不能有效地为坚持和发展中国特色社会主义服务，也不利于中国特色、中国风格、中国气派政治学的创新发展。

政治学作为治国理政的学问，其研究应当顺应历史趋势、围绕时代主题、坚持问题导向、满足人民期待。新时代中国政治学的创新需要适应新形势新任务的要求，紧随时代步伐，站在历史高度，坚持正确的政治方向、理论方向和学术方向，从理论与实践的结合上总结和提升马克思主义中国化的经验，在与政治建设和政治发展的互动中繁荣发展中国特色、中国风格、中国气派的政治学。

中国政治学研究的根本任务是为坚持和发展中国特色社会主义政

治制度服务，把马克思主义的基本原理与当今世情、国情、党情相结合，不断解决坚持中国特色社会主义政治制度和依法治国中的重大理论问题和实践问题。在经济全球化、政治多极化、文化多样化、社会信息化的当今世界，在改革开放和中国特色社会主义现代化建设的关键时刻，政治学研究者应该进一步增强责任感和使命感，坚定马克思主义信仰、坚定正确的政治立场、坚持理论与实践相结合，把政治学放到世界和中国发展大历史中去创新，着力建构中国特色社会主义的政治学。

郑州大学政治学团队正是立足"大政治学"的研究视野，服务国家和区域经济社会发展，着力研究"互联网国际政治学""政治安全学""文化政治学"，并取得了阶段性的丰硕成果。其中，余丽教授经过多年潜心研究出版了一部开创性学术著作《互联网国际政治学》，并入选2016年度"国家哲学社会科学成果文库"，这在一定程度上填补了业界空白，对我国国际政治学科的建设和发展都具有较为重要的作用。在郑州大学政治学学科荣获河南省重点学科之际，郑州大学政治学学科团队出版"郑州大学政治学丛书"，助力推进郑州大学"双一流"建设。

李慎明

2019年7月于北京

总 序 二

政治学是研究社会政治关系及其发展规律的学问，改革开放四十年来，在党和政府领导下，在前辈学者开拓和建设的基础上，在政治学同仁的共同努力下，政治学已经成为我国哲学社会科学领域的重要学科，成为我国治理现代化建设的支撑学科，培养了一大批治国理政和政治学学术人才。

在习近平新时代中国特色社会主义思想指引下，构建具有科学性、民族性、原创性、时代性和专业性的中国特色社会主义政治学学科体系，建设具有中国特色、世界水平的一流政治学学科，是新时代政治学学科发展和建设的目标之所在。

同时，我们清醒认识到，我国政治学学科发展和建设面临的任务相当艰巨，所涉及的内容和范围也十分广泛。从宏观来看，按照社会科学发展的基本规律，任何一门社会科学学科的发展，首先集中在学科基本理论的发展和突破，研究方法的更新和扩展，重要研究领域的选择和深化这三个方面。按照这一基本规定性，可以认为，我国政治学的学科发展，应该把着眼点放在基础理论的深化发展、研究视角和方法的拓展以及具有重大现实和实践价值的领域确定和研究方面。这就要求我们首先要基于时代的发展和政治实践的进步，深入研究政治学的基本理论问题，以期在政治学基本理论研究方面取得突破性进展，进而形成具有相对成熟和科学的政治学基本理论。其次，在马克思主义政治理论和方法指导下，围绕政治学基本理论问题，结合时代和实践，针对新时代中国特色社会主义现代化和改革开放事业发展提出的重大实践问题,展开深入研究,力求获得重大突破。再次,需要对中国特色社会主义政治实践形成的经验加以总结提炼,上升为政治学的理论形态。

政治学本质上是经世致用之学。政治学的生命力不仅在于其学术价值和理论价值,更在于其实际应用价值,这是政治学研究保持强大生命力的源动力。在这其中,尤为重要的是,我国政治学研究应该特别关注中国社会和政治发展的独特性。中国作为具有五千年文化传统的东方文明古国,作为中国共产党领导人民在半殖民地半封建社会基础上建设起来的社会主义国家,作为从传统计划经济转向社会主义市场经济的国家,它的社会、政治、经济、文化诸方面都具有自身的特殊属性,其发展和变革在人类社会文明发展史上亦具有独特之处,其在发展和变革过程中面临的许多问题,更是史无前例。这些独特之处,既是我国政治学学科发展和建设的巨大挑战,又为政治学科的发展和建设带来了独特机遇。

中国特色社会主义发展的新时代,为我国政治学人提供了前所未有的广阔舞台,也呼唤着政治学研究者的新探索、新理论、新创造和新贡献。作为习近平新时代中国特色社会主义事业发展的纲领性文件,十九大报告具有鲜明的政治特性,集中展现了中国共产党人新时代锐意开拓发展的中国立场、中国气派、中国风格和中国智慧,周详阐述了新时代中国特色社会主义政治建设和发展的目标任务、总体布局、战略布局、发展方向、方式动力和实际步骤,是新时代中国政治学发展前行的航标和指南针,确立了中国政治学研究的历史方位、根本依据、指导思想、人民属性、主要命题、总体目标、核心精髓以及重大使命。

在新时代的历史方位下,我国政治学人应该坚持辩证唯物主义和历史唯物主义,以人类社会历史发展为宏远视野,以习近平新时代中国特色社会主义思想为指导,根据中国社会主义经济政治社会的历史发展变化,深入研究共产党执政规律、社会主义社会政治建设规律和人类社会政治发展规律,紧紧把握"新时代治理什么样的国家和怎样治理这样的国家"这一重大时代和实践课题,从政治意义上分析和定性新时期、新阶段和新时代的各种矛盾,推进人民民主与国家治理的有机结合,为深入研究中国特色社会主义新时代的治理模式和深入探索中国特色社会主义政治发展道路贡献智慧和力量。

郑州大学政治学团队坚持本土化与国际化相结合,立足扎根中国的深厚土壤,以中国的实际问题为首要关切,着力研究"互联网国际政治学""政治安全学""文化政治学",已经取得了阶段性成果。其中尤其值得一提的是,本学科带头人余丽教授的专著《互联网国际政治学》入选2016年度"国家哲学社会科学成果文库",对学术前沿问题互联网国际政治学、网络空间政治安全管理进行了探索性、战略性、前瞻性的基础理论研究和应用研究,研究报告多次被中共中央和国务院相关部门采纳。

在郑州大学政治学学科荣获河南省重点学科之际,郑州大学政治学学科团队出版"郑州大学政治学丛书",相信必将助力推进郑州大学的"双一流"建设,必将助力我国政治学科的发展和建设。为此,特联系我国政治学科发展的时代和实践使命,以序志贺,并且与全国政治学界同仁共勉!

王浦劬
2019年8月于北京

目　录

城市治理的空间意识

社会空间辩证法：一个简要引介 …………………………………（3）
城镇化的空间政治学
　　——基于河南省农民进城意愿调查的分析 ………………（11）
空间正义理论及其启示 ……………………………………………（25）

空间政治与城市发展

论公共服务与新型城镇化 …………………………………………（39）
特大城市功能疏解的政策工具及其选择 …………………………（46）
城市治理创新：来自惠州市社会信用体系建设的启示 …………（58）
"三化"协调发展要以新型城镇化为引领的理论和现实依据 ……（64）
城乡统筹发展与乡镇政府职能转变 ………………………………（95）
城市创新环境评价
　　——以郑洛新国家自主创新示范区为例 …………………（106）
河南省"十三五"人的城镇化发展研究 ……………………………（123）

城市空间现象与治理政策

进入城市的权利：实现公共服务常住人口空间全覆盖 …………（141）

城市公共空间的本质及拓展目标和工具 …………………………（160）
"就业—居住"空间分离对城市交通的影响及其治理政策研究
　　——以郑州市为例 ……………………………………………（171）

空间性与城市治理现代化

行政级别对城市发展的影响研究
　　——基于中国地级及其以上城市面板数据分析 ……………（219）
从行政执法到空间治理：城管体制改革的逻辑重构 …………（263）
警惕街头官僚的权力任性 ………………………………………（271）
城市户籍开放度与城镇化发展 …………………………………（277）
新中国70年城市政权的演进逻辑 ………………………………（291）

城市治理的空间意识

社会空间辩证法：一个简要引介

社会空间辩证法（socio-spatial dialectic）是20世纪70年代社会科学"空间转向"中诞生的核心概念和方法论，由爱德华·索亚完整地提出。他对社会空间辩证法的归纳有两个重要来源，一是列斐伏尔的"空间生产"理论，二是哈维的"社会过程—空间形式"。

一 社会空间辩证法的核心内涵

列斐伏尔始终强调不能将空间作为物理容器，也不能将社会空间视作静止的抽象容器，它本质上体现着社会生产关系的生产和演变。"我想要证明的是这样一种社会空间：不是由一堆事物的堆积，也不是一些数据的堆积，更不是各种各样内容充斥的包裹，它也不可能被归约为由现实事物、物质性强加的一种'形式'。"列斐伏尔将物理空间、精神空间和社会空间三个领域结合起来，彼此缠绕，不可或缺，组建成空间三元辩证法①。同样在反思社会与空间关系的基础上，哈维提出了"社会过程—空间形式"的概念，以表示社会空间辩证统一性。"在很大程度上，如果不是在现实中，那就是在我们的思想上认为社会过程和空间形式存在差别……现在正是弥补这显现得不同的两种（事物）和矛盾的分析模式之间的思想裂痕的时候……在社会

---

① Lefebvreh, *The Production of Space*, Translated by Nicholson Smithd, Oxford: Blackwell ltd, 1991, p. 7.

过程与空间形式之间的区别常被认为是幻想而非真实,但是在后几章这种区别在不同的意义上讲是不存在的。空间形式并不是被视为它所处的并展现它的社会过程中的非人化客体,而是'内蕴'于社会过程,而且社会过程同样也是空间形式的事物。"[1]

索亚进一步对社会与空间之间的复杂关系进行梳理总结,从而系统地提出了"社会空间辩证法"的方法论概念,用以表述生产方式、社会关系与空间关系之间的逻辑思辨关系。他认为,空间具有双重性质,既是社会实践和社会关系的结果和产物,同时也是社会实践的重要前提和中介。生产方式的确立服从于人们劳动的基本目的,生产方式直接决定了社会关系与空间关系,各种社会关系与空间关系具有辩证的交互作用,即各类错综复杂的生产关系可以形成空间,同时也在一定程度上被空间影响。空间服从于人类劳动的目的,由社会关系生产,并不是具有构建法则与独特演变机制的独立结构,而是与社会关系相关并在一定程度上可能会对社会关系造成限制与影响[2]。

如果对社会空间辩证法加以简单化处理,我们可以用一句话来概括,即"社会关系决定空间形态,而空间又反作用于社会关系的生产和再生产",其核心思想可以概括这样一种逻辑递进框架：

第一,社会关系塑造了实体空间：建成环境等实体空间并不是一种杂乱无章的客观事物,它的形态具有规律性,而支配其形态选择和变迁的正是人类在生产、生活和交换中结成的各种社会关系,就如皇城为什么总是建在城市中心,再如法官的位置普遍高高在上一样。

第二,实体空间反映了社会关系的生产：实体空间受社会关系的影响,同时也朝向有利于生产这种社会关系的方向发展,即维护、巩固或延续这种社会关系的形态,如富人往往居住于豪华小区,豪华小区的开发事实上为富人远离穷人聚集区创造了条件,使得贫富分化的

---

[1] Harvey D., *Social Justice and the City*, Blackwell: 1988, pp. 9–10.
[2] 孙斌栋、魏旭红、王婷：《洛杉矶学派及其对人文地理学的影响》,《地理科学》2015年第4期。

阶层状况在居住空间上得以维持。

第三，实体空间制约社会关系的再生产。社会关系会通过实体空间的形式得到强化，即社会关系的再生产，如高收入者有能力购买高价学区房，从而排斥低收入者进入，随即也就形成对低收入者子女获得优质学区教育资源的排斥，使得低收入群体子女通过教育获得向上阶层流动的可能性降低，从而进一步固化了社会阶层分化。

二　社会空间辩证分析：以城市公共空间为例

在社会空间辩证法的观察之下，我们可以发现，城市公共空间的营造受社会关系的直接影响。从一定程度上讲，城市公共空间的形态、结构和质量是当时城市生产和生活关系的一种反映，而同时，城市公共空间又反作用于城市社会关系的生产和再生产。

（一）城市公共空间是可供分配的社会价值

从物理属性来看，城市公共空间本身具有用于分配和再分配的社会价值。在现代社会，城市公共空间，特别是优质的景观公共空间，除了具有可供社会普遍享有的审美、游憩价值以外，它也对周边地段形成价值辐射。具有某种功能的城市公共空间，如具有交通功能的街道和车站枢纽、具有环境功能的森林绿地、具有商业功能的步行街等，往往是城市中具有开发价值，能够带动周边土地升值或者提升生活品质的设施。从整体上来看，一定规模和秩序井然的城市公共空间也是城市宜居性和竞争力的体现。"从经济的角度来看，城市公共空间能够对资产价格形成积极影响，有研究表明甚至能拉高34%的不动产价格；城市公共空间有利于商业发展，一些案例中，能促进增长40%的商业交易；城市公共空间能提升土地价值和投资水平；能够显著地提升区域经济绩效。"[①]

[①] Carmona, Matthew, "Public Space: the Management Dimension", *Leo Hammond*, 2008, p.7.

城市公共空间的享有、消费和使用显然要受到特定分配关系的制约。在市场经济条件下，这种分配同样受到价格机制的影响。也就是说，虽然城市公共空间具有典型的"公共性"特征，但其开放性、可达性、平等性要求同时受到市场分配的制约。例如，虽然我们可以消除公共空间准入的物理障碍，但价格机制却可以形成准入限制的人为障碍。弗斯汀在《公正城市》中关心一类城市问题，许多以公共设施的名义兴建的场所，如体育场、音乐厅，最终通过价格对低收入人群形成了排斥，使他们无法平等享有这些公共空间所带来的好处。可以说，市民享有城市公共空间的分配关系是城市分配关系的一个缩影，也蕴含着不同社会阶层的社会成员在空间消费上的能力差别及其再分配的问题。因此，城市公共空间的开放性、可达性等物质的和社会的属性要求集中体现了城市社会结构的基本形态。

（二）城市公共空间的形态随政治社会变迁而变化

社会空间辩证法已经告诉我们，空间形态最终还要受到社会关系的支配，呈现某种符合特定政治社会环境的结构性需要的内在规定。城市公共空间的形态也并非随机生成的，"在城市广场的建设上，由于政治集会的需求，盲目扩大，天安门广场经过几次扩建，总面积达40公顷，能满足100万人口的集会，成为全世界最大的广场。在今天看来，这是严重脱离现实的做法。另外，在公园绿地的建设上，政府有计划地建设了一批城市公园绿地。在北京、上海、广州、成都、昆明等大城市相继建成了一大批的公园绿地，但由于人治化因素的干扰，各种政策在不同时期的随意性较强。'大跃进'时期，为了大炼钢铁，公园树木被砍去烧火炼铁，大量毁坏公园绿地。'文化大革命'时期，批判'封、资、修'，认为公园绿地是封建享乐主义东西，大量公园又被随意改变用途，甚至肆意侵占得惨不忍睹"[①]。这

---

① 周波：《城市公共空间的历史演变——以20世纪下半叶中国城市公共空间演变为研究重点》，博士学位论文，四川大学，2005年，第128页。

个事例生动地说明，城市公共空间的形态不是一成不变的，它总是要服务于特定历史时期的政治任务、社会需求或者文化取向，并且呈现出与某种政治的、经济的和社会的制度相适应的特征，如新中国成立后，服务大众民主的需要而大量兴建的城市广场，如改革开放以来，由经济导向支配，服务 GDP 增加，城市政府为强化资本吸引和提高城市软实力而全国性开展的"形象改造"计划。所以，城市公共空间往往朝向与特定政治社会体系相适应的空间形态发展，同时又标示了某种政治社会文化传统的符号特征。

（三）城市公共空间是社会实践的产物

城市公共空间不仅是权威规划的设计结果，更是广大社会成员丰富的社会实践的产物。公共空间的意义既体现在其作为承载社会实践的容器功能，也体现在社会成员通过实践改造空间形态的主观能动性。

首先，社会实践赋予城市公共空间特定的功能属性。权威规划可以决定城市公共空间的功能定位，确定其基本用途，但最终公共空间呈现何种形态、发挥何种功能却是由不断强化的集体行动所赋予的。最典型的如，政府开发建设的公园绿地，既可以被市民用作休憩场所，但也有可能随着在此相亲的人越来越多而转变为远近闻名的集体征婚场所，再如设计整齐的街道沦落为私人停车场或街头摊贩的聚集地，更有甚者，街心公园还有可能被开发成为一块块私家菜地。因而，城市公共空间就被各种潜在的、外显的社会行动所建构了。其中，社会成员既可以服从权威安排，也有可能以实际行动抵制不恰当的环境设计，城市公共空间就是日常生活政治的产物。

其次，个体行为是城市公共空间的基本符号。我们经常说"公共场合，文明你我他"，城市公共空间中各种分散的、独立的个体行为不断标识着公共空间的整体印象。在公共空间的场域中，个体有进入的自由，也有活动的自由，承认和尊重个体性的利益和价值是空间"公共性"的重要体现。然而，个体自由从来都是有限度的，这个限度就是不妨碍其他个体对自由的追求。那么这个限度就构成了社会秩序存在理由,否则一切公共空间都将不断沦为私人权益张扬的试错场。社会秩序是城市公共空间的制度性建构,包括正式制度和各种约定成俗的非正式制度。比如,公共场合禁止吸烟,图书馆中不得喧哗等,这些都是市民个体进入公共空间所要遵守的基本公共秩序。自觉接受公共秩序并服从公共秩序的安排是个体获准进入公共空间的资格。因此,个体只有在社会秩序中获得社会角色,展示自己生存的社会意义,才有可能达到需求的最高层次。城市公共空间本质上就是社会秩序与个体自由的统一体。

(四)城市公共空间构成社会关系再生产的途径

通过公共空间,城市社会关系得到调解,这就是社会关系的再生产。城市公共空间的客观存在是社会关系良性调解的基础,是社会关系再生产的途径。原因就在于公共空间作为物化的空间载体,承载人们的社会活动与交往,促成良好的社会秩序的形成。

其一,城市公共空间是维系社会关系和形成个体归属感的重要纽带。人类公共生活只有发生于公共空间之中才能产生维系关系的作用,即以公开的方法被全体社会成员感知、学习并内化为行动方式,最终形成基于地域空间的认同。这种认同小到社区邻里的家园意识,大到国土疆域上的国家认同[①]都概莫如此。公共空间是"人们进行功能性或仪式性活动的共同场所,无论是在日常生活或周期性的节日中,它使人们联合成社会"。在公共空间中,"公共生活的质量以及它所服务的公共目的是最重要的"[②]。自工业革命开始,城市飞速发

[①] 周光辉、李虎:《领土认同:国家认同的基础构建一种更完备的国家认同理论》,《中国社会科学》2017年第4期。作者在该文中提出基于欧洲国家历史形成的"民族认同"理论和基于美国多民族融合历史形成的"制度认同"理论都存明显的局限性,因而构建了领土认同是国家认同的基础观点,无疑是空间维度解决政治认同问题的创造,对理解公共空间的政治意义会有所帮助。

[②] [英]卡莫纳:《城市设计的维度》,冯江等译,江苏科学技术出版社2005年版,第102页。

展引起了城市生活的异质性、密集性、流动性、匿名性，社会习俗和文化相互碰撞和融合。这些为城市带来了较大的活力，也造成了人们之间的异化、漠不关心、差异和冲突等负面影响。所以，怎么样培养集体意识和集体记忆、怎么样通过长时间的日常生活实践和共同存在的情况来释放个体情绪的压力是非常重要的。城市公共空间通过其独特的空间位置和形式以及公共活动的发展和激励，可以为公众提供舒适、安全的感受，并且提高社会的凝聚力量。公共空间的存在和互动是创造稳健和有吸引力的城市生活的重要基础。

其二，城市公共空间是促进社会不同阶层交流和融合的平台。现代都市社会有三个显著特征，美国芝加哥大学社会学教授沃斯（Louis Wirth）将其称为"城市性"（urbanism），即人口规模、人口密度和人口异质性。第一个是城市规模，城市人口规模越大，个体化和多样化的机会越多，人们之间的初级社会关系被竞争、理性的关系所取代，导致一种公共疏离感的产生。这种公共疏离感使人们难以在公共场所建立关系。为了对付人群的匿名化和多样化，人们变得警觉他人，变得更加封闭[①]。第二个是人口密度，密度增加了人们彼此之间的压力，使得人和人之间的态度变得默然和厌倦，他们只会"自扫门前雪"，慢慢到了不友好的状态。他们逐渐融入自己熟悉的小世界里，这种方式使他们感到安全和舒适。第三个是人口的异质性。异质性会加剧社会的分化。经济权力（如差别租金）和社会过程（如种族和道德差异）的结合造成了区域的差异性，这让人们的活动在地理和功能上有所区别，形成了具有不同特点的邻居和街道地区之间的彼此隔离。人们自我隔离在一些由文化、兴趣、职业甚至想象组成的孤岛中。异质化的都市社会最终走向我们经常所说的"陌生人社会"。面对这样的社会背景，城市公共空间的意义就在于为有差异的社会个体和趋于疏离的社会结构提供相互了解、交流和融合的机会。在"差异性的政治"（politics of difference）的规避下，城市公共空间所支撑

---

① 胡泳：《公共性的毁坏》，《中国计算机用户》2007年第12期。

的、建立在陌生人交往上的容纳差异性的社会生活,与建立在共同性基础上的社区关系相比具有更积极的社会意义①。与雅各布斯倡导的拥有混合功能和异质性的城市公共空间理论相同,城市公共空间的价值就是容纳异质的社会群体、促进多样化的活动,给予市民们充分的交流自由,减少由于居住隔离带来的负面影响。

---

① 李丽红:《多元文化主义》,浙江大学出版社2011年版,第84—88页。

城镇化的空间政治学
——基于河南省农民进城意愿调查的分析[*]

引 言

世界范围内，城镇化或者说城市化①进程都是人类社会发展变迁的一条主线，而当前中国已经步入"诺瑟姆曲线"所描述的加速城市化阶段，因而城镇化问题在国内学术研究和政策实践中始终是一个极为重要的议题。然而，在城镇化研究的经济学、社会学、人类学路径之中，似乎还缺少一种政治学路径的考量，特别是来自空间政治学的理论想象力还没有得到充分展现。本文认为，至少基于以下三点理由，有必要对中国的城镇化问题进行空间政治学分析。一是城镇化本身就是政治、经济、社会乃至文化生活的重心从乡村空间向城镇空间转移的过程，这一过程既是人口向城镇的空间聚集过程，也是公民身份资格转换的空间融入过程，更是权力与权利关系重新配置的过程。二是城镇化加剧了城市空间的拥挤性，引发贫富分化、交通拥堵、城市蔓延、环境污染等一系列"城市病"，这个世界性难题也正是中国

---

* 原载《中共天津市委党校学报》2016年第5期。

① 目前，国内对"城市化"和"城镇化"是否等同存在一定的概念争论。争论的焦点在于中国"市""镇"分层的行政建制体系，即"市"在建制上代表规模较大的行政辖区，而"镇"则要小，因而城市化与城镇化两者不能替代使用。但是，从农业人口向非农市民转移和变迁的过程维度来看，两者并没有实质差异。因而，在国内较多使用"城镇化"这一官方称谓的情况下，为行文之便，本文对两者不作区分。

当前正在面对的。因而，如何在日益紧凑的城市空间内组织有秩序的社会生活显然需要更大的政治智慧。三是20世纪末社会科学研究的"空间转向"提升了对空间的政治意涵的理论认识。正如列菲伏尔所言："空间永远是政治性的和策略性的"①，全球、区域和城市（镇）作为"空间意识"天然的关切对象，其形成和发展过程也需要一种政治化的解读路径。当然，从国内外研究现状来看，尽管空间政治学的理念已初步形成，但其体系化的研究纲领和结构还远未完成。不过，这并不妨碍我们使用空间政治的视角去研究城镇化现象，或许这一视角能够增进我们对城镇化多重属性的认识。

一 农民进城的空间策略

抛开一些地方政府以行政命令搞"圈地上楼"式的人为城镇化不谈，城镇化进程本质上是自然选择与政府调控双向作用的产物，前者是农业人口在劳动力价格机制的作用下选择更有利的生存方式和更好的生活条件而放弃农业生产和农村生活进入城市的自发行为，而后者则是政府依靠政策、制度和信息等手段引导和控制农业人口向城镇转移的行政行为。随着中国从计划经济体制向社会主义市场经济体制转型，市场吸引农业人口进城务工和居住的作用越来越大，而政府调控也经历了从限制进入、放松准入到促进融入的转变，特别是党的十八届三中全会明确提出了"完善城镇化健康发展体制机制"和"推进农业转移人口市民化"的要求。这一转变既体现了政府要纠正传统体制中的阻滞因素，克服"虚假城镇化"或"半城镇化"的弊病，促进城镇化健康发展的目的，也体现了对2亿—3亿流动人口和潜在的农业转移人口平等享有公民权的尊重。因而，当前研究主要关注的是改革户籍制度及其上所依附的公共服务分配机制的问题。然而，对河

---

① 包亚明：《现代性与空间的生产》，上海教育出版社2003年版，第62页。

南省 10 县（区）40 村（社区）农民进城意愿的调查结果显示①，开放户籍准入和实现城镇常住人口基本公共服务均等化"能够吸引农业转移人口转变为城镇人口"这一结论目前尚不能轻易作出，这些措施对吸引农民进城务工或许有较强的刺激作用，但促进农业转移人口进城安家落户的效用目前还并不十分明确。

通过对调查结果进行简单统计发现，河南省农民进城落户意愿总体上并不十分强烈。对于"你是否愿意在城镇安家落户"这个问题，图1显示了河南农民的选择。

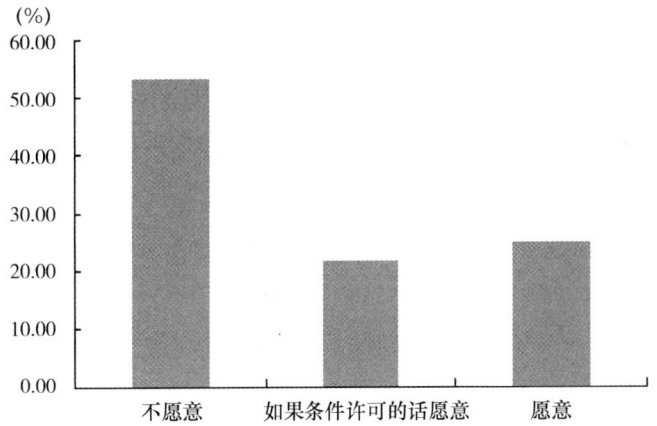

图1　农民进城安家落户总体意愿

其中，有53.38%的农民不愿意落户城镇，21.68%的人在条件许可的情况下愿意落户城镇，只有24.94%的人愿意落户城镇。不愿意和条件许可的情况下愿意落户城镇的比例总和达到了75.06%，至少表明农民对进城安家落户普遍持观望态度。

---

① 本次调查为综合调查，时间为2013年8月11—26日，其中也包括城镇化进程中农民进城意愿调查部分。调查抽取了河南省11个县（区），包括河南省郑州市金水区、新郑市、巩义市、信阳市平桥区、栾川县、孟州市、新乡县、舞钢市、义马市、濮阳市华龙区、济源市共11个县（市），其中每个县（市）随机抽取两个村和两个街道社区，每个村和社区分别完成25份问卷，共完成1000份问卷，收回问卷979份，问卷回收率97.9%，农业户口居民问卷共474份，其中对城镇化相关问题做出完整回答的共431份，农业户口居民问卷有效率90.9%。

对于选择"不愿意"的被调查者,设计问题"不愿意到城镇安家落户的顾虑",对于选择"如果条件许可的话愿意"和"愿意"的被调查者,设计问题"愿意到城镇安家落户的障碍",结果如表1所示。

表1　农业户口居民进城安家落户的顾虑和障碍排名

排名	不愿到城镇安家落户的顾虑(占比%)	愿意到城镇安家落户的障碍(占比%)
1	不愿丢掉老家土地和宅基地(62.19)	就业收入问题(59.16)
2	城市花销成本太大(50.75)	住房问题(51.66)
3	难以找到合适的工作(26.67)	子女上学问题(30.11)
4	与城里人难以交流沟通(24.34)	社会保障问题(29.71)

对于不愿在城镇落户的农业户口居民,顾虑"不愿丢掉老家土地和宅基地"的最多,占62.19%,其次是"城市花销成本太大",占50.75%。对于"在条件许可的情况下愿意"和"愿意"在城镇落户的农业户口居民,"就业收入问题"和"住房问题"是在城镇安家落户的头等大事,分别占59.16%、51.66%。这种现象可以解释为农民因城镇就业压力大、生活成本高以及农村向城镇迁居成本难以负担而不愿放弃土地和宅基地的保障作用。但有一点需要注意的是,被调查者对社会保障的需求并不高,这可能与农民公民权利意识淡薄有关,但同时也表明,土地的保障作用在农业人口向城镇转移的过程中有替代城镇社会保障体系的可能性,从而形成"非农收入+土地保障"的新型生产生活方式,这与传统意义上所理解的"非农收入+社会保障"的城市型生产生活方式有本质区别。换个角度来看,这也是农民化解进城风险、降低城镇生活负担的一种必然选择,一些地方的农民宁肯土地"撂荒"也不愿将土地流转出去的现象就说明了这一点。可以预见,即使农民在城镇定居并获得平等的公共服务待遇,土地这种稳定而低成本的保障对于农业转移人口而言都是一种值得保留的资源。换言之,"只换居住证而不改户籍"的做法有可能成为中

国城镇化进程中的一种常态现象。这一结论在本次调查的其他项目上也有所反映：

第一，农民从事非农产业的积极性较高。

与进城安家落户意愿不强烈形成鲜明对比的是，受访农民在回答"是否愿意进城工作"时给出的答案却相反，有40.14%的人选择"想"进城工作，而选择"无所谓"的占26.45%，选择"不想"的占33.41%。而同时，对受访农民工作状况的调查显示，38.35%的人在家干农活，19.49%的人为打零工，有稳定工作的也占到了20.97%，表明实际从事非农产业工作的农民也超过了从事农业生产的人口数量，从事非农产业农民所占比例与有进城务工意愿的农民比例有高度的一致性。这说明，一方面确实存在大量农业剩余劳动力需要转移，另一方面，农民也具有进城从事非农产业的动机和行动力。也就是说，农民群体中存在以城镇收入为家庭主要收入来源的倾向。

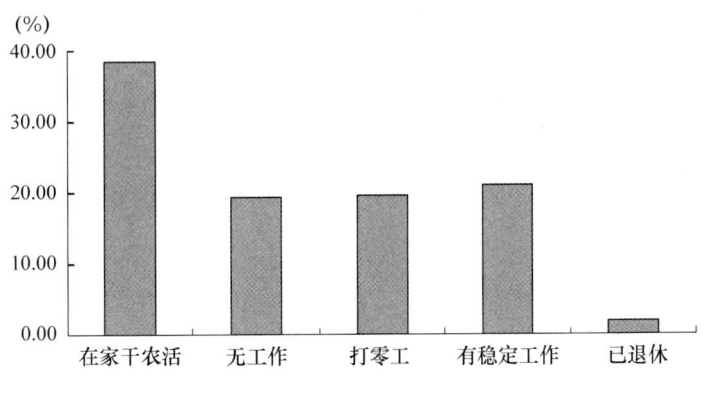

图2 农民工作状况

第二，农民对农村生活并不悲观。

对城市生活状态的向往程度决定了农民是否进城落户的意愿。而调查显示，农民对农村生活状况的满意度并不像想象中那么糟糕，正相反，受访农民对自己当前农村生活状态还比较认可（如图3所示）。

其中,认为"各方面都比较满意"和"生活上基本过得去"的分别占到37.79%和47.42%。农民对农村生活的乐观态度一定程度上得益于政府的"三农政策",取消农业税、增加农业生产补贴和政府保险、建立"新农合"保险体系等已经使城市生活相对于农村生活的比较优势缩小了,如果这种比较优势小到不足以抵消农民进城安家落户的转移成本,那么农民选择留在农村而不是进入城市就是情理之中的事。

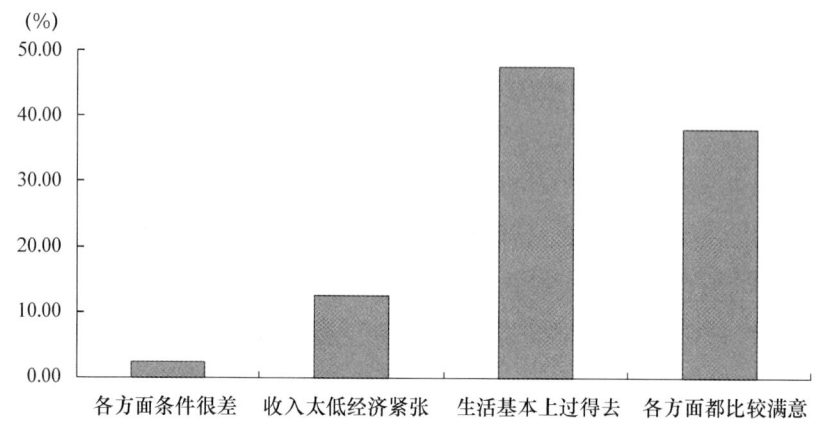

图3 农业户口居民农村生活评价

第三,农民较为关注公共服务的空间可达性。

对"期望自己子女上小学的地点"的调查结果显示,农民大多期望子女在"本村""本地乡镇"和"本地县城"上小学,三项共计68.95%,而最多的是在"本地县城"上小学,占26.45%(如图4所示)。如果农民为子女就学而进城落户的话,本地县城将是最受青睐的地方。也就是说,城镇公共服务对农民的吸引力并不能笼统阐述,公共服务在空间上的可达性,即距离上的可获得的难易程度才是决定吸引力高低的关键。这也从一个侧面表明,农民选择城镇生活时也较为关注公共服务的获得成本问题。

综合上述几点调查结果来看,增加非农收入的需求、保持农村生

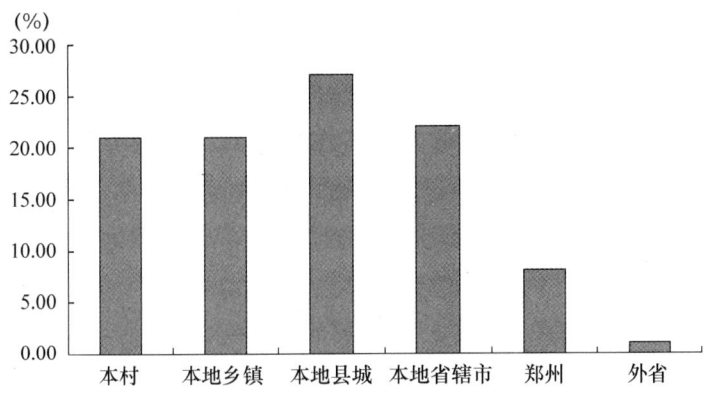

图4 农民期望子女上小学地点

活的倾向以及降低公共服务获得成本的动机交织在一起，就有可能在中国城镇化进程中创造出一种既不同于欧美也区别于拉美的新的城市生活模式，即在城市中获得相对于农业生产更多的经济收入，而在农村消费成本相对低廉的社会资源。面谈中，一些农民已经有意无意地表达了这种倾向。其中一位村民的话最有代表性，他说：

> 种地虽不挣钱，但至少能吃饱饭。现在农民也懒了，播种、收麦都雇大机器来干。现在还有了"新农合"，看病也能报销了。有空出去打打工、跑跑运输，再不济也能贴补下生活，好的时候，挣的比城里亲戚还多。城里的压力那么大，没必要去那儿挤。

——济源市王屋乡陈姓村民

应该说，随着城镇化本身持续推进，农民进城已经超越了盲目流动的阶段而向理性选择回归。"城市赚钱，乡村消费"这种流而不迁的生活模式与其说是农民因户籍等而被人为挡在城市之外的无奈之举，不如说是农民应对市场选择和适应国家干预而利用城镇化的空间生产过程谋求自身利益最大化的策略。这种空间策略极有可能造就中国城镇化进程中生产空间与消费空间的分离局面，即城市的生产功能与消费功能没有统一在一个空间内。这种新动向可能比户籍制度更能影响中国的城镇化进程。

二 城镇化的国家干预

从空间（性）的角度来说，城镇化进程是城镇空间和乡村空间及其关系的重塑过程，而城镇空间的生产和再生产是重点。农民的空间策略往往看起来是"弱者的战术"，但当其成为集体选择的行动时，无疑会对城镇化进程产生深刻影响。那么，我们要如何评价这种影响？回答这个问题必须要回到国家对城镇化发展的战略需求上来。

自改革开放以来，尽管户籍制度从现在看来是国家干预城镇化进程的失败作品，但中国共产党和中央政府在坚定不移走城镇化道路上始终保持一致方向。总体来看，国家对城镇化进程的干预贯穿了两大主线：

主线之一——促进城镇化发展。通过国家干预调节经济社会发展是中国从计划经济体制向市场经济体制转轨过程中的一贯做法，城镇化问题也不例外。对于城镇化进程，国家没有选择按部就班地以发达国家城市化进程为模板的发展轨迹，而是积极推动其发展。改革开放初期，国家大力推进小城镇建设，促进农村剩余劳动力向小城镇和乡镇转移。2000年，国家提出积极稳妥地推进城镇化，走大中小城市和小城镇协调发展的城镇化道路。至党的十八届三中全会，又提出完善城镇化健康发展体制机制，促进农业转移人口市民化。可以说，城镇化当前已被置于空前重要的地位。《国家新型城镇化规划（2014—2020）》对此有全面表述，规划指出：（1）城镇化是现代化的必由之路；（2）城镇化是保持经济持续健康发展的强大引擎；（3）城镇化是加快产业结构转型升级的重要抓手；（4）城镇化是解决农业农村农民问题的重要途径；（5）城镇化是推动区域协调发展的有力支撑；

（6）城镇化是促进社会全面进步的必然要求①。从这六个方面可以看出，城镇化已经成为解决中国经济社会发展的瓶颈问题的关键。

主线之二——控制城市规模。在大力推进城镇化发展的同时，防止城市过度膨胀一直都是国家战略中的重要组成部分。20世纪80年代初，中国城镇发展就制定了"坚定不移控制大城市规模，合理发展中等城市，积极发展小城市"的方针。其后，国家的城镇化政策始终将中小城镇发展作为重点，体现了对大城市进行规模控制的意图。即使2008年全球金融危机对中国经济社会的冲击促使国家决心改变城镇化落后于工业化的状况，党的十八届三中全会仍然提出了"合理确定大城市落户条件，严格控制特大城市人口规模"的要求，希望通过差别化的户籍制度调控城镇人口分布。这种控制城市规模的需求为如何消化如此庞大的农业转移人口提出了挑战。

概括来讲，国家的城镇化战略就是要在"压缩的现代化"进程中完成加快城镇化发展和防止重蹈发达国家"城市病"老路这个双重任务。以此为目标检视农民的空间策略对城镇化的影响，我们可以发现，两者既有契合之处，也有背离的一面。契合之处就在于农民对城市生活压力的担忧减小了国家引导农业转移人口向中小城市聚集的阻力。同时，农民回乡消费也事实上为城镇化在农村地区的萌发创造了条件。有研究已经表明，一些地方打工经济甚至成为该地区的第三产业，刺激了本地非农产业的发展和农民返乡创业的意愿②。然而，"城镇赚钱、乡村消费"的模式显然并不利于改善内需不足的问题，这样的城镇化发展势态对经济社会发展结构的调整作用将大打折扣。

由此看来，城镇化要承担起引领经济社会可持续发展的重任，关键还在于如何促进城镇生产空间与消费空间的统一。解决这个问题，唯一出路就是区域协调发展。原因就在于，只有通过缩小发达地区与

---

① 《国家新型城镇化规划（2014—2020年）》，新华网（http://news.xinhuanet.com/city/2014-03/17/c_126276532.htm），2015年4月25日访问。

② 周大鸣：《农村劳务输出与打工经济——以江西省为例》，《中南民族大学学报》2006年第1期。

落后地区、大城市与小城镇、城镇与乡村之间差距，提高后者的经济和人口承载力，才能够将就业场域拉回到消费场域。从空间的角度来说，区域协调发展就是形成多中心的空间结构从而加快城镇空间的生成。第一，促进后进地区城市群、大城市和中小城镇的形成；第二，在现有城镇体系中促进中小城镇的发展；第三，在城乡结构上促进农村地区新生城镇空间的增长。概而言之，就是要促进"就近就地城镇化"。

改革户籍制度在当前城镇化发展阶段虽是一项必要措施，但引领城镇化持续健康发展的深层次动力还是来自区域协调发展。甚至可以说，随着区域协调发展程度的提高，户籍制度的存废将成为次要问题。因此，当前推动城镇化发展不仅要消除阻碍农民市民化的体制机制，更要着力改革限制区域协调发展的体制机制。

三　城镇化发展的空间政治困境

区域协调发展实际上就是消除或缩小空间差异的问题，而改革限制区域协调发展的体制机制就是改革产生空间差异的空间生产过程。

在市场经济语境下，城镇空间的生产是资本、权力、阶层等经济政治社会要素和力量对城镇及其结构（包括城镇体系结构和城镇内部结构）的重新塑造，从而使城镇空间成为其介质和产物的过程。城镇空间的生产首先来自市场机制。城镇的规模效应降低了生产和交易的成本，从而刺激资本、劳动力、生产生活资料向城镇的聚集，推动城镇规模不断扩张。所以，城镇化是市场经济发展的必要产物。从这个角度讲，经济发展始终是城镇发展的基础性力量。然而，如同其他领域的市场机制一样，空间生产的市场机制也存在失灵问题。一方面，当城市规模超过一定边界，规模效应衰减，生产、交易、消费都变得不再经济，大城市病就会出现。另一方面，市场竞争形成资源在城镇间的配置，而那些先天禀赋好、区位优势显著的城镇或者聚集效应更强的大城市往往成为资本的主要流入地，从而挤占了其他城镇特别是中小城镇的发展空间。由此，区域发展不均衡的问题就出现了。

在市场经济条件下，空间差异是客观存在的，一定程度上也是不可避免的，这是由市场机制的性质所决定的。但是，空间生产的市场失灵可以通过空间的再生产予以矫正。这种再生产的主要形式就是政府手段。总的来看，国家对空间的再生产主要通过两种途径。一是发展政策，即直接扶持或者提高特别地区汲取资源的能力来缩小发展差距。中国东南沿海城市发展迅速、城镇密集出现，就与改革开放初期国家率先给予开放政策有关。后来，国家先后实施振兴东北老工业基地、西部大开发、中原经济区建设，这些实际上也都是空间再生产的政治安排。二是公共服务。公共服务"是指由国家集体性提供的服务形式，如大众住房、交通、医疗设施等。因为集体消费是适应于居住在某一空间区域中的人的，因此它就有了一个空间的所指对象"①。公共服务的地区差距是构成空间差异的一个重要方面。如果说经济发展上的差异是市场经济条件下的必然结果，但在公共服务上地区之间差距不应过大，政府应在消除区域公共服务差异上承担积极责任。从这个角度来说，公共服务均等化战略也构成再生产城镇空间的形式。

通过政府手段实现空间的再生产就是追求空间正义的过程。根据德克西的观点，空间正义是正义的空间性［spatiality of (in)justice］和空间性的正义［(in)justice of spatiality］的集合②。前者是结果，而后者是过程。比如，公共服务在地理位置上的不均衡分布就是非正义的空间性，远离它的人获得公共服务的成本更高，是有失公平的安排，而公共服务空间不均衡分布的形成往往产自非正义的政治过程。也就是说，要生产正义的空间必须有正义的空间生产过程。由此观之，空间的生产和再生产实际上都是政治性的。因此，向政治过程探求区域协调发展的动力也是有必要的。

总体来看，区域是按照何种权力结构组织起来的就构成区域发展

---

① 包亚明：《现代性与空间的生产》，上海教育出版社2003年版，第63页。
② Dikeç, M., "Justice and the Spatial Imagination", *Environment and Planning*, 2001, A33 (10), pp. 1785–1805.

的政治过程。权力也是一种空间化的存在,"空间是任何公共生活形式的基础。空间是任何权力运作的基础"①。国家被分划为若干行政辖区,权力在行政辖区中进行分配,各辖区按照一定的权力结构组成统一国家,而国家利用这种权力结构管理着各个辖区。"空间已经成为国家最重要的政治工具。国家利用空间以确保对地方的控制、严格的层级、总体的一致性,以及各部分的区隔。"② 在当前中国,区域依权力等级而组织在一起,并按照权力等级被划分为不同等级的空间,从而形成国家权力的空间等级化。在整体区划上,省、市、县、乡构成等级化的区域,而在城镇体系中,直辖市、省会城市、副省级城市、地级市、县级市都被等级化了的权力标注为不同的空间,甚至村落这个自治体在行政区划上也服从乡镇的管理,逐级传递,最终乡村也被置于城市的控制之下。

这种国家权力的空间等级化对区域发展的影响是普遍存在的,主要表现为:

第一,区域发展的等级化。伴随国家权力的空间等级化,区域发展也呈现明显的等级化。在中国的城镇体系当中,越靠近权力的顶端和中心,城镇发展的机会越大。这种印象甚至已经内化为一种普遍的社会认知,成为人们衡量城镇发展潜力的标尺。当然,权力对空间生产的影响是客观存在的。权力不仅影响公共资源(比如财政资源)的分配,也对其他社会资源有吸附作用,比如各种经济组织的入驻。德国迁都柏林促进东部地区的快速发展,以及中国一些城市政府通过政府迁址的方式带动城市新区快速聚集人气都是典型举证。但是,中国的问题在于权力的等级层次过多,以至于少数处于权力顶端的区域(空间)发展机会很多,而多数处于权力末端的区域被边缘化。同时,等级化了的空间权力也使得上级空间能够剥夺下级空间的资源和机会。最直接的例子就是市管县体制,市不仅没有起到辐射带动的作

---

① 包亚明:《现代性与空间的生产》,上海教育出版社2003年版,第13—14页。
② 同上书,第50页。

用,反而截留下拨资金,并利用权力中心地位影响项目和投资在县域落户。从这个角度来说,省管县体制改革在促进城镇化发展方面的积极作用是需要引起足够重视的。

第二,强化了空间隔离。国家权力的空间等级化也形成只对上负责的区域发展战略,从而消解了区域联合发展和一体化的程度。应该说,权力在空间上是有边界的。只有在它的辖区内权力才能生效,但国家权力的空间等级化强化了权力的属地原则,从而使各区域成为孤立的发展主体。国内学者叶琳在比较中美区域一体化进程的异同时认为,中国的区域一体化(主要指的是城市群和城市带的形成)主要是由中央政府推动的,而美国区域一体化的动机是空间毗邻的地方政府为增进区域公共服务供给而进行的主动联合[①]。实际上,中国城市群和城市带在相当程度上缺乏府际合作的动力,除了位置靠近外,城市之间既不共享公共服务资源,也不互补发展战略。因此,城市群而不是一群城市,切实提高城市群的一体化程度,才能充分发挥城市群在城镇化进程中的辐射带动作用。

因此,消解国家权力的空间等级化对区域协调发展的消极影响是促进城镇化健康发展不可或缺的组成部分。

四 构建促进城镇化发展的国家治理结构

总体而论,城镇化是一个十分复杂的过程。它包含国家、市场和社会的共同参与,不同主体或以权力或以资本、再或以行动策略的方式不断塑造着城镇化的形态。也就是说,城镇化不能再被看作一个与政治无关的过程。在全面深化改革的当下,省管县体制改革、分税制改革、行政审批改革(简政放权)、允许地方发债改革等既具有政治与行政改革的属性,也同时改造着城镇空间的生产与再生产机制,对

[①] Lin Ye, "Regional Government and Governance in China and the United States", *Public Administration Review*, December, 2009, S116 – S121.

城镇化发展有重要影响。因此，城镇化不仅要关注经济的和社会的因素，也要关注政治的因素。同时，从城镇化反观政治与行政的改革方向也不失为一种有益的研究路径。以空间政治学为桥梁，政治发展与城镇化发展的内在关系可以得到初步解释，但其中也蕴含着更为复杂的大课题和许多微观的小课题，需要不断拓展研究。不过，就城镇化战略本身而言，城镇化发展在空间上的多中心结构必然要求国家治理结构朝向多中心治理模式发展。

其一，实现国家权力结构的扁平化。应该说，权力的等级结构还有存在理由，在现代社会是不可避免的。但是，过多的行政层级不利于调动地方政府推进城镇化发展的积极性，从而不利于城镇的空间生产在中小城镇和农村的持续进行。当前，行政等级已经成为套在城镇发展头上的枷锁，甚至造成官僚行为的异化。比如，一些地方政府不关心本地区经济社会发展基础，而醉心于通过人为扩张城市规模谋求城镇等级的提升，从而为自己争取政治资本。因此，国家权力结构的扁平化不仅是行政体制改革的必然趋势，也是通过调整权力结构带动区域和城镇化发展的重要手段。

其二，提升地方治理能力。从当前形势来看，提升地方治理能力，特别是城市治理能力是实现国家治理体系和治理能力现代化的重中之重。就城镇化发展而言，提高城市管理水平，提高城市发展质量，是提升城镇承载力的重要一环。总的来看，提升地方治理能力首先是要提升地方自治能力，促进政府、市场和社会共同参与治理城市，形成多元共治的局面。当然，也需要改革公共财政体制，加大中央对地方的一般性转移支付，减少专项转移支付，加大地方自主权，让地方根据自身实际情况选择发展战略，从而减少行政级别对区域发展的束缚。其次，提升地方治理能力还要推动地方治理创新，不断提升地方政府解决城镇化进程中出现的新问题以及应对不断变化的新形势的能力。最后，提升地方治理能力还要加强地方民主治理，将民众的真实需求传输到城镇化建设和城市管理过程当中。

空间正义理论及其启示

对正义问题的观察不能脱离城市情景,不仅仅因为世界上大多数人生活在城市中,更因为城市浓缩了现代社会的多样性冲突和张力。随着正义研究的触手伸向城市,城市正义受到关注,而在人文地理学的贡献下,空间作为城市性的基本要素又与正义紧密联系起来,城市、空间和正义思想交织碰撞,催生了一个涵盖小到邻里街道、大到全球体系的,用空间和空间性作为线索将许多原本分离的社会问题串联起来加以考虑的研究视界,促进形成了认识世界的新方法论体系,以及由此产生的空间正义理论。空间正义理论产生和发展为我们认识和解决城市公共空间失序现象具有启示意义。

一 空间正义的理论脉络与基本内涵

从20世纪70年代开始,"空间转向"(spatial turn)在西方社会理论中得到了广泛的关注,社会学理论中"空间转向"的理论想象力始于法国著名社会学家列斐伏尔对空间的重新认识。在他看来:"(社会)空间就是(社会)产物"[1],空间中弥漫着社会关系,社会空间的生产同样也是社会关系的生产与再生产。既然存在着一种空间的政治,那么空间的生产不能仅仅考虑其经济的合理性即效率,而必

---

[1] Henri Lefebvre, *The Production of Space*, Trans, Donald Nicholson-Smith. Oxford: Blackwell, LTD, 1991, p. 26.

须考虑其伦理的正当性即正义①。空间正义的思想正是在这种转向中逐渐汇集而形成的。尽管空间正义仍是一个不断发展的理论,但我们仍能从理论脉络把握其内涵。

(一) 空间和空间生产

列斐伏尔等人的空间思想,将空间概念重新带回社会科学理论中,用空间思维来重新审视社会。由于之前对空间的理解只停留在空间的物质属性上,列斐伏尔批判了这种将空间作为社会关系演化的静态"容器"或"平台"的传统社会政治理论。列斐伏尔认为传统的空间观只看到空间的物质属性,而忽略了空间的另一个重要属性——社会属性。从社会生产的角度看,空间本身具有生产、交换和消费的特征。空间直接参与生产和自我生产,是生产关系和生产力的重要环节。空间在现代社会中的地位越来越高,因此列斐伏尔提出了这样的论断:"我们已经从空间的生产转向了空间本身的生产。"即空间不再被理解为生产的众多要素中的其中一个,而是生产本身。空间的生产也是社会关系的生产和再生产。

所谓空间转向就是社会转向,城市空间是社会生产的结果而不仅仅是自然赋予。自"空间转向"以来,基本共识已经形成,即空间兼具自然属性和社会属性,且二者辩证统一,空间是一个包含各种社会关系、社会权力、社会矛盾和冲突的领域。与空间的多重属性一样,空间生产具有三重属性:自然性、精神性和社会性②。空间首先是物质形式的存在,具有使用价值,其自始至终都无法脱离物质资料的生产而独立存在,因此空间的生产如同机器化生产一样有着自己的组织和逻辑③;空间生产的精神性表现在空间不仅有着实际功能,还可以被赋予一种抽象的价值,成为一种象征符号,这也就催生了"空

---

① 钱振明:《走向空间正义——让城市化的增益惠及所有人》,《江海学刊》2007年第2期。
② 唐旭昌:《大卫·哈维城市空间思想研究》,人民出版社2012年版,第59—63页。
③ 孙全胜:《城市空间生产:性质、逻辑和意义》,《城市发展研究》2014年第5期。

间拜物教"现象，有些空间象征着财富与高贵而有些空间则象征着贫穷与低贱；空间生产的社会性表现为空间的生产不仅是对空间、社会空间的生产，也是对生产关系的再生产①。城市发展是城市空间生产的结果，发展中形成的问题也应该通过社会行为即社会实践来加以解决，这也凸显了社会行为本身价值取向的重要性。

（二）空间生产的正义指向

空间生产不仅是空间资源的分配和再生产，而且是社会关系的再生产。在这个过程中，空间与权力密不可分。法国学者福柯的空间思想讨论了空间与权力的关系，他指出，空间处处充满权力，空间权力运作不仅是构建工具也是其运作所必需的，统治者通过空间分配来确保纪律通过自己的力量在空间中运行，被统治者对空间中到处存在的权力是无能为力的②。为了抵抗权力，列斐伏尔在批判资本主义城市空间的压迫和异化时提出了"城市权利"的概念。"城市权利"是公民控制空间生产的权利，城市居民有权拒绝国家和资本的单方面控制③。哈维认识并继承了城市权利的概念，他认为"城市权利是根据我们的意愿改变和改造城市的权利"，这种权利的运作取决于集体的力量，"所以城市权利是集体权利，而不是个人权利"④。城市权利是一种集体表达，而不是个人主张。当城市权利落入少数政治和经济精英的手中时，无疑是对城市群众的城市权利的剥夺。只有诉诸集体力量，普通人才能实现对城市权利的要求。

为了进一步研究空间生产的价值，哈维将"社会正义"引入了空间研究，在布莱迪·戴维斯"区域正义"概念的基础上，提出了"区域再分配正义"，即通过正义对社会资源进行公平的地域分配。既要

---

① 赵文：《空间的生产》，《国外理论动态》2006年第1期。
② 王丰龙、刘云刚：《空间生产再考：从哈维到福柯》，《地理科学》2013年第11期。
③ 曹现强、张福磊：《空间正义：形成、内涵及意义》，《城市发展研究》2011年第4期。
④ 戴维·哈维：《叛逆的城市——从城市权利到城市革命》，商务印书馆2014年版，第128页。

注意分配结果，又要强调公平的地域分配的过程。哈维的研究不仅对各种形式的空间分布不公进行了审视和批判，更重要的是对"空间"社会生产过程的不公进行了揭露和批判①。随后，南非地理学家皮埃尔正式提出了"空间正义"一词。他对空间正义的理解更多的是指空间资源配置的正义。虽然这一概念的界定存在局限性，但他的研究无疑对相关问题的概念化做出贡献，为日后号召以"空间正义"为旗帜的学术研究创造了思想基础②。空间正义是社会正义在"空间转向"过程中的空间化，哈维提出了基于过程的空间正义思想。在哈维的观点中，"空间正义"首先应是空间生产的正义，也就是说，空间生产的价值判断应该专注于空间的生产过程，通过彻底的不公正的批评空间生产的过程，然后纠正这些不公正，找到出路。中国学者任平认为，所谓空间正义，就是空间生产和空间资源配置中的社会正义。空间正义的提出，明确了空间生产的基本价值取向③。虽然学者们对空间正义的具体内涵有不同的界定，但正义作为空间生产的价值取向是十分明确的。它提倡共享城市发展的好处，社会各阶层、各利益相关者对城市空间生产中的各种剥夺、压迫、分割等现象进行批判，关注城市弱势群体的空间权益，赋予他们应有的空间斗争权利，而这是结果与过程的有机统一。

（三）空间正义的谱系拓展

尽管关于空间正义的概念学界目前仍未形成统一的界定，但空间正义的理念是十分清晰的。一定意义上来讲，空间正义思想与其说提供了一个新的学术概念，不如说是一套认识世界的新方法体系。作为集大成者，索亚从一开始并不支持给空间正义以明确的定义，他更主张在弄清认识世界的新方法论的基础上，尽可能地发挥来自各方的想

---

① 张佳:《大卫·哈维的空间正义思想探析》，《北京大学学报》2015年第1期。
② Pirie, G. H., "On Spatial Justice", *Environment and Planning*, 1986, 15: 465-73.
③ 任平:《空间正义——当代中国可持续城市化的基本走向》，《城市发展研究》2006年第5期。

象力，特别是不同学科、不同理念，如环境正义、领地正义等概念的整合式发展。这种新的方法论基础就是他所提倡的三元分析框架，即人类世界是社会/社会性（social/societal）、时间/历史性（temporal/historical）、空间/地理的（spatial/geographical）的存在①。以引例为激发想象力的途径，他提出不公正的地区发展失衡、公共空间私化、地理上的分配不平等、新殖民主义等适合于应用空间性的正义加以观察。时至今日，在空间正义的理念下，不同学科、不同研究旨趣的学者尝试用这种新的方法论来拓展对原有问题的解释，不断生成富有解释效力的解释框架与知识谱系。

一是批判理论下的空间正义。这种范式是建立在资本、权力和意识形态话语实践的基础上的。它认为空间是当代资本最重要的存在方式。它是权力或资本运作的场所和重要组成部分。"空间正义"不断进入"现代资本主义生产模式"，推动"现代资本主义生产模式"的空间化。空间生产与再生产是资本主义及其生产方式不断生成和延续的内在机制②。在资本和权力的空间化过程中，城市居民面临着多重的基于空间的剥削、压迫和制度控制。在现代性语境下，社会空间扩张所带来的空间正义风险表现为资本和权力通过空间的全面渗透、扩张和自我延伸，在资本和权力的基础上产生结构性的压迫和剥削。社会的结构性矛盾、社会地位的不平等和社会正义与发展正义的破坏、空间的破坏及其空间正义是当代社会风险的根源。空间正义的实现必须是资本或意识形态的批判，反对资本的空间生产过程③。

二是文化建构主义的空间正义。以空间的文化表示正义的特征为基础逻辑，突出以文化背景和文化的象征性来构建空间正义的想象维度。建构主义的文化空间特别强调文化实践主体通过空间表达某些文

---

① Edward W. Soja, *Seeking Spatial Justice*, University of Minnesota Press, Minneapolis：London，2010，p. 70.
② 林青：《空间生产的双重逻辑及其批判》，《哲学研究》2016年第9期。
③ 潘泽泉、杨金月：《寻求城市空间正义：中国城市治理中的空间正义性风险及应对》，《山东社会科学》2018年第6期。

化特质的实践活动，也关注空间建设形态对文化的意思表达。认为特定地理空间框架都有自己的独特的文化和道德表示，通过文化仪式的空间文化的实践和社会建构表现过程、方法、结果和具体化的文化符号。通过文化的空间相互作用，通过各种文化实践的战略选择学科和技术的应用空间，不断建构与再生产空间的正义性风险，穷人的集聚和隔离的"边缘性空间"文化建构、"贫困文化特征"的空间生产与再生产，以及空间贫困的代际文化传播等①。

三是结构功能主义的空间正义。这种路径强调机构—系统的表征关系，突出以结构功能、行为系统、人格系统和道德系统为归依的空间正义属性，认为现代社会的财富占有与资本分配（经济制度）、权力分配（政治制度）和地位认同（人格制度）日益空间化。通过空间互动，共同推动了社会正义的空间转向。空间正义扩展了经济社会发展体系中的正义属性，是现代社会实现社会正义的重要内容和现实路径②。在具体的研究实践中，这条路径的研究者也将空间正义与系统的可持续发展联系起来，认为空间是系统可持续发展的内在组成部分，空间正义的概念为可持续发展观也提供了新的支撑，是可持续发展体系中的核心伦理关怀和伦理再造③。系统功能主义的空间正义风险源于"生活世界的系统殖民化"和对个人自由的侵蚀和剥夺。

四是日常生活实践中的空间正义。这种模式是基于主观的日常生活实践行动，战略过程和空间正义，嵌入空间正义在日常生活实践的主观社会，认为在权力和资本优势网络（宏观社会结构）之间，在制定和实施由精英和技术理性控制的城市规划方案时，人们继续通过战略性的日常生活实践进行"诗意的抵抗"，在缝隙中创造出"违规

---

① 任政：《资本、空间与正义批判——大卫·哈维的空间正义思想研究》，《马克思主义研究》2014年第6期。

② 任政：《当代都市社会语境中的正义转型与重构——一种空间正义构成维度的反思》，《天津社会科学》2017年第3期。

③ 冯鹏志：《时间正义与空间正义：一种新型的可持续发展伦理观——从约翰内斯堡可持续发展世界首脑会议看可持续发展伦理层面的重建》，《自然辩证法研究》2004年第1期。

空间""不得体空间"和自由空间。通过城市社区运动、空间正义运动或分散无组织的集体行动，挑战列斐伏尔意义上的"空间表征"（representation），创造出"表达空间"（spaces of representation）①。

二 空间正义视角下的城市公共空间审视

从理论渊源上来看，虽然空间正义的思想发起于对西方发达国家城市危机的空间形态的反思和批判，但对观察中国的城市社会空间仍有借鉴意义，特别是对于城市公共空间这类典型的社会空间统一体。作为空间正义思想重要传播者索亚的学生，德克西对空间正义的界定勾勒出了空间正义的理论框架。在他看来，空间非正义应该是"非正义的空间性"（Spatiality of Injustice）与"空间性的非正义"（Injustice of Spatiality）的集合②。前者表示正义有一种空间的维度，各种不正义的形式可以通过空间表达出来，而后者则表示非正义可以通过空间的生产予以生产和再生产。从空间正义理论观察城市公共空间的问题，我们必须认识到，城市公共空间失序本质上是空间非正义的一种形式，而城市公共空间失序本身也正在生产和再生产着社会不正义。

（一）非正义的空间秩序：城市公共空间失序的实质

集聚化的空间生产是"空间正义"产生的问题面板，空间非正义是对于空间问题的概念总结。城市公共空间失序本身就是空间非正义的一种问题聚集，其所表现出来的私人化、空间隔离与排斥、空间冲突等现象天然地就是社会正义所要讨论的对象，它们与权利、机会、身份等社会不平等的现象紧密联系在一起。正义问题的形成不是单一因素所导致的，而是多种因素相互作用所产生的，是因素叠加的结果。"今天成为不平等形成原因的多元化因素，包括：阶级、种族、

---

① 陈忠：《空间辩证法、空间正义与集体行动的逻辑》，《哲学动态》2010 年第 6 期。
② Dikeç M., "Justice and the Spatial Imagination", *Environment and Planning*, 2001, A33 (10), pp. 1785–1805.

民族、性别、兴趣、年龄、居住区域、移民状况、住房、环境正义以及文化认同，等等。"① 因此，造成正义问题的因素是多方面的、多元化的，既有经济因素、政治因素、文化因素和历史的因素，又有空间因素。

早期的城市公共空间研究并不把空间失序看作一个正义问题，虽然它经常性地与权利平等联系在一起，但对其正当性并不预设判断，甚至对由资本驱动的城市发展过程中公共空间的失序问题持默认态度，不仅接受其不可避免性，甚至将其视作个体自由的充分体现和最优资源配置方式。然而，忽视空间问题就意味着忽视产生正义问题的本源之一，即空间性。从空间正义的维度来看，城市公共空间失序是一种不正义的存在，解决失序问题要从寻求正义的方案中找寻方向。也就是说，虽然城市公共空间失序有着极其复杂的社会诱因，但通过追求正义的空间生产过程可以重构城市公共空间正义失序。"'空间正义'是一个'不会有终极答案'的话题，也是一个'永远在路上'的城市化征程。既是所指、能指、内涵、外延不断变化的话语生产，也是各种群体、阶层、组织和个体反复博弈、相互妥协的结果。同时也还要记住，一个时代有一个时代的空间正义，一个城市有一个城市的空间正义。但我们希望通过一代又一代人的努力和奋斗，最终能够形成一个比较理想的正义概念，建成一个为绝大多数人所认可和接受的正义城市。"②

（二）社会不公的生产和再生产：城市公共空间失序的危害

城市公共空间的隔离、排斥和冲突本质上是社会阶层分化在空间维度的表现形式，而城市公共空间的非正义形态又进一步推动了阶层分化的固化和代际传递。市场经济条件下社会分化驱动了空间分异，

---

① 爱德华·苏贾：《后大都市：城市和区域的批判性研究》，李钧等译，上海教育出版社2006年版，第109页。
② 刘士林：《中国城市规划的空间问题与空间正义问题》，《中国图书评论》2016年第4期。

而空间分异又反过来强化了社会分化。

哈维认为"阶级结构的次级力量"扩大了个人与群众之间的差别,并且将这种所谓的次级力量分成了不同的部分:第一部分是"残余的力量",也就是出现于以前历史阶段的某些生产方式的力量,譬如资本主义早期的封建残余等。第二部分分为五种类型的"派生权力":(1)分工与岗位专业化;(2)消费方式和生活方式;(3)权威的关系;(4)思想政治觉悟的操纵;(5)流动性机会的障碍。空间分化是影响社会分层的一种重要的"次级力量"。空间为个人的生活提供了共同的背景,也使得生活方式的产生和维持,以及工作和教育态度在特定场所的出现,从而导致价值观念和社会不平等在城区中能够生产和再生产。"(1)住宅差异必须以资本主义社会中社会关系的再生产来解释;(2)住宅区(邻里和社区)为社会互动提供不同的背景,使人们在很大程度上能够形成自己的价值观、期望、消费习惯、竞争力和意识;(3)城市人口分化为不同的社区导致了马克思提到的阶级意识的分化,从而破坏了通过阶级斗争从资本主义向社会主义的过渡;(4)居住模式差异反映并遏制了资本主义社会中的诸多矛盾,导致和维持这些居住方式差异的因素也导致了不稳定和矛盾。"[①]

空间分异固化会导致阶层固化。空间隔离和排斥促进了城市私人空间的同质化,从而在城市公共空间私有化的前提和基础上,在社区内获得高度的认同感。城市公共空间是城市一体化的中心,为不同身份的城市居民提供了良好的环境和畅通的对话交流机会。通过培养这种自发的、意想不到的交流,城市公共空间塑造了城市文化,增进了不同阶层之间的对话与理解。然而,建立一个隔离社区在很大程度上是一个试图通过识别和能力差异使原来的城市公共空间私有化的过程,而且通常是一个从公共到私人的单向进程,即私有化隔离,社区

---

① David Harvey, *The Urbanization of Capital*, Oxford Uk: Basil Blackwell Ltd, 1985, p. 118.

的增加意味着公共空间的减少。私有化的隔离社区往往伴随着物质财富歧视，这是社会分层的一个突出标志，向整个社会传递着特殊的象征意义，反映了现有的社会关系，并将长期存在，通过继承财富影响社会关系。

对于整个城市而言，隔离式的居住模式导致了社会问题的持续出现，甚至可能出现"隔离城市"①。城市中处于优势的地理位置或者是交通发达、基础设施较为成熟且有着良好风景环境的城郊地区，都被高收入人群所占有；低收入人群则生活在交通不便利、基础设施较差、环境资源处于劣势的地区②。占有的地区不同以及居住空间上的不衔接，生活在城市不同空间内的群体，所获得的公共产品和服务的水平是不一样的。高收入阶级居民和低收入阶级居民没有办法对城市公共服务有着相同的接近性。同处一个城市的居民因为收入存在差距导致了不能享受同等优质的城市公共设施资源。这样的公共产品供给状态，显而易见是不公平的，存在隔离感，通常致使低收入群体感到了一种相对剥夺感，加剧了不同阶级的对立冲突。

同时，居住空间分化加剧了分层结构的产生，而空间隔离的邻里、社区变成了"复制出"特定阶层的教育场所。也就是说，个人视野的形成取决于其所在的生活区间：因为个人的社会化过程背景来自幼时成长的邻里、社区，不同社区的教育资源的质量和配置存在着差异，对待教育的观念看法也是不一样的，从而使得对待教育的消费方式和程度是相互适应的，在此种情况下，具有了重新生产出同一阶层的可能。因此，当这种特定社区的价值观积淀的固化成了某种意识形态，那么，比较稳定的居住差异结构中出现相对固定的社会群体的走向就会随之得到增强。譬如，美国城市当中就存在着"富人区"

---

① 甄智君、梁鹏：《转型城市中的空间重构及治理重构：国外隔离社区研究综述》，《公共管理研究》2009年第6期。

② 何艳玲：《从破碎城市到重整城市：隔离社区、社会分化与城市治理转型》，《公共行政评论》2011年第2期。

和"穷人区"的分隔，穷人受困于贫乏的资源环境当中，有着对于整个社会极其有限的认知，因此，有些时候不是外界因素的影响和干扰，而是穷人自己被自己的认知限制在所处的阶层，无法摆脱这种状态。同时通过空间社会差异在代际进行传递，也容易形成我们常说的代际不正义。

空间政治与城市发展

论公共服务与新型城镇化*

近年以来，新型城镇化理念逐渐被学界和实践者所接受，并将其具体运用于中国特色社会主义城镇化道路的探索实践。从公共政策分析的视角来看，新型城镇化战略的提出主要源于两个方面的需求：一是经济社会进一步发展受到城镇化滞后的制约，对加快推进城镇化形成倒逼机制；二是规避和化解人口过度向城市聚集所带来的诸多社会问题，确保城镇化健康发展。借用风险社会理论家乌尔里希·贝克的观点，全球化浪潮中的发展中国家正处于"压缩的现代化"进程，面临社会风险的复杂性，考验着政府的公共管理能力①。中国的新型城镇化之路要在有限的时空条件下实现提速与保质的双重目标，需要政府介入的社会行动计划，要求政府善用公共服务的杠杆效应。

一 公共服务是人口深度城镇化的保障

人口深度城镇化是相对于"半城镇化"而言的。所谓半城镇化，是指在城镇的农村产业工人不能在就业、居住、福利分配、身份认同等方面获得与城镇原住居民一致的城镇待遇，即从农村流入城镇的人口虽实现了生产方式的城镇化，却没有实现生活方式的同步城镇化。根据第六次全国人口普查的结果，中国目前人户分离的流动人口达到2.6亿

---

* 原载《石家庄学院报》2017年第2期。
① 乌尔里希·贝克：《从工业社会到风险社会（上篇）——关于人类生存、社会结构和生态启蒙等问题的思考》，《马克思主义与现实》2003年第5期。

人，其中非市辖区人户分离人口约2.2亿人。以每年1%的人口流入速度计算，未来10年仍将有约1.4亿人向城镇迁移。如果这近4亿人口不能真正地转为城镇居民，那么中国的有效城镇化率将十分有限。

二　公共服务是拓展城镇吸纳能力的基础

消除体制和政策上的阻滞因素，解决的是是否容许人口向城镇流动的问题，而城镇吸纳能力则关系城镇能否容纳这么多人口居住和生活的问题。也就是说，即使消除了城镇准入的限制，但是由于城镇不具备必要的客观条件，也无法承载更多的人口进入。概括来讲，城镇吸纳的能力主要包括两个方面，即经济吸纳人口的能力和空间吸纳人口的能力。

城镇经济对人口的吸纳能力，直接表现为城镇经济体供养居民数量的多寡。换言之，城镇经济活动为城镇居民提供的劳动机会和收入来源愈多，其吸纳人口的能力就愈强。但是，如果仅仅将提升城镇经济吸纳能力理解为通过招商引资扩大经济规模和就业岗位，那么就犯了经济学上的常识性错误。众所周知，供需关系是经济学的基本命题，供需平衡是宏观经济良性运行的基本特征，招商引资仅对增加就业有一定帮助，但对提振消费却没有直接贡献。如果城镇经济体仅能供养大批廉价劳动力，那么，一方面经济增长必然对外部需求形成过度依赖，一旦外需萎缩，经济吸纳能力必然下降；另一方面非农经济对劳动力的吸引力下降，又增加了农民返乡务农的意愿，形成恶性循环。2008年全球金融危机中，中国经济最发达的几个大城市出现"开工荒"与"用工荒"并存的现象就说明了这一点。同样道理，中国产业结构中第二产业比重过大，以服务业为主的第三产业发展不足，也是制约城镇经济吸纳能力的一个重要因素，而第三产业发展又依赖于社会成员生活方式和消费模式的城镇化，这又回到了前文所述的人口深度城镇化的问题上来。因此，增加城镇经济对人口的吸纳能力，必须摆脱以"GDP"为目标导向的政府行为模式，更加关注公共服务的供给。从这个角度来说，政府投资拉动内需，应将公共服务作为主要投入领域。

同时，公共服务的发展本身就在创造就业机会，带动相关产业的发展。根据笔者对郑州市农民工的调查，超过70%的新生代农民工留城工作的最主要动机不是更高的收入，而是获取非农生产的技能①。加强教育、培训等公共服务，是增加农民工留城意愿、提高劳动力素质、促进产业转型的重要途径。再有，政府招来了商、引来了资，不能马上就当甩手掌柜，还要通过加强公共基础设施建设，保障企业职工居住、医疗等公共服务需求，为企业发展减轻负担，为经济增长创造优质的软硬环境，同样也能够增强城镇经济体吸纳人口的能力。比如江浙地区一些中小城镇政府兴建企业职工住房和公共文体设施，以财政补贴购买后勤服务，为企业职员提供免费的职业技术培训等，所有这些都是以公共服务增强城镇经济体吸纳人口能力值得借鉴的做法。

城镇空间是城镇承载人口的物质形态。以空间哲学来观察，空间被赋予的社会功能决定了它的存在意义。对一个城镇而言，城镇空间吸纳人口的能力，首先就取决于这个空间上附加的生命保障系统。水、电、气、能源乃至生态环境，都是城镇生命保障系统的组成部分。人类发展历史上，因生命保障系统断裂而消亡的城镇已不在少数，如中美洲的玛雅古城、中国的楼兰古城等。

城镇空间吸纳人口的能力，还受制于城镇的空间结构和空间秩序。中国农村人口向城镇的快速聚集，必然要求城镇空间平面规模的扩张。但是，城镇内部居住空间、生产空间和公共空间的结构关系，是城镇化推进过程中更值得政府切实加以关注的。简单而言，在一定平面规模的情况下，通过空间结构的重组和空间秩序的优化，能够使城镇承载更多人口的居住。所以，现代西方国家普遍将城市空间规划列为政府应担必担的公共服务职能之一。这就启示我们的各级政府，

---

① 数据来源：本文作者参加的郑州市发改委委托课题"流动人口服务管理政策研究"的问卷调查。

在推动城镇化的过程中不能只关注城镇空间的平面扩张,更要优先履行居住空间与生产空间的合理布局、公共空间的拓展等规划职责,同时还要加大城镇公用基础设施的供给与均衡配置和公共交通的建设维持力度,提升城镇空间吸纳人口的能力。

除了夯实城镇基础以外,提升城镇空间的吸纳能力,还需积极推进城镇体系的拓展。历史经验已经证明,规划得再好的城镇也存在人口承载的极限。当人口承载规模超过了临界点,城镇聚集效应和规模效益就会呈现"U"形回归,城镇生产生活就将变得不再经济。例如,美国是典型的城镇化进程表现为大城市化和大都市化的国家,1940年美国超过40%的国民都生活在沿海少数几个大都市区。后来,由于大都市交通拥堵、环境污染、生活压力大等一系列城市病,从20世纪60年代开始出现持续十余年的"逆城市化",随之又带来了大城市空心化的问题。与当年的美国相比较,中国有更加众多的农村人口需要转化,显然不能依赖数量有限的大都市区,也不能依靠"用脚投票"的国民自然选择机制,而是需要靠引导将农村过剩劳动力消化在中小城镇。目前,中国大城市与中小城镇对人口的吸引力存在着明显的两极分化。大城市的磁极效应对资金和劳动力有着先天的吸附作用,从而使公共资源也附带地向大城市流动,而市政体制上的"以大管小"的结构也不利于中小城镇公共资源的获得。由于大城市在公共资源的数量和质量都比中小城镇要优越,所以即使面临巨大的生活压力,也无法避免或缓解社会关于"逃离北上广"和"驻守北上广"的争论。因此,提升中国城镇体系的整体吸纳能力,关键是要加快发展中小城镇,其中加大对中小城镇的财政转移支付,提升中小城镇的公共服务供给能力是重中之重。

三 公共服务:政府介入城镇化发展的优先途径

公共服务并非是政府推动新型城镇化的全部任务。完善农村土地流转机制、加快新型农村社区建设、强化流动人口管理等，都需要政府积极发挥作用，但是这些任务的完成都离不开公共服务这个基础和保障。2003年10月党的十六届三中全会审议通过的《关于完善社会主义市场经济体制若干问题的决定》，就将公共服务与经济调节、市场监管、社会管理并列为中国政府的四大基本职能之一，并将建设服务型政府和强化公共服务职能作为行政改革的基本方向，体现出公共服务作为政府履职手段和引领社会发展的重要地位。2004年中央又明确地界定了服务型政府的基本职责，就是提供包括加强城乡公共设施建设，发展社会就业、社会保障服务和教育、科技、文化、卫生、体育等公共事业，发布信息等在内的公共服务。可以说这些公共服务的具体内容，都与城镇化发展密切相关。总之，城镇化是一个复杂演变的过程，牵扯经济社会多方面要素，这一过程呈现何种状态取决于政府采取什么样的行动计划。公共服务是推动城镇化健康发展的关键要素，是政府推动新型城镇化应该优先选择的政策工具。可以说，正是有了公共服务的支撑，中国的城镇化之路才能够避免西方发达国家自然城市化中的诸多社会问题，才能够突破城乡分割和城镇化与工业化脱节的传统城镇体制的束缚；正是有了公共服务的保障，才不致使中国的城镇化落入"圈地上楼"的人为城镇化陷阱。从政策科学的角度出发，在推进新型城镇化的社会实践中，政府不仅要清楚自己应该做什么，更要明白不应该做什么。政府要在推进新型城镇化过程中强化公共服务的职能，需要克服下列错误理念。一是克服工业化带动城镇化的错误理念。以西方传统经济学和城市理论为依据，许多地方政府乃至理论界多年来都倾向于将工业化的发展状况作为城镇化发展的基础。因此，一些地方仍将新型城镇化建设的重心放在产业规模的扩大上，在兴建大批产业园区的同时，真正能够吸纳人口进入的公共服务基础设施和公共服务体系却迟迟得不到应有的改善，这实际上仍是GDP政绩观主导的结果。近年来，西方城市问题研究者已经注意到了工业化支撑城镇聚集这个看似定律性观念的错误，如美国城市学家简·雅各布斯在《城市与国家财富：经济生活的基本原则》一书中就颠覆性地指出，城市不是工业化的附属物，城市化的政治社会功能会反作用于经济功能的实现①。而布莱恩·贝利的《比较城市化》支持雅各布斯的这一观点，并用经验数据证明，城市化本身也在推动工业和农业生产的技术革新②。因此，从关注公共服务入手，中国的城镇化进程能够成为推动后工业转型和农业现代化的正向力量。

二是克服新型城镇化就是快速城镇化的错误理念。实践中，一些地方政府片面地将新型城镇化理解为人口向城镇和农村社区的快速聚集，一味地用行政区划手段拉大城镇框架、推动村镇合并，但却忽视了公共基础设施建设的配套跟进和就业、福利、社会保障等公共服务体系的延伸覆盖。然而，提速只是新型城镇化的一个表象特征，其实质上是通过满足城镇化发展的内涵条件，实现城镇化的和谐、健康发展。诺贝尔经济学奖得主、美国经济学家约瑟夫·斯蒂格利茨曾经断言：21世纪对世界影响最大的两件事，第一美国高科技产业，第二中国的城市化。中国的新型城镇化之路绝不是城镇户籍人口的简单增加，而是国民生产方式和生活方式的整体变迁。因此，政府要摆脱对管制型政策工具的传统依赖，更多地借助服务型政策工具，为农村人口向城镇和新型农村社区流动创造更有吸引力的条件与环境。

三是克服公共服务均等化就是城乡无差别化的错误理念。公共服务必然是空间性的存在③，虽然享受公共服务的权利可以实现全民覆盖，但是提供实际服务的却必须是医疗、教育、文体等实体机构，比如农民可以参加全民医保，但看病最终还是要到医院。因此，公共服务的城乡无差别化是不现实的，也是缺乏效率的。道理很简单，为一个只有几百人的村庄设立设备齐全的医院与为十万人的城镇提供同等条件的医院，二者在效率上显然是存在巨大差别的。在推进新型城镇

---

① 简·雅各布斯：《城市与国家财富：经济生活的基本原则》，金洁译，中信出版社2008年版，第21—32页。
② 贝利：《比较城市化》，顾朝林等译，商务印书馆2010年版，第201页。
③ 韩志明：《公共服务均等化的空间政治学分析探索》2009年第2期。

化进程中，公共服务应当循着缩小大城市与中小城镇公共服务差距的方向，向有利于就近城镇化的地区供给。如此，既可以发挥公共服务的规模效益，减轻政府公共服务供给的负担，也能够提升城镇和农村社区的吸引力，引导人口合理聚集。

特大城市功能疏解的政策工具及其选择[*]

引 论

改革开放以来，中国快速城镇化进程正在迅速造就一批体量庞大的经济人口密集城市。按照国务院2014年调整的城市规模划分标准，截至2014年末中国有特大城市10个，超大城市6个[①]。理论和实践已充分表明，城市规模过大未必是好事，可能带来聚集"不经济"和城市病等问题。仅以交通为例，根据《2016年第一季度中国主要城市交通分析报告》发布的2016年一季度拥堵城市排名，前20名城市几乎涵盖了所有特大城市，而其他拥堵城市也是规模接近甚至在短时间内就可能跨入特大城市行列的区域中心城市[②]。所以，治理城市过度膨胀已经成为中国城市治理要重点关注的政策领域。

---

[*] 原载《中国行政管理》2017年第5期。

[①] 2014年11月20日国务院发布《关于调整城市规模划分标准的通知》，将城区常住人口500万人以上1000万人以下的城市划为特大城市；城区常住人口1000万人以上的城市划为超大城市。根据同年统计数据，有6个超大城市为北京、上海、天津、重庆、广州、深圳，10个特大城市包括武汉、成都、南京、佛山、东莞、西安、沈阳、杭州、哈尔滨、香港。总体来看，中国特大城市和超大城市都面临疏解问题，为行文方便，本文以特大城市统称。

[②] 该报告由高德地图联合清华大学戴姆勒可持续交通研究中心发布，通过引入高峰拥堵延时指数（市民高峰拥堵时期花费的时间与畅通时期所花费的时间的比值）来评价城市交通拥堵水平。

事实上，中国早在20世纪80年代就提出"坚定不移控制大城市规模"的方针，但长期以来过分依赖户籍限制的方法显然并未触及城市膨胀的根本诱因，未能有效减少人口向大城市的过度聚集。2014年习近平总书记在中央财经领导小组第九次会议上提出"疏解北京非首都功能、推进京津冀协同发展"，这标志着中国城市规模调控政策由人口疏解向功能疏解的转变。同行政改革从机构精简向职能转变的原理一样，城市功能疏解就是要从根源上阻断城市过度膨胀的内生机制。当然，疏解城市功能并不仅仅针对北京，中国其他特大和超大型城市也普遍面临城市功能过于综合、集中的问题。2016年，《中华人民共和国国民经济和社会发展第十三个五年规划纲要》明确提出"超大城市和特大城市要适当疏解中心城区非核心功能"。通过疏解功能来疏解城市规模是各级政府调控城市规模应遵循的基本方向。从理论上来说，城市功能的表达是政府干预、市场选择和社会行动共同作用的结果。那么，城市功能疏解作为一项系统工程就存在多种实现途径。本文借助政策工具理论的分析理念，对国内外城市功能疏解的实践进行归纳梳理，阐释城市功能疏解的多维路径，以期为提升特大城市功能疏解的有效性提供思路。

一 规制型政策工具

"规制是政府要求一部分个人或机构履行一定行为的程序或行动方案，多数情况下都是针对私人的、有时候也会针对公共问题。政府通过全程管理来贯彻规则，一般由特定的职能机构进行管理。"[①] 规制型政策工具的实质就是运用强制力禁止或允许政策对象进行某些活动。具体到城市功能疏解，就是通过规划调整、行政命令、用地审批、资格审定等手段对不符合城市主体功能定位的经济社会活动进行

---

① 迈克尔·豪利特、M. 拉米什：《公共政策研究——政策循环与政策子系统》，生活·读书·新知三联书店2006年版，第152页。

限制和迁移。与此类似，人口规制也属于规制型政策工具，在中国主要依靠户籍制度。但是人口规制有其明显弊端，一是难以对市场机制作用下居民就业居住选择形成有效约束，这也是为什么中国超大型城市一再收紧户籍准入却无法阻止人口流入的原因，二是户籍限制直接作用于个人或特定群体，涉嫌阻碍社会成员共享发展成果而易招致社会不满。相较而言，以功能疏解为目标的规制型政策工具的作用对象是空间组织。所谓空间组织，是一个城市地理学概念，指的是存在于特定空间中并通过实践活动影响空间功能表达的各类组织，包括经济组织、社会组织和政治组织，典型的如政府机关所在地是行政区，而金融机构密集区域往往是金融中心。

从国外历程来看，使用规制型政策工具疏解城市功能在早期是一种常用方法。主要包括两种形式：一是产业规制，也就是对特定产业在城市空间的存续和分布进行规制，包括禁止或外迁某些产业组织，特别是那些有较大就业吸附功能的产业组织。例如，美国中心城市从20世纪60年代开始对城区制造业实施转移计划，使得中心城市制造业劳动力比重从1960年的67%下降到1980年的25.8%[1]。伦敦则在1945—1970年对100人以上规模的工厂进行疏散，约有70%的此类工厂迁移至大伦敦周边地区[2]。二是空间规制，包括宏观和微观两个层面。在宏观层面上，严格控制城市边界和区内开发。例如德国、韩国等国家对大城市总体用地规模实行绿化带控制，在绿化带内几乎所有的城市开发活动都被严格限制[3]。这种管制迫使各类经济社会组织向外寻求发展空间。不过，边界规制也加剧了管控区域与外周地区的通勤压力和职住分离程度，由此也引发政府对跨区便捷交通网络建设的重视。在微观层面上，空间规制主要是对一些机构的用地和承载规

---

[1] 马清裕、张文尝：《北京市居住郊区化分布特征及其影响因素》，《地理研究》2006年第1期。
[2] 宋春华：《大城市发展与卫星城建设》，《建筑学报》2005年第7期。
[3] 张可云、董静娟：《首尔疏解策略及其对北京疏解非首都功能的启示》，《中国流通经济》2015年第11期。

模进行限制。例如，韩国首尔通过限制首都圈大学的学生编制，洛杉矶等美国城市通过对公立学校招生规模和医院床位数等进行差别化限制，以此来分散特定区域的拥挤程度。

近年来，中国一些城市正在通过产业规制来疏解城市功能，北京计划通过"禁、关、控、转、调"五种方式来疏解非首都核心功能的产业。但总体来看，产业规制的范围还较小，主要集中于低端制造业、高污染行业和大型集贸批发市场，往往与城市产业转型升级合并推行。实际上，中国多数特大型城市中心城区早已是第三产业特别是服务业为主的结构，北京、上海等超大城市的服务业比重已经超过了70%。因而，仅仅依靠疏散制造业等第二产业恐难取得理想效果。随着城市功能疏解的持续推进，瞄准就业吸附功能强的产业和针对产业细分类别进行精准疏解是必然趋势。同时，空间规制在中国城市中的应用还不广泛。北京对中心城区企业单位改扩建规模进行限制是有益尝试，但在宏观层面，由于缺乏边界控制理念和标准，许多空间组织往往只是被搬迁到相对较远的郊区，而随着城市扩张又要进行二次搬迁，从而使产业疏散成为城市"摊大饼"式增长的另一渠道。因而，加强整体规划和城区间、区域城市间的协同部署就显得十分重要。

总之，规制型政策工具是直接疏解甚至改变城市功能的手段。从一定意义上讲，城市过度膨胀是市场负外部性扩散下的市场失灵现象，而政府规制是矫正这种市场失灵的必要手段。在中国，政府对城市规划建设有较强主导性，因而规制工具的使用有其便捷条件，也往往成为城市政府的首先对象。但是我们也必须注意到，规制型政策工具也有局限性，主要表现为规制往往面临监管困境，即有限的监管能力与多发的社会行动之间的不对称性。特别是城市产业形态之间以及城市居住、就业、交通等功能要素之间存在复杂关联，加之中国城市政府多依靠运动式治理、专项整治等手段解决突出问题，一些非核心功能的行业、组织疏散后还会不断涌现，如屡禁不止的企业污染和违规建设等问题。"专项治理忽略了政府能力的长期建设。当政府治理能力不足时，通过专项治理措施实现短期的治理效果，政府陶醉于自我满意之中,形成政治改革滞后的现实借口,却忽略了更具稳定性和规范性的制度建设"①。从国外经验来看,加强城市和区域产业空间规制的立法和执法,以法律途径提升城市功能疏解的常态化、制度化是值得借鉴之处。

二 市场化政策工具

市场化政策工具就是以市场作为公共物品的提供机制,通过市场的经济主体的寻利活动来达到公共问题的解决,实现政策的目标。"它(市场化工具)能保证资源按照私人支付意愿所反映出来的社会价值分配到相应的物品与劳务上。"② 城市功能疏解本质上是各种功能组织和资源在空间中的重新配置问题,因而既可以通过行政控制的方式,也可以运用市场机制予以推进。与规制型政策工具不同,市场化工具并不直接作用于城市布局,而是通过供给或者改变市场交易促使组织、企业选择最有利于自身发展的空间定位,从而在整体上促进城市空间结构的优化。国外较早开展城市规模控制和城市功能疏解的国家几乎无一例外地都应用到市场化政策工具,大致可以归纳为三种主要形式:

一是税费征免,即通过征收或者减免税费促进空间组织向特定地区分散。税费征免又包括两种类型,一种是按区域,即根据组织企业所处地区的不同实行征收或减免税费。许多国家在城市功能疏解时都会设置"搬迁鼓励区"和"布局接收区",对搬迁鼓励区内的企业征收特定税费,而对迁往接收区的企业实行税费减免。例如,日本于1972年公布《工业布局鼓励法》,允许政府对迁出城市的组织和企业实行税收优惠。而韩国首尔除了明令禁止相应产业进入不同类型产业

---

① 臧雷振、徐湘林:《理解"专项治理":中国特色公共政策实践工具》,《清华大学学报》2014年第6期。
② 迈克尔·豪利特、M. 拉米什:《公共政策研究——政策循环与政策子系统》,生活·读书·新知三联书店2006年版,第150页。

限制区，还对非鼓励性产业征收拥挤税，让企业根据自身成本收益考量选择入驻地区。美国纽约则实行差别地位和税价，严格限制发展的市区征税标准高，而鼓励发展的地区征税标准低，以促进新产业按城市布局要求定向分散。另一种税费征免形式是按产业性质，即按照产业疏导需求对不同类型企业征收或减免税费，典型的如对污染型企业在城市驻留征收排污费，等等。

二是补贴或降低补贴，"补贴是指政府主导下的由政府、私人、公司或组织向其他私人、公司或组织提供的各种形式的财政转移"[1]。补贴工具在疏解城市功能方面的意义就在于，一方面通过政府补贴减轻企业、组织迁出城市的成本负担，另一方面对企业、组织向其他区域疏散形成诱导。例如，巴黎通过提供财政补贴鼓励产业外迁。日本在实施首都圈整备计划时也特别重视为各类空间组织向卫星转移提供政府补贴，包括对企业购买建设用地给予优惠等，从而按照优化提升有支持、疏解迁移有激励、落地新城有优惠的思路吸引企业转型升级和入驻新城[2]。三是金融支持，即借助各种金融手段引导企业组织疏散。现代企业多与金融行业有密切联系，企业融资、贷款等行为在城市大规模存在，政府通过国有银行或鼓励私营金融机构向外迁企业提供金融支持也不失为一种有效的途径，如对企业建设工业设施和相关建筑、购置有关设备给予贷款优惠，或者为外迁企业日常运营提供融资担保，等等。

按照当前公共管理研究的理论取向，政府对经济社会运行的调控应更多使用市场化政策工具。但是相对于规制工具，市场型政策工具在城市功能疏解方面也同样存在风险，如可能制造新的市场负外部性，增加征税可能引发城市中心区生产生活要素价格上涨，从而将成本转嫁给消费者。再如，定向补贴和金融支持也可能对企业公平竞争形成不当影响。不过，作为对可能存在高成本、低效率问题的规制型

---

[1] 迈克尔·豪利特、M. 拉米什：《公共政策研究——政策循环与政策子系统》，生活·读书·新知三联书店2006年版，第160页。

[2] 王德利：《借鉴国外经验疏解首都功能》，《时事报告》2015年第5期。

政策工具的补充，市场化政策工具在疏解城市功能方面的作用也不容忽视，特别是在市场经济条件下，城市要素的空间配置越来越受"看不见的手"的支配，合理应用市场化政策工具对减少疏解阻力、促进产业转型升级、优化疏解机制等方面会有所帮助。

三 供应型政策工具

"供应，即政府通过财政预算提供商品和服务。"[①] 供应型政策工具是政府直接提供某项公共物品的政策目标实现方式。一般来说，政府直接提供的是非市场化的产品和服务，也就是私营组织不愿提供的某些公共物品。具体到城市功能疏解，供应型政策工具的典型形式是政府直接投资进行新城建设和开发。特大城市功能疏解的核心任务是将综合而集中的城市功能在郊区、卫星城、区域城市之间进行分解，所以中央将疏解北京非首都功能与推进京津冀协同发展作为一个整体计划来实施。但是世界范围内城市和区域发展有一个规律，即"核心极"城市往往有强劲的聚集吸纳能力，它吸纳周边地区资源以促进自身发展，但同时也限制了周边地区的发展，形成所谓"大树底下不长草"现象。因此，推动区域协调发展，提升周边地区产业和人口承接能力，就需要发挥政府建设的作用。

世界范围内，许多国家在推进大城市疏解方面都有政府主导新城开发建设的案例。典型的如英国于1946年由议会通过《新城法》，在离伦敦市中心50公里的范围内兴建8个卫星城，随着卫星城不断成长壮大，对伦敦的部分功能、缓解居住压力起到分担作用。韩国政府在1989年提出建设首都圈新城镇提案，在首尔市外围距首尔市中心20公里的首都圈地区建设5个新城，分别是坪村、山本、中洞、盆堂和一山。其中，一山被规划建设成为生态城市，盆堂被规划为首都圈中心商业区自立型新城市，其他三个则被规划为新城市中心，与首

---

① 欧文·E. 休斯：《公共管理学导论》，中国人民大学出版社2001年版，第99页。

尔衔接形成区域多中心结构。① 中国城市政府也广泛存在通过新城开发吸引生产生活要素向新城聚集的动机和需求，如一些城市政府为招商引资采取"筑巢引凤"的策略，在城市新区兴建厂房、配套住宅等设施并免费或低价提供给企业使用。这些政府主导新城建设的做法都属于政府直接生产公共物品的方式，其所提供的公共物品主要集中于新城基础设施、住宅和公共服务设施以及公共服务供给体系的完善几个方面。从而为企业、组织和居民向新城迁移提供基础保障，同时也减少了核心城市与周边地区的比较优势，推动生产生活要素向外扩散，对人口和企业产生吸引作用。从这个方面来看，促进优势社会资源（比如教育、医疗）在区域间的均衡配置也是防止人口向特定城市和地区过度集中的重要途径。

　　与一般性的公共服务产品供给相比，政府主导新城建设往往需要大规模公共资源的支持。新公共管理和新公共服务理论不约而同地反对政府垄断公共物品的生产，强调多元供给，特别是市场和社会主体参与公共物品的生产与分配。这是有一定道理的。首先，供应型政策工具在疏解城市功能方面的使用要着力解决财政负担过重的问题。随着经济发展，中国特大城市政府财力往往都比较雄厚。但无论是从优化财政绩效，还是促进经济社会协调可持续发展的角度，政府供应都不应该过分依赖财政投资。《中共中央关于全面深化改革若干重大问题的决定》中指出："允许社会资本通过特许经营等方式参与城市基础设施投资和运营"，为公私伙伴关系（PPP模式）在城市开发建设中的运用打开了更广阔的空间。特大城市功能疏解也要完善利用这种工具，促进新功能区建设和城市空间布局的有序推进。其次，供应型政策工具需要解决需求导向不清的问题，如中国一些城市政府不顾客观条件限制和城市发展规律大规模举债动迁兴建城市新区，却长期不能聚集人口和企业入驻，形成"空城""鬼城"。这是在城市功能疏解时须尽力避免的现象。因此，

---

① 孟育建：《韩国首尔都市圈的扩展与周边中小城市的发展》，2014年3月21日，中国社会科学网（http：//www.cssn.cn）。

供应型政策工具的使用必须和规制、市场化工具结合起来使用，促进形成生产生活要素向鼓励区域流动的疏导机制。

四 政治型政策工具

政治型政策工具在政策工具研究的理论谱系中并不多见，不过中国学界基于中国实际提出了政治动员、政府兜底等政治性的政策目标实现方式。以此为借鉴，我们将运用政治手段解决政策问题、实现政策目标的途径称为政治型政策工具。以城市功能疏解为目标的政策工具选择为什么要讨论政治型政策工具的问题？原因就在于当今世界城市发展不可避免地会受到政治因素的影响。在世界范围内，城市和区域发展呈现一种有趣现象，权力机关所在地往往在工业化、城市化进程中较早发展成为规模庞大的城市，如法国的巴黎、英国的伦敦、日本的东京，等等。在中国这种现象更加突出，除北京作为首都是超大型城市外，其他直辖市、副省级城市、省会城市大多都是人口规模很大的区域中心城市，并且省会城市几乎都是省辖域内规模最大的城市。见表1所示：

表1　　2012年中国城市人口规模与行政级别之间的关系

城市行政级别	合计	人口规模（人）				
		500万以上	100万—500万	50万—100万	20万—50万	20万以下
直辖市	4	4	—	—	—	—
副省级市	15	7	8	—	—	—
一般省会城市	17	2	14	—	1	—
一般地级市	253	1	40	96	101	15
县级市	367	—	—	4	169	194

数据来源：《中国城市建设统计年鉴（2012）》，其中对副省级和省会城市重合的分开计算。

这种现象说明权力及其运行方式对城市聚集增长有十分重要的影响，归纳其作用机理大致包括几个方面：其一，权力机关所在地往往代表国家或地区形象，较易成为政府优先扶持发展的对象；其二，政治行政活动本身与其他经济社会活动有依附关系，带动周边产业和人口向权力机关所在地聚集；其三，现代社会中政府掌握大量资源，许多社会资源的分配，如福利安排等都在政府机构所在地发生；其四，靠近权力中心的地区更容易从政府分配政策中获益。由此，通过政治吸纳实现资源在社会和空间中的配置就成为公共政策实施借助的工具。那么，推进特大城市功能疏解就有必要从优化政治型政策工具的角度考虑。

第一，重组城市政治行政职能。有学者认为集权体制不可能有效控制大城市人口迁移增长，"从一个国家层面来看，集权体制将使社会资源的配置更加集中，在空间上主要表现为两个层次：第一个层次是使社会资源更加向城市特别是大城市集中。如中国尽管北京、上海、广州人口规模都已很大、很拥挤，但奥运会仍然安排在北京，世博会，迪士尼仍然安排在上海，亚运会仍安排在广州。第二个层次是大城市内部，使社会资源更加向政府机构所在地区或CBD地区集中。如优质的教育资源、医疗资源及社会福利设施等，几乎都集中大城市中心地区"[①]。这从一个侧面反映出剥离权力活动对城市发展的影响具有现实意义。以美国为例，由于历史原因，华盛顿作为美国首府由国会直接管辖，而市政府只负责维护城市日常运营，因而华盛顿作为全国政治中心的经济地位却并不突出，常住人口规模也比较小。当然，这种体制的形成有其特定轨迹，并一定适合中国实际。但避免城市的政治行政功能与经济、社会功能高度叠加是疏解城市规模的重要方面。从其他国家经验来看，伦敦市政府带头搬迁到卫星城，不仅对引导大企业向外疏散起到示范作用，也促进城市政治行政职能的分

---

① 王桂新：《我国大城市病及大城市人口规模控制的治本之道——兼论北京市人口规模控制》，《时事观察》2011年第7期。

离。韩国也将国家行政机关外迁至世宗市，形成专属行政中心。在中国，北京当前正在推进行政副中心建设，为其他特大城市调控城市规模提供了参考。总体来看，从中国城市发展实际出发，推广行政专区制有其特殊意义，这是矫正权力作用下城市体系失衡的重要途径。

第二，推广政府间协议。政府间协议是区域主义发展中形成的一种政策工具。通过政府间协议，"服务责任在不同行政区域间重新配置和调整，目的在于更好地解决地区性问题并应付日益上升的成本"①。特大城市功能疏解在中国已普遍超出单个城市政府的管辖范围，需要在城市群区域内进行调节，势必要求加强政府间合作。但是，从中国特大城市的空间分布来看，中心城市与周边城市往往处于不对等的政治地位。有学者指出："北京市具有中央政府赋予的高级别政治地位，不仅使其在京津冀合作中占据主导地位，而且导致京津冀三地地位不平等，区域合作难以进行。""因此，在疏解北京的非首都功能过程中，无论最后选择何种模式对北京的现有经济结构进行调整，应该以实现在京津冀地区建立密切双向联系为目的。"②通过引入政府间协议，消除区域城市政府间在功能分解、产业转移、基础设施建设等方面的协同障碍，有利于促进契约型合作基础上的功能疏解。相比较传统的政治动员、政治安排等途径，政府间协议的广泛应用将有利于创造平等的、协商的、互惠的区域合作发展氛围。

结　语

政策工具一般理论已经表明，现代社会的公共治理要避免对单一工具的过度依赖。任何一种政策工具都有其应用条件和局限性。针对政策问题和政策环境，因地制宜地选择恰当的政策工具并对其优化组

---

① 萨瓦斯：《民营化与公私部门的伙伴关系》，中国人民大学出版社2002年版，第71页。
② 张可云、蔡之兵：《北京非首都功能的内涵、影响机理及其疏解思路》，《河北学刊》2015年第5期。

合以形成多元路径的相互支撑配合,是促进政策目标落实的最佳策略。对于特大城市功能疏解也同样如此,其有效性取决于是否能够通过组合多种政策工具,促进形成各类空间要素在城市和区域间合理流动的体制机制。以政策工具为线索分析城市功能疏解问题给我们的启示是,城市是一个复杂巨系统,城市内外部经济、社会、政治和空间成分相互牵连、相互作用,城市发展本质上是政府、市场和社会共同作用下空间的生产和再生产过程。因而,城市治理更应该被理解为一种"过程治理"。"治理在城市情景中表现为重要行动者和资源承载体协调他们的行动和资源配置以追求共同目标的过程和机制。"[1] 发现城市要素的内在关联,揭示城市运行的内生机理,遵循城市发展规律,构建和优化城市政治行政结构和资源分配过程,是开展城市治理的基础,也是城市治理研究的核心任务。

---

[1] JON Pierre, "Comparative Urban Governance: Uncovering Complex Causalities", *Urban Affairs Review*, Vol. 40, No. 4, March 2005.

城市治理创新：来自惠州市社会信用体系建设的启示

社会诚信事关社会进步与发展的基础性规则，社会信用体系建设是推进国家治理体系和治理能力现代化的重要组成部分。惠州市于2012年9月获批为广东省社会信用体系建设试点市，以此为契机，惠州市政府大力推进社会信用体系建设，在制度建设、数据库建设和社会信用培育等方面做了大量先行先试的创新工作，积累了一定的建设经验。

一 项目概况

社会信用体系建设在惠州市全面推进源于2012年惠州被批准为广东省社会信用体系建设试点市。在试点建设中，惠州市政府高度重视并系统设计工作方案。在创新动力方面，惠州社会信用体系建设项目表现出明显的上层部署与下层推动相结合的特征。经过四年建设，惠州市初步形成了以"三建两促"为核心的建设路径。

（一）建立社会信用体系建设的组织机构

2012年年底，惠州市成立了由50多个市有关单位组成的社会信用体系建设统筹协调小组，制定出台《惠州市社会信用体系建设工作方案》、试点工作方案和公共信用信息管理系统建设方案，明确了建设任务和步骤。在此基础上，先后成立了市级信用中心，落实专职人员，专职负责公共信用信息管理系统的建设、完善、运行和维护工作，具体负责推广信用信息的应用。在市行政服务中心设立了信用中心对外服务窗口，专门提供信用报告查询和信用异议申请业务。

（二）建设公共信用信息管理系统

惠州市政府出台了《惠州市公共信用信息系统建设工作方案》，明确了构建社会信用信息管理系统的基本原则、主要任务、责任分工和实施步骤。在广东省率先建立了"一库一网两平台"（公共信用信息库、信用惠州网、数据归集平台和信息应用平台）的市公共信用信息管理系统。

（三）建设社会信用管理制度

惠州市形成"1＋4＋N"的系列制度，其中"1"即《惠州市公共信用信息管理办法》；"4"包括政府使用信用信息管理规范、企业信用联动奖惩机制、信用信息报送和应用考核办法、政务信息数据安全保障管理办法；"N"是各专责小组制定的具体实施办法。

（四）促进社会信用信息广泛应用

惠州以社会信用信息系统为根基，不断扩大信用信息的使用范围。先后建立粮油产品安全可追溯体系、财政性资金扶助不良信用记录"一票否决"制度、以信用记录为依据的中小微企业融资服务平台，制定进出口企业信用"绿、黄灯"管理政策、惠州市反走私诚信体系建设工作方案，在农村信用建设中推行农户颁发"诚信通"卡。信用信息、信用记录已在公共资源交易、财政性资金分配、评选评优等公共管理活动中得到应用。

（五）促进区域信用合作

惠州市先后与广东省内多个城市进行了信用建设经验交流，与梅州、河源等地市签订信用建设合作协议。牵头组织召开了深莞惠与河源、汕尾的"3+2"区域信用合作联席会议，签署了《"3+2"区域信用合作备忘录》，发布《"3+2"区域信用合作宣言》。2016年初，惠州与深圳、东莞实现信用信息互查。此外，还与深圳海关共享数据，依托信用惠州网建成反走私诚信建设网。

二 项目成效

目前，惠州已初步形成了政府主导、社会共建、市县（区）联动的社会信用体系建设工作格局，建成了信用信息采集、管理、安全、应用"四位一体"的制度体系。在强有力的组织和制度保障下，惠州社会信用体系建设取得长足进步。

（一）高度整合的公共信用信息管理系统初步建成

从全国情况来看，建设共享共用的社会信用信息管理系统都面临整合难题。惠州通过部门协调、制定统一数据规范标准等措施，在短时间内建成了以"一库一网两平台"为核心的市级公共信用信息管理系统。目前，信用信息采集目录包含33家单位的147个数据主题、1400个数据项，信息涵盖了企业、事业单位、社会组织和个人（重点人群）四类主体，入库数据量超过5.4亿条，已免费出具信用信息报告2000多份。

（二）部门和行业信用体系建设稳步推进

农业、税务、旅游、社会组织、卫生、环保等部门开展信用等级评定工作；工商、国税、地税、检验检疫局、海关、农业等部门对企业实行等级分类管理，对等级高的企业实行优待，对等级低的企业实行强化管理和重点监控等管理措施；建立红黑榜名单制度，及时公示守信企业，曝光失信企业和违规从业人员信息，交通、食品药品监管、工商等部门相继披露"黑名单"信息；工程建设领域搭建了信用信息公开平台、建设了公务员录用诚信档案库、完善行贿犯罪档案查询系统;试点农户信用评级;土地和矿业权交易领域试水"黑名单"管理制度。

(三) 社会信用信息开始广泛影响社会资源分配

目前惠州纳入二维码溯源的粮油产品供应规模占全市粮油消费总量的64.3%,企业一旦有信用污点记录,将自动被粮油采购单位屏蔽;信用报告在各类政府管理中应用,共梳理出涉及10个部门的21项适合使用信用报告的专项扶持资金,资金总额达1.24亿元;通过综合评价企业及企业主信用,惠州银行已成功发放21笔共3460万元纯信用贷款,参与贷前调查、贷中作业和贷后管理的贷款共有1471笔约63亿元;49家"黑名单"企业被系统屏蔽参与土地竞买,6家建筑企业因违法转包、投标业绩造假,被罚两年内禁止承接惠州建筑工程;公务员财产申报、个人重大事项申报、廉政记录、年度考核结果违法违纪违约行为等信用信息纳入档案,作为干部考核、任用、奖惩的重要依据。

三 可推广性

惠州市在社会信用体系建设方面已经形成较为系统的工作方案和行动计划,对全国其他地区有借鉴之处,具有一定的推广价值,具体表现为:

(一) 建设工程具有规范性

社会诚信建设、社会信用体系建设自党的十七届六中全会以来就备受重视。2014年6月,国务院又专门印发《社会信用体系建设规划纲要(2014—2020年)》,要求扎实推进社会信用体系建设各项重点工作。但总体来看,社会信用体系建设在中国尚处起步和地方探索阶段。一些地方政府的个别探索虽有创新但系统性不足,难免陷入"木桶效应困境",限制了政府和社会对社会信用体系建设的心理预期，从而表现出动力不足的问题。惠州通过学习国内外先进经验和自身实践摸索，较为准确地把握了社会信用体系建设的核心任务和关联因素，其建设工程具有系统性、全面性，其社会信息数据标准与规范甚至可以为制定统一的社会信用信息标准提供参考和依据。

（二）创新举措具有可复制性

惠州社会信用体系建设中的创新举措可以概括为三个方面：一是突出协同性，强调社会信用体系建设的部门和区域协同；二是为社会信用信息应用的"增量"发展预留空间，初步形成以公共信用信息管理系统为中心，以市场化信用信息系统为辅助，为信用信息全面应用于经济社会管理提供融合渠道；三是体现正面引导和负面惩罚相关的原则，突出正向激励对塑造社会诚信理念的积极作用，对预防"信用滥用"有帮助。这些创新之处一方面主要是针对当前中国社会信用体系建设的普遍问题和真空地带而制定的，因而对其他地区有较高的适用性。另一方面，许多创新举措经受了实践检验，较好地平衡了渐进改革与重点突破之间的关系，为全国范围内社会信用体系建设提供了样本。

（三）建设成效具有可持续性

社会信用体系建设重在基础制度的建立。当基础性制度有效建立起来后，社会信用体系就会成为影响经济社会运行的基础性规则，从而一定程度上减少领导者变更等不确定因素对项目推进的影响。惠州市从社会信用体系建设之初就着眼于社会信用体系框架与运行机制的建构，社会信用环境初步优化，全社会诚信意识普遍增强，有利于形成持续推进的改革氛围。

四 完善之处

（一）"先行先死"困境有待突破

惠州社会信用体系建设当前面临的最大挑战就是惠州的超前探索

与外部区域的衔接难题。在全国社会信用体系建设整体滞后和缺乏顶层设计的情形下,惠州社会信用体系建设尚存"先行先死"可能:其一,社会信用信息市级统筹无法满足现实需求,特别是人口和企业流动性不断加大的当下,缺少外部区域信息整合制约了惠州社会信用信息的完备性和有效性;其二,社会信用体系建设对维护本地市场公平等方面有积极意义,但在地方竞争格局下,社会信用审查反而形成对资本的"挤出效应",使社会信用体系建设较好地区在招商引资等方面处于不利地位。这一困境的消解可能还需要在区域和全国层面进行整体性改革。

(二)社会信用组织培育有待加强

政府在社会信用体系建设之处承担组织、协调和制度设计的职能在当前中国是不可避免的,但从长远来看,社会信用体系的有效运行离不开发达的社会信用组织的广泛参与。惠州市政府认识到培育信用中介组织和信用公益组织的重要性,也着力推进信用市场的建设与发展,但整体情况来看,惠州目前仅有1家信用中介机构和1家社会诚信促进会,信用市场建设也远未形成规模,无法满足社会信用增长的现实需要,有必要在社会信用组织培育方面加大力度。

"三化"协调发展要以新型城镇化为引领的理论和现实依据

引 言

2011年,河南省九次党代会提出,要走好"两不三新"这条路子,必须充分发挥新型城镇化的引领作用、新型工业化的主导作用、新型农业现代化的基础作用,正式提出以新型城镇化引领"三化"协调发展的号召。以新型城镇化引领"三化"协调发展不仅是河南省为解决本省发展难题而作的政策实践,更体现了对工业化、城镇化和农业现代化协调发展关系的深刻把握。新型城镇化引领"三化"协调发展是以科学发展观为指导的符合理论和实践要求的理性之路,也是促进中国特色社会主义发展道路在河南实现的创新之路。

一 工业化、城镇化、农业现代化之关系辨析

工业化、城镇化和农业现代化是现代经济社会发展的三条主线,也构成人类文明进步的重要标志。工业化通常指的是工业或第二产业产值在国民生产总值中比重不断上升的过程,以及工业就业人数比例不断上升的过程,是一种工业生产活动取得主导地位的发展过程。城镇化就是指农村人口不断向城镇转移,第二、三产业不断向城镇聚集,从而使城镇数量增加,城镇规模扩大的一种历史过程。农业现代

化是指从传统农业向现代农业转化的过程和手段。在这个过程中，农业日益用现代工业、现代科学技术和现代经济管理方法进行操作，使农业生产力由落后的传统农业日益转化为具有先进水平的农业。从理论层面上来看，城镇化、工业化和农业现代化既拥有各自的演进路径和运行规律，又相互依托、相互影响和相互制约。正确认识三者之间的内生关系是引导经济社会健康发展的前提。

（一）"三化"的共生关系

工业化、城镇化和农业现代化三过程是由多方面要素支撑的演进过程，三者共享一些共同的要素资源，由此决定了三者之间的共生关系。从产业链的角度来看，工业与农业是组成产业链的产业单元，城镇则是产业链的空间载体，工业化、城镇化与农业现代化必然表现为共生的关系。"产业链不是单个企业的简单连接，而是由纽带连接而成的复杂系统。产业链一旦形成，就会凸显单个企业所没有的特性，如整体效应、协同效应和增值效应等优势。产业链的形成过程，实质是各种各个节点企业平等互利、优势互补、超越于个体属性的系统特性和功能逐步涌现的过程。"[①] 而产业链的存在和壮大必须有其空间上的载体，即城镇。城镇的载体作用具体表现为，其发展水平所影响的市场规模，决定了处于产业链终端的消费所能容纳的产业产品量，是总产品的输出口；同时产业链的构成单元即各企业必须依托城镇的人口集聚能力及软硬件服务功能才能生存和发展。从劳动分工的维度来看，劳动分工水平提升的过程，具体表现为工业化和农业现代化，其水平的提升，直接推动了市场规模的扩大，推动经济发展。同时城镇化的措施，通过降低交易费用的方法也能达到同样目的。工业化、城镇化与农业现代化，共同推进经济发展。从社会需求的角度来界定，人类的需求是全面的，工业化、城镇化与农业现代化不可能单独满足不同层次的社会需求，也需要工业化、城镇化与农业现代化之间

[①] 刘贵富：《产业链基本理论研究》，博士学位论文，吉林大学，2006年，第5页。

协调合作，才能产生足够的满足需求的物质。

工业化与城镇化之间具有同步性。著名经济学家 H. 钱纳里和 M. 赛尔昆认为，在工业化过程中，由于区域自身经济规律的发展，导致人口与资本不断地向城镇集聚，互为因果，从而城镇化与工业化两者之间在很大程度上具有一致性[①]。因而，从理论上来界定，工业化与城镇化进程应该互为表里，两者之间的协调发展就体现于增长速度上的同步性上。其内在作用机制是，工业化进程的推进，可以把农村转移出来的农村剩余劳动力转化为第二、三产业的劳动者，合理引导他们进入乡镇企业、进入城镇发展，从而为城镇的发展和壮大提供了充足的人力保障，工业化同时也为城镇化提供了强大的资金、物质和技术保障。另一方面，城镇的集聚效应为工业化进程提供了必要的发展条件。城镇化本身是一个人口、资金、技术等方面的集中过程，伴随着城镇规模的扩大，城镇化进程给工业发展提供了更多的市场机会。城镇集聚起来的大量人口构成了工业与非农产业的巨大消费市场，城镇集聚起来的大量技术工人和专业人才是现代工业发展的必要的人力资源和技术支撑，城镇也促进了产业的集中发展，为工业化提供了更高管理水平和发展水平的平台和载体，城镇的服务功能为工业化向纵深开展创造了发展基础，工业化发展进程中，也离不开各种社会服务，如水、电、气、暖、通信、交通等基础性服务，以及咨询、培训、策划、法律等各种中介服务，而城镇具备劳动力、公共生产性设施、社会事业性设施等集聚优势，可以满足工业发展在这些方面的需要。同时，城镇化发展的程度影响着工业发展的基本格局。城镇作为工业、服务业发展的载体，城镇规模及其经济容量大小，影响着工业在城镇发展的规模和速度，以及其他工业化要素集聚的规模和速度。

工业化与农业现代化之间具有共进性。工业化是农业现代化的源泉，农业现代化是工业化的表现形式；工业化是农业现代化发展的开

---

① 姜爱林：《城镇化与工业化互动关系研究》，《财贸研究》2004 年第 3 期。

始，而农业现代化是工业化的延续；工业化是农业现代化的前提和基础，农业现代化是工业化发展的落脚点。工业化发展往往对低效率的传统农业生产中的劳动力形成吸引作用，不断吸收农业产生的剩余劳动力向第二、三产业转移。伴随着低效率的农业生产部门劳动力的转移，农业也开始转为较高生产率的生产部门。工业化发展带来的科技进步为农业现代化发展创造了技术条件，工业化的生产和发展起始于科技革命，壮大于科技进步和创新，而农业现代化的过程实际上是一个高新技术在农业的应用以及农业产业化发展的过程。因而，工业化发展带来的技术进步，可以推动农业科技创新，进而推动农业产业结构升级，改善农业发展现状，提升农业现代化发展水平，从而为农业现代化水平提升提供了技术支撑。工业化发展所积累的社会资金财富不仅推动了乡镇企业发展和城镇化进程，同时也提升了地区的综合经济实力，从而为实现农业现代化提供了必要的资金积累。工业化发展还促进了农业专业化分工，优化了农业结构调整，从而推动着农业现代化水平的提升。同时，农业产业结构不断调整，农业现代化水平不断提升，农业在国民经济中的份额逐渐变小，农村剩余劳动力不断从农业部门向非农业部门转移，为工业化的深入进行奠定了充足的劳动力资源基础。工业化发展也需要农业提供原材料等基本要素资源的支撑，农业现代化加速了工业化的发展。

城镇化与农业现代化之间具有互动性。城镇化发展推动着农业现代化的发展水平。城镇化对农村剩余劳动力具有较强的吸引力和容纳能力，大量农村剩余劳动力的转移，可以有力提升农业生产效率，提高农业收益，扩大农业投资，加速农业现代化实现。城镇化发展促进了农业产业结构优化调整。城镇地区第二、三产业的发展需要更多的农业初级产品的投入，化工、制药、餐饮服务等新兴行业的出现不仅为农业产品扩大了销路，而且使农业产品的品种大大丰富。农业产品种类的丰富既提高了农业收入，还提高了农业的抗风险能力，从而促进了农业多样化发展的需求及农业内部产业结构和产品结构的优化调整，促进传统农业向现代农业的迈进。城镇化发展到一定阶段后，随着每个农业人口负担的其他产业人口的增加,农业生产率必须相应提高,否则,会出现城镇化及经济发展受阻或城镇化超前发展,而农业产品价格产生较大波动,致使市场价格信号体系紊乱,进口农产品也将占用大量外汇,结果降低了城镇化的经济效率。

(二)"三化"不协调发展的历史表现

"三化"之间存在紧密的共生关系,但人类历史上却存在多种"三化"不协调发展的失败案例,从中我们可以更深刻的把握"三化"协调发展的内涵意义以及侧重点。这些"三化"不协调发展的典型案例主要表现为:

一是英美等发达国家曾大规模出现的城市病现象。以英美为代表的西方发达国家在工业革命后经历了相当长一段时期的快速工业化和人口向城市聚集的过程。但是这个过程中也却出现了环境污染、交通拥堵、贫民窟等城市病现象,交通一直是各国城市发展的"头号难题"。由于城市交通设施缺乏或规划不合理,拥堵现象严重,城市居民的通勤成本居高不下。交通拥堵不仅增加成本、损失财富,还成为城市环境恶化的主要污染源。根据伦敦20世纪90年代的检测报告,大气中有74%的氮氧化物来自汽车尾气排放[1]。由于交通拥挤导致车辆只能在低速状态行驶,频繁停车和启动不仅增加了汽车的能源消耗,也增加了尾气排放量。最先开始工业革命的英国当时甚至被称为"欧洲的'脏孩子'"。而美国则大致经历了初步城市化阶段(1790—1870年)、基本城市化阶段(1870—1940年)和高度城市化阶段(1940年至今)三个阶段。在这个过程中,产业革命和欧洲移民的流入推动城市化进程。随着大城市和大都会的发展,在这个阶段出现了贫民窟和卫星城。贫富分化非常严重,使贫民阶层的生活水准下降到了极点。1890年,美国平均每套住房居住5.45人,而在一些大城市如纽约则高达18.52人。因此,1900年纽约市近400万人口中就有

---

[1] 陆锡明:《大都市一体化交通》,上海科学技术出版社2003年版,第20页。

150万人住在4.3万个贫民窟中。同时，贫富差距的拉大、社会分配的不公使社会矛盾日益尖锐，各种社会问题随之而来①。究其原因就在于，西方发达国家的城市化的质量不能支撑工业化快速增长，城市配套设施建设和管理服务水平无法同步快速增长，两者之间的不协调引发了"城市病"。

二是日韩等后发达国家的城乡对立格局。在以日本为代表的后起工业化国家中，自日本明治维新开始到20世纪30年代，形成于德川时代的村落共同社会依旧保持着封闭的共同体性质，此前的现代化和产业化还只限于城市，几乎没有渗透农村。工业化经常是一种局部性或地区性现象，往往都存在不同程度的经济二重性。而韩国在工业化发动阶段，尽管十分重视农业和农村的发展，但主要资源还是用于支持工业和城市的发展。根据库兹涅茨的观点，农业要为工业提供产品（包括粮食和原料）、市场、要素（包括剩余资本和剩余劳动力）和外汇。但实际上，韩国农业基础较弱，农业主要是为工业增长提供所需的剩余劳动力，那么其所提供的产品、市场、资金就会极其有限。相对而言，日本在经济发展的初期阶段，农业为工业化提供了一定的剩余资金，但农业被过度汲取后，其市场贡献仍十分有限，为此主要通过"出口导向"开拓国外市场而非依赖国内市场。总而言之，后起工业化国家走的是一条先工后农、先城后乡、先生产后分配的转换之路，是一条"没有乡村发展的城市化和工业化"之路，形成了相当严重的城乡对立格局，甚至在一段时期出现了农业生产劳动力不足，农业产出呈负增长的局面。

三是拉美后殖民地国家发展进程中的社会碎片化现象。20世纪20年代拉美国家开始了城市化进程，到1950年拉美国家城市化率已经超过40%，20世纪50年代之后，城市化进程开始加速。1950—1975年，每年城市人口增长率为4.14%，同期欧洲国家为1.86%，

---

① 李曙强：《西方城市化发展历程及对我国城市化道路的启示》，《河北建筑科技学院学报》2005年第9期。

美国为 1.98%。1975—2000 年，拉美国家的城市人口增长率为 2.76%，同期欧洲国家为 0.68%，美国为 1.32%。1950—2000 年，拉美国家的城市人口增长了 5 倍，从 7000 万人增加到 3.93 亿人，2003 年拉美国家的城市化率达到 76.8%，城市化率已经超过欧洲国家，并且接近美国水平，预计 2025 年，拉美国家的城市化水平将达到 85%[①]。但是，在城市化过程中也出现了严重的社会碎片化现象，主要表现：城乡人口结构的碎片化，即城中有农、国家社会结构复杂化和社会阶层极端分化等，由于不公正的土地分配政策，使无地农户、无业贫民的数量不断增加，在 1950—1975 年拉美国家有 4000 万农村人口（相当于同期农村人口自然增长总量的一半）流入城市谋生；城市体系的碎片化，即首位城市畸形发展、中小城市和镇发展动力不足，1950—1980 年拉美国家经历了城市化的加速期，百万人口的大城市由 7 个增加到 48 个，某些拉美国家的首位城市也发展到超级程度，墨西哥城的人口达到 1400 万人，成为世界城市人口最多的城市，巴西的圣保罗、阿根廷的布宜诺斯艾利斯在 20 世纪 80 年代人口也超过了 1000 万人，一些拉美国家的首位城市占总人口和城市人口的比例都非常高，1970—1990 年布宜诺斯艾利斯、利马、圣地亚哥占总人口的比例都在 40% 左右，其他城市也在 20%—30%。一些拉美国家的首位城市存在着大量人口贫困失业等问题。这种经济社会发展的拉美现象是工业化、城镇化和农业现代化复杂体系不能协调共进的典型代表。

这些国外经济社会发展中出现的问题既有其各个的独特成因，也具有共性之处，是"三化"不协调发展的具体体现。党的十七届五中全会通过的《中共中央关于制定国民经济和社会发展第十二个五年规划的建议》明确提出：在工业化、城镇化深入发展中同步推进农业现代化，是"十二五"时期的一项重大任务。2003 年河南省委、省政府出台《河南省全面建设小康社会规划纲要》，首提工

---

① 段瑞君：《拉美国家城市化教训及其启示》，《合作经济与科技》2011 年第 11 期。

业化、城镇化和农业现代化，这是中原崛起战略的破题之作。2009年秋河南开始谋划并上报国家发改委，得到国务院有关领导批示的《中原城市群"三化"协调发展示范区》方案，着眼点就是"三化"之间的关系。2011年中原经济区建设上升为国家战略，河南更是将新型"三化"协调发展作为中原经济区建设的基本指导方针。可以说，这些政策导向把握了"三化"之间的共生关系，既是对国外"三化"不协调发展所导致的种种问题的避免，也是对中国计划经济时代遗留的城镇化与工业化脱节发展与城乡二元结构的破除，更是谋求跨越式发展，加快融入全球体系的步伐，实现赶超发展的关键。

（三）城镇化在"三化"协调发展中的地位

从上述分析我们可以看出，城镇化是经济社会发展中的一个重要变量，在"三化"协调发展中具有能动性。然而，在世界工业化早期和中期阶段，受古典经济学思想影响，理论上对"三化"之间的关系存在偏颇认识，主要表现为对城镇化作为重要影响因素的独立地位认识不足，概括来讲主要包括以下几种论调：

第一，城镇化是工业化发展的附属物或者自然结果。长期以来，关于工业化与城镇化的西方理论一直保持一种思维定式，即工业化是产业发展的根本，提供非农就业。工业化发展促进农业劳动力脱离农业生产转而投入更有聚集效应的城市生产生活，因此城镇化是工业化发展的自发产物，推动社会发展的核心动力是工业化。

第二，农业充分发展才能创造城镇化发展的基础。一直以来，西方理论界将农业和农业现代化发展作为城镇化发展的基础保障，认为只有农业的快速发展才能供养城镇居民的日常生活和工业发展的原料需求。在阶段上，认为农业现代化是工业化和城镇化的前期准备阶段，即当农业现代化达到了一定程度才能促进劳动力从农业生产中解放出来，才能开启工业化和城镇化进化之路。换言之，农业和农业现代化的发展为城市和非农城镇的形成提供基础。

这两种论调基本上否认城镇化的独立性和能动性，将城镇化作为工业化和农业现代化的衍生现象。然而，随着西方国家城市发展的种种问题不断显现，理论界对城镇化的重要性又有了新的认识：

城镇化带动工业化和农业现代化的科技创新，刺激工业和农业劳动生产率的提高。也就是说，城镇化不是工业化和农业现代化发展的自发结果，没有城镇化的健康发展，工农业生产的产品将没有用武之地，正是城镇化创造的规模化的社会需求刺激了工农业生产不断改进生产技术，提高生产效率，没有城镇化发展，工业化和农业现代化的超前发展是没有必要的。第一，工业化发展创造的物质财富，没有相应的城镇化进程创造的市场，将难以消费，高新技术产业的增长对新型城市社会的需求更为明显。第二，城镇化发展对城市形态，城市生产生活空间条件的要求刺激了新型生产方式和技术的增生。例如，城市扩张对汽车生产的刺激作用，再如环保要求对新能源技术的作用。

城镇化发展对工业和农业生产有门槛效应。城镇化越过一定门槛会带来农业生产效率的跃升。城镇化对农业现代化的推进具有综合性，一是通过吸收剩余劳动力以提高生产效率；二是城市化导致的食物消费结构升级，从需求面诱发技术进步。有研究表明，中国城镇化进程长期滞后于工业化进程的现实，这种状况致使大量剩余劳动力滞留在农村，严重影响农业发展、农民增收和新农村建设。城镇化率高的地区其农业生产效率也比较高[1]。中国产业大军的主体是农民工，他们的消费水平远低于城市市民水准。由于人力资本积累的低下，要依靠以农民工为主体的产业大军实现产业升级是不可能的，中国有可能跌入"中等收入陷阱"。发达国家的城镇化率普遍高于工业化率，服务业比重超过工业比重。服务业等新兴产业多数以城市为载体，提高城镇化率应是中国实现现代化的长期战略。城镇化可以从供、需两

---

[1] 谢杰：《工业化、城镇化在农业现代化进程中的门槛效应研究》，《农业经济问题》2012年第4期。

个方面推进农业生产效率的提高。世界经济举步维艰,中国主要贸易伙伴需求萎靡,增加工业产能是不可取的。未来中国更需要依靠内需拉动,而城乡区域发展不协调阻碍了内需扩大,因而推动城乡统筹发展的关键是城镇化与农业现代化同步发展。可以说,要顺利跨过中国工业化和农业现代化的发展门槛,关键是必须正视城镇化作为独立要素的主体地位,要突破阻碍城镇化快速发展的各种制度体制因素。

二 新型城镇化引领"三化"协调发展的理论分析

(一)"三化"发展的新型之路

面对全球化进程,工业化、城镇化和农业现代化作为社会发展三大主线都面临新的时代要求,特别是身处"压缩了的时空"进程中的中国在处理"三化"协调发展问题时既要考虑解决历史遗留问题,也要努力实现与世界发展水平的同步化。因此,"三化"发展要真正实现当今时代背景下的协调发展要走一条新型"三化"之路,其中更要关切"三化"关系的时空调整,突出新型城镇化的引领地位。

新型工业化的基本要求。党的十六大报告指出,坚持以信息化带动工业化,以工业化促进信息化,走出一条科技含量高、经济效益好、资源消耗低、环境污染少、人力资源优势得到充分发挥的新型工业化路子。新型工业化就是要在工业化中引入信息化,实现工业化与信息化的互动,充分发挥科学技术是第一生产力的作用,提高产品的科技含量和质量,增强产品的国际竞争力,坚持以人为本,在科学发展观的引领下实现工业的可持续发展,实现人与自然、人与社会的和谐发展[①]。新型工业化,就是坚持以信息化带动工业化,以工业化促

---

① 苗建萍:《新型城镇化与新型工业化的互动发展机制》,《商业经济评论》2012年1期。

进信息化，就是科技含量高、经济效益好、资源消耗低、环境污染少、人力资源优势得到充分发挥的工业化。新型工业化和传统工业化的本质是一致的，在社会经济的某个领域（狭义工业化中主要是工业部门）因某些技术或组织或制度的创新率先引起该领域的剧烈变化，然后影响从该部门扩展到社会经济的其他部门，不断来回振荡，最终引起整个社会经济结构和制度的剧烈变革。从广义工业化的角度来看，新型工业化是在传统工业化基础上的螺旋式上升过程，遵循相同的经济发展规律，具有相似或一致的框架体系，是一个阶段性的质变过程，并没有形成一个全新的发展形态。工业化由低级到高级阶段依次经历了近代化、现代化、二次现代化，未来还可能有"三次现代化"等。

新型城镇化的基本要求。新型城镇化道路不仅要注重人口、产业、生产要素等在数量和规模上的增长与扩张，更要注重其质量的提升以及人口、经济、自然的协调发展；不仅要考虑经济利益，更要考虑社会、环境和资源利益；不仅要满足当代人的需求，更要符合子孙后代的利益。新型城镇化道路要体现"以人为本"的精神，注重改善人居和生产环境，提高人们的生活品质；注重保障居民权益，提升保障水平；注重社会主义精神文明建设，不断提高居民的思想道德、科学文化、劳动技能和身体素质，促进人的全面发展。目前，在城镇化进程中，要特别关注城镇居民贫富差距、低收入群体的生存保障、拆迁户的安置以及失地农民的权益保障等问题。统筹兼顾是新型城镇化道路的根本方法。要以统筹城乡、统筹区域、统筹经济与文化、统筹社会与自然、统筹人口与资源环境、统筹国内改革与对外开放的科学发展观指引新型城镇化的发展，达到城乡、东西、内外以及人与自然、经济与社会的和谐统一、协调发展。新型城镇化道路必须体现集约化发展模式。集约化发展模式是指充分利用现有城镇物质基础，整合城镇内部各组成要素，完善城镇结构，强化城镇内涵和提升城镇功能。中国农村人口基数大，城镇化进程中要转移到城镇的农村人口众多。据预测，到2020年中国全面建成小康社会时，城镇化水平可达60%左右①，如果以人口总量13.6亿人计算，那么，届时将转移农村人口2.22亿人。庞大的人口城镇化对资源供给提出了巨大挑战，有限的城镇如何吸纳众多的农村转移人口、如何节约土地等资源并避免城市病的出现等已成为并将是伴随中国城镇化进程的基本矛盾。

实现农业现代化是世界各国现代化发展中不可逾越的一个历史过程。以美国、西欧为代表的经济发达国家，已普遍实现了现代化。改革开放以来，中国农业发展取得了举世瞩目的成绩，以占世界9%的耕地养活了占世界22%的人口。但是作为发展中国家的一员，我们也必须清醒地认识到，与发达国家相比，农业仍然是中国国民经济的薄弱环节，农业现代化建设的任务还十分艰巨。"十二五"时期，是全面建设小康社会的关键时期，也是在工业化、城镇化深入发展中同步推进农业现代化的重要时期。中国农业正处于从传统农业向现代农业加快转变的重大转型期，发展现代农业的历史使命已经对中国农业现代化建设提出了更加迫切的新期待和新要求。如何从中国国情和农业现代化建设的客观规律出发，走出科学的路？农业现代化有两个层次：第一个层次是指为了提高土地生产率和劳动生产率，满足人们对农产品数量需求不断增长的需要，并在此基础上增加农民的收入，其生产目标和追求农业科技的主要特征是农业机械化、农业电气化、农业化学化和农业水利化，这一过程即为第一次农业现代化；第二个层次是指在第一个层次农业现代化的基础上，为提高农业的生产和生态效益，维持农业持续、高效发展和良好的生态环境，满足人们对农产品种类和质量的需求，从而进一步提高农民的收入，其生产目标和追求农业科技的主要特征是农业标准化、农业信息化、农业生物化、农业设施化、农业产品化和与之配套的管理现代化等，这一过程即为第二次农业现代化②。

---

① 谢文蕙、邓卫：《城市经济学》，清华大学出版社2008年版，第105页。
② 张冬平：《现代农业的层次递进性分析》，《农业现代化研究》2008年第3期。

(二) 新型城镇化在"三化"协调发展中的引领作用

"三化"协调发展的新型之路改变了工业化、城镇化和农业现代化之间的传统格局,要求提升新型城镇化的重要性,更加突出新型城镇化的引领作用。"三化"协调发展所面临的问题都集中在城镇化上。工业化推进所需要的项目落地空间、相应的基础设施及现代公共服务体系都需要城市来提供。农业现代化的应有之意是土地规模经营,实现规模经营的前提是更多的农民离开土地,离开土地的农民需要城镇来安置。所以,要进一步推进工业化和农业现代化,实现"三化"协调发展,就必须先解开城镇化这个"结"和"扣"。新型城镇化要走在前面,工业化和城镇化在现代化过程中的重要性及先后次序是存在阶段性的。在现代化初期,工业化自然居于主导地位,但进入现代化中期以后,城镇化就会扮演越来越重要的角色,当城镇化率在30%—70%时,城镇化对区域经济社会全面发展的综合作用全面超过工业化[①]。

新型城镇化的发展有利于推动新型工业化的进程。新型城镇化的过程就是人力资本、经济要素和技术资源的空间集聚过程。这种集聚的意义在于,通过人口的集聚带动人才和科技资源等其他要素的集聚,促使技术创新和升级,提升区域经济规模,优化生产力要素,重构产业链,有效降低发展成本,充分实现大、中、小城市功能互补,切实保障基础设施共建共享,促使资源的集约和节约利用,提高了经济效益,产生一种结构性优化和功能性提高的综合效应。中国的实际城市化水平在逐年提高,由2006年的43.9%上升到2009年的46.59%;与此相对应,非农产业就业比重也呈现出逐年上升趋势,从2006年的57.4%上升到2009年的61.9%。然而,从总体上讲,中国的城市化水平仍然滞后于工业化进程。2008年度中国非农产业

---

① 耿明斋:《对新型城镇化引领"三化"协调发展的几点认识》,《河南工业大学学报》2011年第4期。

就业比重为60.4%，其对应的城镇化水平应该为52.7%；而当年中国的实际城市化水平为45.68%，低了7个百分点。这明显反映出中国城镇化发展水平滞后于工业化的发展进程。不补这个短板，新型工业化也将无从谈起。

新型城镇化的集约趋势为进一步推动农业现代化进程创造条件。城镇化的发展，可以加快农村剩余劳动力转移，增加农民收入，是发展中国家实现农业现代化的根本出路。城镇化通过把大量的农村人口转变为城镇人口，使巨大的潜在消费需求，转变成现实消费需求。同时，城镇规模的扩大，必然会带动投资需求；经济集中度和人口密度的提高，也会带动社会分工和职业细化，由此促进经济增长，扩大就业总量。另外，城镇化能优化产业结构，增强就业弹性，完善就业体系，提高劳动者素质，这些都会加速农村剩余劳动力转移，增加农民收入。这说明农民收入对城镇化率提高有着很强的依附性，并且主要是通过劳动力就业来传导的。只有加快城镇化进程，才能有效转移农村剩余劳动力，提高农业比较收益，增加农民的收入，扩大农业投资，加速农业现代化实现，乃至消除城乡之间存在的严重的收入差距，实现城乡协调发展。另外，农业现代化的首要标志是农业劳动生产率的大幅度提高。而农业劳动生产率提高的基本条件是，由于劳动生产率提高而形成的大量剩余劳动力，能找到非农业就业岗位。从发达国家的情况看，随着工业化水平的不断提高，就业岗位将主要向第三产业转移，而第三产业的发展必然以城市为主要依托，而城镇化正是转移、吸纳农村剩余劳动力的根本途径，同时也有利于提高农产品的多品种、高质量、高附加值的市场需求，促进传统农业到现代农业的转变。可以说，新型城镇化为农业现代化发展创造了充足的空间、市场、技术和资金条件。

（三）新型城镇化引领"三化"协调发展的作用机理

如果说前文分析回答了新型城镇化应不应引领"三化"协调发展

的问题，那么这里我们也有必要进一步探讨新型城镇化如何能够引领"三化"协调发展的问题，这也从另一侧面回答了新型城镇化引领地位的必要性。也就是说，新型城镇化引领"三化"协调发展在理论上具有充分的可行性，可以通过恰当的政策措施予以实现。

新型城镇化的核心是人口深度城镇化和拓展城镇吸纳能力。人口深度城镇化是相对于"半城镇化"而言的。所谓半城镇化，是指在城镇的农村产业工人不能在就业、居住、福利分配、身份认同等方面获得与城镇原住居民一致的城镇待遇，即从农村流入城镇的人口虽实现了生产方式的城镇化，却没有实现生活方式的同步城镇化。半城镇化亦即人口浅度城镇化的副作用是非常明显的。从经济学的角度来说，城镇中的农村产业工人不能实现生活方式的城镇化，消费能力得不到相应的提升，那么中国工业化发展的成果就只能是为世界城镇化做贡献；从社会学的角度来说，农村产业工人不能享受市民待遇，心理预期得不到基本的满足，容易造成社会结构失稳，使"反城市化"的潜在风险逐步显现；从政治学的角度来说，阻碍农村产业工人市民化是对其权利和身份的一种剥夺与排斥，不利于维护社会公平正义、实现社会和谐，同时也限制市民社会的进一步发展，不利于公共治理结构的改善。所以，中国经济社会发展不仅要促进人口向城镇的聚集，更要加快推动人口深度城镇化，其实质就是要使农村产业工人真正实现市民化。

一般认为，影响人口深度城镇化的因素有很多，既有体制、机制因素，亦有文化、社会心理等因素，但收入分配差距和城乡二元户籍是其主要制约因素。前者关心进城务工的农村产业工人工资收入不能同工同酬，实际收入难以应付城镇生活消费，削弱了他们在城镇落户生存的能力，难以割舍农村土地的保障作用；后者则强调现行户籍制度造成城镇居民的身份差别，继城乡二元结构之后，在城镇范围内又造成了农民工与城镇户籍人口、外来城镇户籍人口与本地户籍人口的二次二元结构。因此，要求缩小收入差距和取消户籍限制的呼声很高。但实际上，这两个方面的问题都与城镇公共服务体系的不开放密切相关。

在收入分配方面，政府在初次分配中的作用是相当有限的，在不直接干预市场运行的前提下，更多地还是依靠二次分配来调节收入差距，而公共服务则是通过公共权力进行二次分配的主要手段。一方面，正是由于农村产业工人乃至外来城镇户籍人口不能对等享受城镇公共服务，使他们负担更多的生活成本，实际上进一步拉大了与城镇居民的可支配收入差距。另一方面，公共服务享有的差别化进一步扩大了机会不平等，削弱了他们在城镇生存与发展的能力，成为制造社会分化的新根源。有数据表明，公共服务特别是就业和教育服务享有方面的不平等，对收入差距的贡献率超过了20%。

在户籍方面，现行户籍制度之所以会产生如此效力，其根子不在于户籍本身，而在于户籍上所捆绑的公共服务。如果将公民享受公共服务的资格与户籍脱钩，那么户籍制度就会回归到它的原初功能，即人口登记管理。同时，随着市场经济发展，户籍对人口流动的限制作用越来越小，客观上要求不能继续无视城镇中外来人口的正当存在。所以有学者论，在不改变现行户籍制度的情况下，应该首先取消公共服务享有上的身份差别[①]。

因此，推动新型城镇化，加快农村产业工人市民化进程，首先，就是破除城镇公共服务体系的封闭化。早在2002年，中共十六大就提出要"消除不利于城镇化发展的体制和政策障碍，引导农村劳动力合理有序流动"。但是，囿于工业化推动城镇化的传统思维，纠结于劳动力成本的高低和户籍制度是否应该取消等问题，消除体制和政策障碍的工作一直未能触及公共服务这个关键因素。应当明确地看到，正是公共服务待遇上的差别化提高了城镇准入门槛，阻碍了农村产业工人市民化进程。为此，城市政府一方面应不断加大公共服务供给，另一方面积极推动城镇常住人口享有平等的公共服务，为人口深度城

---

① 王佃利：《新生代农民工的城市融入——框架建构与调研分析》，《中国行政管理》2011年第2期。

镇化提供保障。当然，开放城镇公共服务体系可能会带来人口向大城市过度集中的问题，但这就涉及另一个需要考虑的方面，即城镇吸纳能力。

消除体制和政策上的阻滞因素，解决是否容许人口向城镇流动的问题，而城镇吸纳能力则关系到城镇能否容纳这么多人口居住和生活的问题。也就是说，即使消除了城镇准入的限制，但是由于城镇不具备必要的客观条件，也无法承载更多的人口进入。概括来讲，城镇吸纳的能力主要包括两个方面，即经济吸纳人口的能力和空间吸纳人口的能力。

城镇经济对人口的吸纳能力，直接表现为城镇经济体供养居民数量的多寡。换言之，城镇经济活动为城镇居民提供的劳动机会和收入来源愈多，其吸纳人口的能力就愈强。但是，如果仅仅将提升城镇经济吸纳能力理解为通过招商引资扩大经济规模和就业岗位，那么就犯了经济学上的常识性错误。众所周知，供需关系是经济学的基本命题，供需平衡是宏观经济良性运行的基本特征，招商引资仅对增加就业有一定帮助，但对提振消费却没有直接贡献。如果城镇经济体仅能供养大批廉价劳动力，那么，一方面经济增长必然对外部需求形成过度依赖，一旦外需萎缩，经济吸纳能力必然下降；另一方面非农经济对劳动力的吸引力下降，又增加了农民返乡务农的意愿，形成恶性循环。2008年全球金融危机中，中国经济最发达的几个大城市出现"开工荒"与"用工荒"并存的现象就说明了这一点。同样道理，中国产业结构中第二产业比重过大，以服务业为主的第三产业发展不足，也是制约城镇经济吸纳能力的一个重要因素，而第三产业发展又依赖于社会成员生活方式和消费模式的城镇化，这又回到了前文所述的人口深度城镇化的问题上来。因此，增加城镇经济对人口的吸纳能力，必须摆脱以"GDP"为目标导向的政府行为模式，更加关注公共服务的供给。从这个角度来说，政府投资拉动内需，应将公共服务作为主要投入领域。

同时，公共服务的发展本身就在创造就业机会，带动相关产业的发展。根据笔者对郑州市农民工的调查，超过70%的新生代农民工留城工作的最主要动机不是更高的收入，而是获取非农生产的技能。加强教育、培训等公共服务，是增加农民工留城意愿、提高劳动力素质、促进产业转型的重要途径。再有，政府招来了商、引来了资，不能马上就当甩手掌柜，还要通过加强公共基础设施建设，保障企业职工居住、医疗等公共服务需求，为企业发展减轻负担，为经济增长创造优质的软硬环境，同样也能够增强城镇经济体吸纳人口的能力。例如，江浙地区一些中小城镇政府兴建企业职工住房和公共文体设施，以财政补贴购买后勤服务，为企业职员提供免费的职业技术培训等，所有这些都是以公共服务增强城镇经济体吸纳人口能力的值得借鉴的做法。

城镇空间是城镇承载人口的物质形态。以空间哲学来观察，空间被赋予的社会功能决定了它的存在意义。对一个城镇而言，城镇空间吸纳人口的能力，首先就取决于这个空间上附加的生命保障系统。水、电、气、能源乃至生态环境，都是城镇生命保障系统的组成部分。人类发展历史上，因生命保障系统断裂而消亡的城镇已不在少数，如中美洲的玛雅古城、中国的楼兰古城等。

城镇空间吸纳人口的能力，还受制于城镇的空间结构和空间秩序。中国农村人口向城镇的快速聚集，必然要求城镇空间平面规模的扩张。但是，城镇内部居住空间、生产空间和公共空间的结构关系，是城镇化推进过程中更值得政府切实加以关注的。简单而言，在一定平面规模的情况下，通过空间结构的重组和空间秩序的优化，能够使城镇承载更多人口的居住。所以，现代西方国家普遍将城市空间规划列为政府应担必担的公共服务职能之一。这就启示我们的各级政府，在推动城镇化的过程中不能只关注城镇空间的平面扩张，更要优先履行居住空间与生产空间的合理布局、公共空间的拓展等规划职责，同时还要加大城镇公用基础设施的供给与均衡配置和公共交通的建设维持力度，提升城镇空间吸纳人口的能力。

除了夯实城镇基础以外，提升城镇空间的吸纳能力，还需积极推进城镇体系的拓展。历史经验已经证明，规划得再好的城镇也存在人口承载的极限。当人口承载规模超过了临界点，城镇聚集效应和规模效益就会呈现"U"形回归，城镇生产生活就将变得不再经济。例如，美国是典型的城镇化进程表现为大城市化和大都市化的国家，1940年美国超过40%的国民都生活在沿海少数几个大都市区。后来，由于大都市交通拥堵、环境污染、生活压力大等一系列城市病，从20世纪60年代开始出现持续十余年的"逆城市化"，随之又带来了大城市空心化的问题。与当年的美国相比较，中国有更加众多的农村人口需要转化，显然不能依赖数量有限的大都市区，也不能依靠"用脚投票"的国民自然选择机制，而是需要靠引导将农村过剩劳动力消化在中小城镇。目前，中国大城市与中小城镇对人口的吸引力存在着明显的两极分化。大城市的磁极效应对资金和劳动力有着先天的吸附作用，从而使公共资源也附带地向大城市流动，而市政体制上的"以大管小"的结构也不利于中小城镇公共资源的获得。由于大城市在公共资源的数量和质量都比中小城镇要优越，所以即使面临巨大的生活压力，也无法避免或缓解社会关于"逃离北上广"和"驻守北上广"的争论。因此，提升中国城镇体系的整体吸纳能力，关键是要加快发展中小城镇，其中加大对中小城镇的财政转移支付，提升中小城镇的公共服务供给能力是重中之重。

公共服务并非是政府推动新型城镇化的全部任务。完善农村土地流转机制、加快新型农村社区建设、强化流动人口管理等，都需要政府积极发挥作用，但是这些任务的完成都离不开公共服务这个基础和保障。2003年10月党的十六届三中全会审议通过的《关于完善社会主义市场经济体制若干问题的决定》，就将公共服务与经济调节、市场监管、社会管理并列为中国政府的四大基本职能之一，并将建设服务型政府和强化公共服务职能作为行政改革的基本方向，体现了公共服务作为政府履职手段和引领社会发展的重要地位。2004年中央又明确地界定了服务型政府的基本职责，就是提供包括加强城乡公共设施建设，发展社会就业、社会保障服务和教育、科技、文化、卫生、体育等公共事业，发布信息等在内的公共服务。可以说这些公共服务的具体内容，都与城镇化发展密切相关。总之，城镇化是一个复杂演变的过程，牵扯经济社会多方面要素，这一过程呈现何种状态取决于政府采取什么样的行动计划。公共服务是推动城镇化健康发展的关键要素，是政府推动新型城镇化应该优先选择的政策工具。可以说，正是有了公共服务的支撑，中国的城镇化之路才能够避免西方发达国家自然城市化中的诸多社会问题，才能够突破城乡分割和城镇化与工业化脱节的传统城镇体制的束缚；正是有了公共服务的保障，才不致使中国的城镇化落入"圈地上楼"的人为城镇化陷阱。

三 新型城镇化引领"三化"协调发展的现实分析

河南是人口大省、粮食和农业生产大省、新兴工业大省，改革开放特别是实施促进中部地区崛起战略以来，全省综合经济实力显著增强，进入了工业化、城镇化加速推进的新阶段。《国务院关于支持河南省加快建设中原经济区的指导意见》已经颁布，这是推动中原经济区实现跨越式发展的重大机遇，同时，我们也清醒地看到，粮食增产难度大、经济结构不合理、城镇化发展滞后、公共服务水平低的问题也比较突出。如何把握发展的阶段性特征，加快新型城镇化进程，把工业化和城镇化有机结合起来，实现"三化"协调科学发展，不仅是建设中原经济区的核心任务，对全国也具有示范意义。

（一）河南新型城镇化在"三化"协调发展中的重要意义

城镇化是指农村人口不断向城镇转移，第二、三产业不断向城镇聚集，从而使城镇数量增加，城镇规模扩大的历史过程。新中国成立初期，中国选择了重工业优先发展的战略，并为此建立了农产品统购统销制度、城乡户籍制度和人民公社制度等制度体系，一方面从农业和农村抽取国家工业化积累，另一方面限制农村人口进入城镇。这一战略的实施虽然取得了一定成效,但却割裂了"三化"的协调互动关系,形成了典型的城乡二元结构。

新型城镇化是适应国内外的发展大势和我省新时期、新阶段经济社会发展需要,以促进产业和人口向城镇集聚为核心,以统筹城乡发展为手段,以城乡一体化发展为目标的历史过程。这一过程主要包含以下几个方面的内容:一是促进产业集聚,推进产城融合;二是促进农村人口向城镇集中,实现农民市民化;三是做大做强中心城市,培育区域增长极;四是将农村新型社区建设纳入城镇体系,进行一体化布局,促进城乡公共服务均等化。推进新型城镇化,有利于发挥产业集聚效应,集约节约利用资源,缓解农村人多地少的矛盾,传播城市现代文明,实现"三化"协调推进、城乡共同发展。

新型城镇化有利于扩大农业经营规模,促进现代农业发展。由于自然、历史等方面的原因,中国农业现代化明显滞后于工业化和城镇化。一是就业结构演进滞后于产业结构,2010年中国农业增加值占GDP的10.2%,而第一产业从业人员占比为38%,相差近28个百分点,导致大量人口滞留在农村,农业规模经营难以发展。二是工农业劳动生产率差距扩大,2010年第二产业劳动生产率为第一产业的6.2倍,比20世纪90年代初期扩大了40%,导致农业劳动生产率和农业比较效益低。三是城乡收入差距持续扩大,2010年城镇居民人均可支配收入为农村居民人均纯收入的3.23倍。

随着《全国主体功能区规划》的颁布实施,我省农产品主产区的地位不仅不会削弱,而且还会进一步强化。《国务院关于支持河南省加快建设中原经济区的指导意见》中明确指出,要探索出一条不以牺牲农业和粮食、生态和环境为代价的"三化"协调发展路子。这意味着我省在工业化、城镇化快速推进过程中,必须保证低收益的粮食和农业的稳定发展。完成这一历史性任务,除了国家支农惠农政策的支持外,必须通过加快新型城镇化进程来实现。推进新型城镇化,促进农民市民化:一是能够改变目前农村劳动力"转而不离"的局面,有效减少农户数量,缓解人地矛盾,为农业规模化经营创造条件;二是能够改变就业结构演进滞后于产业结构的局面，减小人口分母，提高农业比较收益；三是能够扩大农产品市场，为农业结构的深度调整提供强劲的市场动力，引领现代农业发展。

新型城镇化有利于发挥集聚效应，加快新型工业化进程。"十二五"时期，我省提出要着眼于抢占未来发展制高点，增强产业竞争力，发展壮大高成长性产业，积极培育先导产业，推动工业转型升级，走新型工业化道路。完成这一任务，必须充分发挥新型城镇化的引领作用。一是推进新型城镇化能够缓解建设用地紧张的瓶颈约束。目前，我省城乡居民点及工矿用地面积为2780万亩，其中农村居民点面积为2106万亩，占75.76%，农村居民点人均占地184.79m^2，比城镇人均用地高出88m^2，节地潜力很大。新型城镇化将农村新型社区建设纳入城镇体系，鼓励合村并城、合村并镇、合村并区（产业集聚区），同时支持有条件的地区进行合村并点，促进农民集中居住，可以有效地缩减农村建设用地，增加城市建设用地供给。二是推进新型城镇化，能够促进工业转型升级。新型城镇化强调促进产业集聚，发展产业集聚区。大量联系密切的企业以及相应的支撑机构在特定空间的集中，首先是会产生规模效应，带来各种费用的节省，提高企业效益；其次是产业集聚可以使同一产业内部的分工更为精细化，提高专业化水平；最后是集聚将促使各类企业在激烈的竞争中进行技术创新，使先进技术更为迅速地在区域内传递。核心产业的集聚会对同类企业或上下游关联企业产生更为强烈的需求，进而形成产业集群。此外，产业的集聚能在一个相对固定空间内拓展产业深度，发展循环经济，降低资源损耗，集中治理污染，最大限度地提高资源利用效率。三是推进新型城镇化，能够促进服务业全面发展。产业的集聚必然带来经济活动和人口的增加，必然对城镇公共产品产生新的需求，加快城镇交通、供水、供电等公用基础设施建设，推动教育、医疗、社保等公共服务集聚发展；同时带动以商贸、餐饮、旅游等为主要内容的消费性服务业的发展，并通过深化产业分工，扩充产业规模，促进金融、信息、科技、物流、创意等生产性服务业发展，推进工业化由低级阶段向高级阶段的演进。

新型城镇化有利于改变城镇化滞后局面，构建"三化"协调发展机制。近年来，我省工业化进程不断加快，但城镇化滞后的局面依然没有实质性改变。一是城镇化明显滞后于工业化。2010年我省工业化率为57.8%，城镇化率仅39.5%，相差18.3个百分点。二是城镇化水平低于全国平均水平。2010年，我省城镇化率比全国平均水平低10多个百分点。三是存在浅度城镇化问题。即在城镇停留半年以上的农民工虽然被计入城镇人口，但并没有享受与城镇户籍人口相同的公共服务和社会保障。作为劳动力输出大省，浅度城镇化最大的副作用表现在大规模的农村劳动力转移并没有带来农业人口和农户数量的减少，这使得农业经营规模不仅没有扩大，反而随着农户数量的增加更加细碎化。四是中心城市规模小，带动辐射能力不强，没有形成区域经济发展的核心辐射源，导致区域经济整体上活力不足。推进新型城镇化，就是针对城镇化滞后于工业化的现实，通过促进产业和人口集聚，做大做强中心城市，加快区域经济发展由以工业化为核心到以城镇化为引领的阶段性转变，实现"三化"协调科学发展。

新型城镇化有利于改善民生，提高公共资源配置效率。新型城镇化与传统城镇化的本质区别在于，鼓励和支持农民向城镇集聚，同时把农村新型社区建设纳入城镇体系，鼓励有条件的地区促进农民集中居住，促进城乡一体化。推进新型城镇化，促进农民市民化，一方面有利于把庞大的进城务工人员转为市民，让城市公共服务的阳光普照到这一社会群体。另一方面，建设新型农村社区，有利于统筹规划城乡基础设施建设和社会事业发展，有效地配置公共资源，使继续留在农村的居民也能享受工业化城镇化带来的物质和精神文明成果，过上现代化生活，形成城乡一体化发展新格局。

（二）河南新型城镇化引领"三化"协调发展的县域实践

近几年，我省各地因地制宜，大胆实践，探索走出了一条以新型城镇化引领"三化"协调科学发展的路子。由于各地在资源禀赋、发展阶段、区位交通等方面存在很大差异,其城镇化推进模式也是多样化的。目前,大致可分为几种类型。

1. 发达县市"三化"协调发展之路——新密

近两年来,新密市抓住煤矿沉陷区群众搬迁安置的契机,以新型农村社区建设为切入点,把全市303个行政村规划整合为56个新型农村社区,在推进新型城镇化、促进"三化"协调科学发展上迈出了坚实步伐。

首先,坚持高标准规划。新型农村社区整体布局规划。按照尽量减少数量、尽量靠拢城区镇区的原则,实施合村并城、合村并镇、合村并点,从而形成城区、镇区、社区三个层次的新型城镇体系。新型农村社区内部规划。本着"一代人建房、几代人居住"的原则,进行高标准规划设计,一步到位、力争一流。同时,注重配套规划建设道路、水电气管网、学校、幼儿园、卫生室等基础设施和公共服务设施,使农村居民享受与城市居民一样的公共资源和服务。同时还进行了交通网络规划。

其次,坚持合理布局产业。就近规划建设创业园,在城区、镇区、社区附近规划建设不同类型的产业园区,尽量靠近社区居民,方便群众就近就业。节约集约利用土地,对通过新型农村社区建设腾出的土地,不全部用于住宅建设,而要留出一部分用于发展工业和现代农业,使居民生活有可靠保障。大力推进土地流转,鼓励引导社区居民将承包地以入股、转包等形式向合作社和种养大户流转,促进农业集约化、规模化经营,增加农民收入。目前,全市集中流转土地5.6万亩。

最后,坚持党委政府主导。成立专门领导机构,靠强有力的领导来组织推进主导整体开发建设。按照区域布局和城市功能定位,引导多村联建、整体开发,支持建多层、高层、连排别墅,所有规划设计方案必须经指挥部评审通过。着力破解资金难题,利用煤矿包赔、上级奖补、政府配套、社会支持等多种形式,多渠道筹措资金,确保新型农村社区建设资金需要。

2. 工业县市的"三化"协调之路——舞钢

近年来，舞钢市以新型农村社区建设为切入点，积极探索"三化"协调科学发展之路，取得了明显成效。在实践中，作为河南省城乡一体化试点市，舞钢市以"两集中"（土地向规模经营集中，农民向中心镇、中心社区集中）等举措为抓手，着力破解钱从哪里来、人往哪里去、粮食怎么保、民生怎么办"四大难题"。

首先，舞钢市按照"政府引导、财政奖补、群众自愿、多元投入"的原则，市级财政承担中心镇和中心社区前期规划设计费用，基础配套设施和公共服务场所建设所需资金采取市、乡两级财政投资，项目资金整合，利用城乡建设用地增减挂钩政策节余的土地指标所形成的土地收益，以及利用市场手段通过社会筹集、银行借贷、社会捐助等办法来筹措。目前，全市中心镇、中心社区已完成基础设施投资3亿元，4个中心镇全面启动，9个中心社区拉开了建设的序幕。

其次，舞钢市通过加快推进中心镇、中心社区建设和旧城区改造，最大限度地把农民吸纳到城镇。新型城镇化的核心是促进农村人口向城镇转移。舞钢市将全市190个村整合规划为4个中心镇、17个中心社区，高起点规划高标准建设中心镇、中心社区，积极推进行政新区建设，并按照47个开发单元，稳妥有序地推进旧城区改造，推进农民向中心城、中心镇、中心社区集中居住并在规划的产业中就近从业。

再次，搞好粮食生产。首先也是最重要的是确保粮食种植面积不减少。舞钢市通过城乡建设用地增减挂钩，将节余的指标用于城镇建设和产业集聚区建设，既满足了农村建设用地需求，实现了耕地面积不减少、质量不降低，确保了粮食生产，又解决了新型城镇建设用地指标，还可以将产生的级差收益反哺农村，实现城市支持农村，统筹城乡发展。

最后，舞钢市始终坚持经济发展规划与城镇建设规划同步进行的原则。每个中心镇和中心社区，按照"现代农业型、工业带动型、商贸流通型、旅游服务型"四种类型，培育1—2个支柱产业，增强中心镇和中心社区的产业支撑，实现了农民充分就业，收入成倍增加的目标。

3. 农业县市"三化"协调发展之路——潢川

潢川是传统的农业大县，地上无资源、地下无矿产、工业无基础，如何去探索推进新型城镇化。潢川立足县情，坚持以农业产业化为切入点，实施"一带一推"，即带动农区工业化、推动新型城镇化。

第一，以农业产业化为切入点，加快工业化进程。潢川从具有比较优势的种养业着手去谋划工业，实施"三个带动"，发展"公司＋基地＋农户"，推进农区工业化。一靠龙头带动，增强产业延展性。像鸭产业，形成了集孵化、养殖、饲料、屠宰、熟食制品、羽绒加工于一体的产业链条。二是靠品牌带动。打响了华英鸭、潢川金桂、黄国水磨糯米粉等品牌，形成了高效、生态的产业经济链。三靠集群带动，增大产业贡献率。把更多企业吸附到产业链条上，以产业集群推动产业大集聚。与华英鸭相关的企业已有22家，在粮油加工上培育规模企业60多家等。潢川已成为全国食品工业强县。

第二，以产城融合化为增长点，提升城镇化水平。一是全力建设县城区。围绕"水城花乡，秀美潢川"定位，加快中心城区与开发区、产业集聚区"三区"融合发展，拓展了城市空间，使县城建成区面积达到41平方公里，城区人口达到38万人。二是重点建设小城镇。按照"特色突出、功能协调、布局合理、因地制宜"的原则，修编17个乡镇的城镇规划，促进人口有序转移，加速推进小城镇建设。像双柳树镇已成为镇区面积达5平方公里、人口达5万人的小城镇。三是加快建设新社区。抢抓河南省农村发展试验区建设机遇，探索出了新区推动型、中心带动型、生态互动型、产业推动型四大建设类型，辐射带动新型农村社区建设已达95个。

第三，以新型城镇化为新支点，引领同质化发展。潢川以农业产业化启动，用工业化来加速，推进了城镇化进程，又利用城镇化所带来的土地流转、人口集中、产业集中聚集效应，以新型城镇化为头雁引领，带动现代农业化、新型工业化两翼齐飞，形成了"雁阵效应"。一方面，拉动产业集聚区快速建设，另一方面，在新型城镇化引领下，土地向种田大户集中，向特色产业流转，现已流转面积73.3万亩。利用土地流转，建立720个专业合作社，建成69万亩优质水稻、33万亩优质油菜、200个标准化樱桃谷鸭养殖小区，成为全国粮食生产先进县、全国生态示范县、河南省水产重点县。

4.旅游县市的"三化"协调发展之路——淮阳

淮阳县委、县政府紧紧抓住中国城镇化加速推进的战略机遇，充分发挥文化旅游资源丰富的比较优势，借助外部力量，培育内生动力，用旅游带动战略促进三次产业互动融合发展，形成了"以外促内、以城带乡"的发展格局，走出了一条粮食主产区以新型城镇化为引领，"三化"协调科学发展路子。

首先，宣传品牌，搭建平台，借势发展。利用每年的羲皇故都朝祖会、荷花节、宗亲联谊会等活动，展示淮阳人气、市场潜力、发展前景，引入各类招商引资活动和投资主体，吸引其来淮投资兴业，共谋发展，先后吸引了省文投、省建投、河南建业集团等战略投资公司参与淮阳城镇化建设和文化旅游业开发，加快了城市产业的发展。

其次，编制规划，完善设施，科学发展。为避免新型城镇化走弯路、重复建设，淮阳面向全国征集规划，编制了56平方公里的详细规划和城市设计以及90个中心镇规划；为完善文化旅游业基础设施和城市功能，我们十分注重工业产业集聚区规划、文化产业集聚区规划与县城总体规划的融合与衔接，打造县城"一城两区"的"飞鸟型"模式，实现了资源共享、产城共融、节约集约发展。

最后，盘活总量，提升质量，借力发展。淮阳立足自身优势，一方面建设15平方公里的产业集聚区，一方面加大招商引资和项目建设力度，加快新区组装，承接产业转移，实施战略重组，先后吸引广东联塑、北京博瑞莱等88家企业进驻淮阳，建成了纺织服装、塑料制品、农副食品加工三大支柱产业，安排农民工就业2万多人，初步形成了"企业入驻产业集聚区、产业集聚区拉动新区建设、新区承载农村劳动力转移"的阶梯式发展格局。淮阳产业聚集区被省政府评为全省十大集聚区。

县城和中心镇对新型工业化和现代农业产业化的加快发展起着重要作用。为培育和壮大县城和中心镇,淮阳每年都新上一批城建和文化旅游项目,重点打通一批城区、景区道路,开发一批新的景区、景点,新增一批星级宾馆、餐饮、交通、商业等服务企业,吸纳一批城镇人口从事第二、三产业,使县城和中心镇的空间载体和承载能力不断得到提升。围绕新型生态宜居城市建设,加快实施城区、景区、镇区错位发展。淮阳县先后被评为全国最美小城、魅力小城、全国文明城、全省卫生城、园林城。

四 新型城镇化引领"三化"协调发展的对策分析

以新型城镇化引领"三化"协调科学发展,是从河南现阶段的实际省情出发的关键性、全局性战略举措。新型城镇化引领"三化"协调科学发展应充分发挥新型城镇化联工带农的作用,确立其核心引领地位,促进要素集聚化和农民市民化,为工业化和农业现代化注入内在动力。怎么用新型城镇化来引领"三化"协调科学发展呢?一是用理念引领。新型城镇化包含了以人为本、平等和谐、统筹协调、可持续发展等先进理念。我们在推进农业现代化和新型工业化的进程中,不能就农业说农业、就工业说工业,必须从新型城镇化的视角、理念去解决"三化"发展中的问题。二是用规划引领。要立足于中原经济区建设,搞好新型城镇化的顶层设计。按照新型城镇化的基本理念来确定城镇发展战略和规划,设计规划科学的城镇发展体系和农村社区,然后据此来规划农业现代化的发展路径和新型工业化的发展战略,来规划农村人口转移的方向、区域、速度,使农业现代化和新型工业化与新型城镇化的要求相适应。三是用支撑引领。发挥大城市的辐射带动作用,促进中小城镇的发展;发挥工业反哺农业、城市服务农村的作用，促进农业和农村的发展；用新型城镇化为农业现代化、新型工业化提供坚强支撑，实现城乡统筹、产城融合，"三化"协调科学发展。

（一）大力实施中心城市带动，不断提升城镇综合承载能力

新型城镇化引领"三化"协调发展是以要素、产业在空间上的集聚为前提的，必须依托一定的空间载体。按照中原经济区城镇发展空间布局的原则和要求，提升郑州的国家级中心城市地位，推动省域大都市区发展，加快中小城市和县城发展，积极发展中心镇，构建以中原城市群为主体形态，全国区域性中心城市、省域中心城市、县城、中心镇与农村社区协调发展的新型城镇体系，形成大中小城市和小城镇协调发展的城镇化格局。一是强化中心城市带动，加快中原城市群发展。提升郑州作为中国中部地区重要的中心城市地位，发挥洛阳区域副中心城市作用，加强各城市间分工合作，推进交通一体、产业链接、服务共享、生态共建，促进城际功能对接、联动发展、融合发展，建成沿陇海经济带的核心区域和全国重要的城镇密集区，形成具有较强竞争力的开放型城市群。加快郑汴新区发展，建设内陆开发开放高地，打造"三化"协调发展先导区。二是做大做强地区性中心城市，发挥区域性带动作用。按照规模做大、实力做强、功能做优、环境做美的原则，发挥比较优势，科学编制城镇规划，完善城市功能，提升基础设施水平和公共服务能力，发展壮大其他各省辖市规模，优化城市布局，形成以中心城区为核心、周边县城和功能区为组团的空间格局，增强聚集要素和辐射带动作用，使之成为各区域发展的核心。三是加快建设各具特色的县（市）和中心镇，提高以城带乡发展水平。发挥县（市）和中心镇促进城乡互动的纽带作用，把中小城市作为吸纳农村人口就近转移的重要载体，推动城乡之间公共资源优化配置和生产要素自由流动。增强县城发展活力，支持有条件的县城逐步发展为中等城市，提高承接中心城市辐射和带动农村发展的能力。按照合理布局、适度发展原则，支持基础较好的中心镇逐步

发展成为小城市,强化其他小城镇对周边农村的生产生活服务功能。

(二)搞好新型农村社区建设,促进城乡一体化发展

新型农村社区一头靠向城镇,一头连着农村,处在城镇体系的末端,是推进城乡一体化的切入点、统筹城乡发展的结合点和促进农村经济发展的增长点。因此,要把新型农村社区建设作为推进新型城镇化的重要环节,稳步推进。要积极推广新密、舞钢、潢川建设新型农村社区的经验,因地制宜,分类指导,采取合村并城、合村并镇、合村并点等不同模式,稳步推进新型农村社区建设。要优先在城市郊区、产业集聚区等非农产业基础好、前景好的地方推进,使之与工业化、城镇化有机结合起来,保证农民能够非农就业。鼓励农民向重点镇、建制镇集中。经济实力强、农民非农就业比较充分的县市可以率先尝试建设新型农村社区,暂不具备条件的县市,不要一哄而起。要注重可持续发展能力的培养,防止虎头蛇尾、接续不力的现象发生。

(三)促进农村劳动力转移,加速农民市民化进程

在人多地少这一基本国情的约束下,解决农民就业必须依靠两条腿走路,一是通过大力发展农村经济、推进农区工业化促进农民就地就近就业;二是通过促进农村劳动力进城务工、异地转移。要着眼于区域经济格局出现的新变化,进行顶层设计,破除城乡制度壁垒,促进农民工向城市转移,有序释放农村的人口压力,通过与重点开发区、优化开发区之间的互动,实现农产品主产区的协调发展。要创新农民进城落户的社会保障、住房等制度安排,探索建立农村人口向城镇有序转移机制,妥善解决农民工流动中的社会问题,健全农民工权益保障机制,为农民市民化创造条件。要充分利用农民市民化让渡的发展空间和创造的发展条件,推进土地流转,促进农业规模经营,大力发展现代农业;推进农业结构战略性调整,拓展农业功能,强化专业基地建设,打造现代农业示范区和农业科技园区;强化龙头企业带动,推进农产品精深加工,不断提高农业产业化经营水平。

(四) 创新体制机制，构建"三化"协调的制度保障体系

新型城镇化实质上是城乡两个系统在经济、社会、人口、空间、生态等诸多基本要素上交融与协调发展的过程。这种交融与协调的过程是与城乡发展的制度供给连接在一起的，因此也是体制机制创新的过程。新型城镇化推进顺利与否，在很大程度上取决于制度供给是否科学、合理。要以贯彻落实国家出台的《关于支持河南省加快建设中原经济区的指导意见》为契机，加大"三化"协调发展的先行先试力度，在城乡资源要素配置、土地节约集约利用、农村人口有序转移、行政管理体制改革等方面先行先试。如改革和完善土地征用制度，建立健全城乡统一的土地市场问题；农村金融体制改革问题；探索开展城乡之间、地区之间人地挂钩政策试点，有效破解"三化"协调发展用地矛盾问题，推进新型农村社区建设衍生出的基层组织、社会管理问题，等等。

城乡统筹发展与乡镇政府职能转变[*]

引 言

当前,中国乡镇政府改革正处于以职能转变为核心的攻坚阶段,其方向是调整乡镇政府职能结构,突出社会管理和公共服务,建设服务型乡镇政府。这一改革方向源于多方面动因:一是国家行政管理体制在整体上趋向于减少政府对经济的微观介入,理顺政府、市场和社会的关系,促进行政模式由全能、管制型向有限、服务型转变;二是历史遗留的乡镇债务和取消农业税费后乡镇财政压力加大等现实问题,迫切要求从根本上遏制基层政府的扩张趋势,以明确的职能定位促进乡镇行政体系的良性运转;三是以减轻农民负担、缩小城乡差距、促进城乡统筹发展为目标,以农村税费改革为起点,推动乡镇政府从汲取型向反哺型转变,克服国家权力在乡镇地区的"内卷化"倾向,通过强化社会管理和公共服务职能重构乡镇治理的合法性来源。也就是说,当前中国乡镇政府的职能转变具有两重规定性:一是建设民主、法治、高效的现代性政府的一般要求,二是乡镇政府作为国家行政体制中的一级节点在城乡统筹发展中承担积极责任的特殊性要求。因此,除了关注乡镇政府改革的一般性要求,以城乡统筹发展为逻辑起点观察乡镇政府职能转变问题是当前研究应着力加强的方

---

[*] 原载《中州学刊》2013年第10期。

向。鉴于此,本文从城乡统筹发展的角度对乡镇政府职能转变的困境进行分析,并尝试性地提出几点政策建议。

一 乡镇政府职能转变面临的困境

中国乡镇政府改革既进行过数次全国性的机构调整与精简,也有多样化的地方政府自主推行的模式创新,特别是2009年国务院下达《关于深化乡镇机构改革的指导意见》以来,各地在分类改革原则下加大了乡镇政府改革的力度。有学者将以往这些改革措施归纳为"撤并乡镇""三办一所""综合配套""强镇扩权""大部制"五种模式[1]。总体来看,这些改革措施取得了一定成效,乡镇政府参与生产性和经营性事务的行为得到一定程度抑制,直接干预农业生产和催种催收的职能不断收缩,机构规模和干部编制保持稳定。但由于改革并未实质性地触及体制性障碍,乡镇政府职能转变陷入瓶颈,凸显两大基本矛盾。

(一)乡镇政府的经济偏好与乡镇政府职能去经济化之间的矛盾

乡镇政府职能转变的一个核心任务就是扭转乡镇政府以经济增长为工作重心的局面,减少政府直接干预经济活动的行为。但就目前状况来看,乡镇政府职能的去经济化程度仍然十分有限。一是招商引资等经济工作仍是乡镇政府的首要选择。2009年的一份抽样调查显示,"绝大多数乡镇领导(83%)认为发展经济是乡镇政府的主要职能,63.52%的干部忙于农业产业结构调整,42.96%的干部忙于农田基本建设,20.42%的乡镇干部忙于招商引资。乡镇政府的职能仍没有根本性的转变"[2]。这种工作重心不仅表现在事务方面,也表现在资源方面。"所有

---

[1] 李水金:《中国乡镇政府改革的五种模式及其评析》,《理论与改革》2010年第6期。
[2] 项继权:《乡镇政府职能转变如何跟上形势——发展是硬道理 稳定是硬任务 服务是硬要求》,《人民论坛》2009年第2期。

乡镇，无论富裕还是贫穷，都投入了大量资源和人员进行招商引资"，"本该用于服务农民的资金，也被挪用于招待潜在投资者"①。二是乡镇政府促进经济发展的工作方式有待进一步转变。经济发展始终是政府不可忽视的职责，但关键是以何种方式促进经济发展。目前的共识是，以优化投资环境、规范市场运作、加强企业服务等间接方式为经济发展服务，这也是服务型政府建设的题中应有之意。然而，多数乡镇政府仍然延续"跑马圈钱"的方式，以政府决策代替市场选择，简单地以项目和吸引投资的多少论成败，甚至以政府直接投资带动企业投资、以免征业权转移费为代价刺激项目和资金落户本地。总体来看，中国乡镇政府仍保持着较强的经济偏好，不消解这种偏好，乡镇政府职能转变就难以落到实处。但是，除了 GDP 导向的干部考核制度和官员参与项目谋利的权力失范等诱因外，经济发展水平对乡镇事务的决定性作用也是不容乡镇政府忽视的前提性因素。

（二）乡镇公共服务需求增长与乡镇政府公共服务能力不足之间的矛盾

乡镇政府职能转变既要作减法，也要作加法，重点是增加乡镇公共服务供给。温家宝曾指出公共服务就是提供公共产品和服务，包括加强城乡公共设施建设，发展社会就业、社会保障服务和教育、科技、文化、卫生、体育等公共事业，发布公共信息等，为社会公众生活和参与社会经济、政治、文化活动提供保障和创造条件。从当前形势来看，这些方面恰恰都是制约乡镇经济社会发展的重要因素，乡镇公共服务供给严重短缺。中国多数乡镇目前经济状况不佳，财政收入十分有限，加之巨额债务问题，乡镇政府根本无力供给公共服务，拖欠教师工资等现象不断上演，取消农业税费以后一些乡镇甚至出现农田水利等原有公共服务萎缩的现象。这种加强乡镇公共服务供给的要

---

① 格雷姆·史密斯：《乡镇政府"空壳化"问题研究：一种内部运作的视角》，苏丽文、展枫译，《经济社会体制比较》2013 年第 1 期。

求与乡镇政府公共服务能力不足之间的矛盾始终制约着乡镇政府的职能转变。这个基本矛盾不解决就很难从根本上强化乡镇政府的公共服务职能。

二　从城乡统筹看乡镇政府职能转变

许多研究已经指出，压力型体制是造成乡镇治理困境和制约乡镇政府职能转变的关键。一方面，分税制和"乡财县管"以后乡镇政府财力下降，形成"财权上收"；另一方面，自上而下的等级结构和人事控制又造成"事权下沉"。这种财权与事权、责任与权力的不对等引发了乡镇政府职能的错位、越位和失位。笔者认为，压力型体制的存在有其不当影响，但消解乡镇政府职能转变的困境更需要从城乡关系出发把握体制改革的方向。

（一）中国已进入以工商业型经济为主要财政收入来源的时代

财权向上集中的分税制一直被认为是削弱乡镇政府能力的体制性因素，因此要求重新划分财权的呼声很高。但是我们必须认识到，取消农业税费后，农业经济对公共财政的贡献也随之取消，中国已事实上进入了以工商业经济为主要财政收入来源的时代。实际上，2005年全国农业税费收入约为1000亿元，只占全国财政收入的1.8%，而2012年中央仅用于支付农村免费义务教育的专项经费就达880亿元，几乎相当于2005年全国农业税费的总收入。从地方个案来看，以整体经济实力较强的温州市平阳县为例，2010年该县29个乡镇政府中，年县财政口径税收收入低于10万元的就达到8个，这种收入状况连维持机构运转都困难，更不用说维持公共服务供给了。也就是说，即使仍然维持征收农业税费和20%的地方自筹，或者将优质税源重新分配给乡镇，在当前推行城乡一体发展、缩小城乡公共服务差距的国家战略之下，农业型乡镇政府如不获得外部财力支持仍然无力支付公共服务供给。从世界经验来看，随着城镇化持续推进，工商业型经济补贴农业发展、城市型财政支持农村基础公共服务是大势所趋。换言之，以农养农、以农业经济支撑乡村公共服务，或者说以农业型财政收入供养城乡均等化的公共服务体系从理论上来讲是不可能的，这也是制约乡镇政府履职能力的深层次原因。这就意味着我们不能仅仅将注意力集中于乡镇政府权责统一上，更要关注公共资源在政府间的合理分配。乡镇公共服务状况的改善是以工商业经济为收入来源的公共财政体系补贴农村发展的结果，是公共财政再分配功能的体现。因此，消解乡镇政府的经济偏好，增强乡镇公共服务供给能力，根本问题不在于分税制的收入结构上，而是支出结构。而事实上，分税制恰恰在上级政府层面形成了调节城乡和区域公共财政资源不均衡的可能性。

（二）城乡公共事务走向一体化规划与管理要求乡镇治理走向多元化

在当前形势下，乡镇政府改革再强调"经济型政府"向"服务型政府"转变已没有多少实际意义，问题的关键是应遵循什么原则来确立乡镇政府的职责范围。城乡统筹发展要求将城乡公共事务纳入一体化规划与管理的体系，在基础设施、社会保障体系以及经济发展政策等多个方面兼顾城乡地区，这也规定了乡镇政府的履职方向。一方面，中央政府开始使用直接管理的方式增加农村地区的公共服务供给，比如"村村通"工程、农村基本养老和医疗保险制度等惠及乡镇的公共服务都是中央政府直接介入的结果。同时，政府购买公共服务的力度不断加大也代表了一部分乡镇公共事务可以不经由乡镇政府来予以处理。另一方面，一些省级政府在加强区域协调发展的进程中开始加强城乡基础设施的统一规划建设。例如，河南省在中原经济区建设中将新型农村社区建设纳入了新型城镇化的统一部署中，并加大省级政府直接参与乡镇建设的力度。总体来看，城乡一体化规划与管理体现出乡镇公共事务有不断增加的趋势，但不意味着乡镇政府的负担也随之增加。可以说，乡镇政府没有能力也没有必要全部承担这些事务，原因在于乡镇公共事务已经超出乡镇政府职权所涉及的辖域范围而需要由上级政府进行统一管理。从这个角度来说，我们不能把乡镇政府职能转变等同于乡镇公共服务的增加，乡镇公共服务的供给管理是应该从中央到地方共同承担的责任。因此，推进乡镇政府职能转变首先要打破乡镇政府为乡镇公共事务全权代表的身份束缚，允许政府和社会的多元主体参与乡镇治理之中，在此基础上再明确乡镇政府的履职范围和方式。

（三）城乡"中心—边缘"式的行政等级结构制约乡镇发展

空间政治学理论很早就指出，空间差异有相当一部分形成于空间组织的分化，而政府作为最大的空间组织，其在行政体系中的地位影响着所在地区的发展。这一点在中国表现得较为明显，政府所在地的发展潜力往往与政府的行政级别成正比，越往行政体制的末端，地方政府的行动能力越弱化。从这个角度来看，许多研究所关注的县乡关系不顺实际上可以上溯到城乡矛盾的层次上。一是县级政府本身就处于被剥夺的地位，无力支持乡镇发展。中国长期实行市管县体制，县级政府在行政级别上受制于城市政府，造成城市在财税分成、基建投资等方面享有优先权，来自上级政府的财政支持被城市截流，到了县级以下时已所剩不多。二是以城市为中心的发展模式汲取了城市政府所管辖的诸多县域的资源和发展机会，形成了农村支持城市的格局。这就造成县乡两级政府的资源困境，县级政府只能以行政命令的方式强行要求乡镇政府执行某些任务，而以广大农村为主的乡镇地区则只能处于被挤压的状态。"由于乡镇的直接上级——县政府也经常面临财政困境，而其摆脱财政困境的重要途径之一便是凭借政治与行政的强势地位强制挤压乡镇政府的财政空间，这种情况使乡镇政府本来就十分有限的财力进一步受到削弱。"[1] 因此，县乡之间的压力型体制

---

[1] 姚锐敏：《全面推进依法行政视角下的乡镇行政体制改革研究》，《中州学刊》2013年第5期。

的实质是城乡"中心—边缘"的行政等级结构。当然，这并不意味着要把所有地方政府都变成平级政府，等级结构始终是行政体制的一大特征，而问题是现有体制将城乡塑造成两个对立发展的空间，并使乡村处于城市的支配之下。要克服这种局面，一方面要消除城市政府与县乡政府的等级关系，另一方面也可以借鉴一些国家实行的"隶属但不干预"的行政区划体制。例如，美国在一些大型城市之下也设有镇，但即使镇的人口再少，其治理也是由中央、州、市和镇政府就各自应承担的职责进行分工，虽然镇在行政区划上隶属于市，但市政府无权干预镇的地方性事务。总而言之，城乡对立的格局正是由城乡等级化的行政体制来维持的，而当下要追求逆向改善则必须破除这种城市支配乡村的体制，这成为调整乡镇行政体制必须要考虑的基本因素。综上所述，工商业型经济的发展促进了社会资源向城镇流动，而城乡分治的行政体制又加剧了公共资源的不合理分配，从而形成穷者愈穷、富者愈富的局面，制约了乡镇政府的职能转变。在实践方面，十八大报告在行政体制改革部分已经提出深化乡镇行政体制改革的方针，与以往不同的是，十八大报告用"体制改革"取代了"机构改革"的提法，这一变动代表了中央要从理顺体制关系的层面推动乡镇政府职能转变，这是对传统改革路径的突破和超越。同时，十八大报告在加快完善社会主义市场经济体制和加快转变经济发展方式的部分。又指出，要加快完善城乡发展一体化体制机制、促进城乡要素平等交换和公共资源均衡配置，形成以工促农、以城带乡、工农互惠、城乡一体的新型工农、城乡关系。经过前文分析，笔者认为，这两部分改革要求具有内在关联性。政府与市场是社会资源分配的两种基本手段，政府手段更是在市场的自然选择之外纠正分配失衡的主要途径，是构成城乡发展一体化体制机制不可或缺的组成部分。城乡统筹发展是中国经济社会协调进步的基本原则，而城乡统筹的行政体制规定着乡镇政府职能转变的实现路径。因此，继续深入推进乡镇政府职能转变要着眼于以工哺农、以城补乡、以先进地区带动后进地区的路径建构，要着力于完善统筹城乡发展的行政体制。

三 深入推进乡镇政府职能转变的路径

乡镇政府职能转变既需要地方政府的创新精神,又需要加强顶层设计,而后者是解决当前改革瓶颈问题的关键。继续深入推进乡镇政府职能转变必须着眼于城乡统筹发展的内在规定性,具体可以从三个方面着手。

(一) 重构乡镇公共治理的主体结构

乡镇公共事务可以按照公共物品的性质划分为三类:一类是全国性公共物品,包括社会保障、环境治理、国家安全和防务、基础教育等。如新型农村合作医疗和养老保险服务的建立和维持。国务院 2013 年 3 月明确将建立城乡统一的社会保障体系列为经济社会改革的九件大事之一,标志着农村社会保障也将被纳入全国性公共物品的行列。二类是区域性公共物品,包括城乡规划、区域公共基础设施等。三类是地方性公共物品,包括劳动就业、垃圾卫生、社会治安、农田水利等。全国性公共物品和区域性公共物品因其具有广泛的非排他性和非拥挤性特点,更适合国家统一组织落实,由地方政府供给反而会增加公共物品供给分配上的不均衡性,一些地方出现的断头公路现象就是最好例证。近些年,我们对城乡统筹公共服务体系的不断探索以及省级政府加强城乡一体规划等工作都说明,乡镇公共事务的处理越来越需要上级政府的统一协调和政府间的合作。因此,应该建构各级政府在乡镇公共事务中的职能分工体制,明确中央、省、县、乡各级政府在乡镇公共事务上的责任。在划分全国性公共事务、区域性公共事务和地方性公共事务的基础上,界定乡镇政府的具体职能,着重强化其处理地方性公共事务的职责和自主性,甚至可以促进形成"地方谋发展、上级保服务"的合作局面。

（二）调整财政转移支付结构

财政转移支付是以工补农的主要渠道之一。一般认为，加大对乡镇的财政转移支付力度、增加专项支付的数量是改革的方向，但从城乡统筹的角度来说，财政体制改革更要关注财政转移支付的结构优化，而增加专项支付的建议却是不值得提倡的。在多元参与乡镇治理的预期下，财政转移支付结构的优化方向是在增加对农支付额度的同时，提高一般性转移支付的比例，减少专项转移支付和税收返还比例。原因在于：一是需要增加乡镇政府应对地方性公共事务的能力和自主性，二是要调节财政资源的强弱分化，提高财政再分配功能的绩效。而专项转移支付结构起不到这个作用，也削弱了乡镇政府独立处理地方性事务的能力，税收返还实际上造成穷者越穷、富者越富，对改善地区差异起不到实质作用。同样道理，省级财政转移支付也应该遵循这一原则。相应地，配合财政转移支付结构的优化，乡镇政府履行职能的方式必须得到有效规范。简单来讲，就是要提高三个方面的能力：一是少花钱多办事的能力。要着眼于以有限资源实现公共利益最大化，对于能通过政府购买的方式供给的公共服务，要尽量政府购买，建立公共财政支出的绩效评估机制，约束行政成本，提高公共财政的使用效率。二是回应社会实际需求的能力。要着眼于以有限资源满足真正的公共利益，面向地方实际，因势利导地处理各种社会问题，对公众需求保持高度敏感性，加强基层预算民主。三是规范使用公共财政的能力。要着眼于以有限资源做正确的事，保证乡镇公共财政收支的公开性和透明度，强化上级部门和社会的双向监督。

（三）调整行政区划结构

调整行政区划也可以起到促进城乡统筹发展的作用，其作用机理是通过改变行政辖区的空间结构，促进社会资源的均衡配置。仍以温州市平阳县为例，从该县2010年乡镇人口结构和财力状况来看（见表1），乡镇之间财力与人口呈显著的两极分化状态。其中少数工商业型乡镇和多数农业型乡镇在地方可动用财力差距巨大，五千万级乡镇可动用财力的总和是百万以下乡镇的174倍，但人口规模却基本相当。如果对这些乡镇进行合并重组，将农业型乡镇并入几个工商业型乡镇，不仅可以在政府机构规模上达到合并精简的目的，也可以促进经济发达乡镇的公共财政资源惠及经济落后乡镇，同时也有利于乡镇制定统一的就业政策，缓解农村劳动力过剩与新兴经济乡镇劳动力短缺之间的矛盾。以此类推，以调整行政区划的方式促进城乡统筹发展可以归纳为三个层次：一是省管县。中国正在推行的"省管县"改革就是通过调整行政区划来消除市卡县、市挤县的弊病，这对县乡政府的职责重构提出了更高要求，但同时也为其创造了有利条件。二是乡镇并市。随着城镇化进程的持续推进，那些原来由城市管辖的乡镇以及与中心城市联系较紧密的乡镇可以并入市辖区，将其纳入城镇建设的统一规划体系之中。三是撤乡并镇。根据位置、经济和人口对乡镇进行合并重组，对存在经济强镇的地区可以进行弱乡并强镇，而对于整体上以农业经济为主的西部地区通过撤乡并镇也有利于整合分散的资源，促进有限资源的集约使用。总之，通过行政区划调整重构乡镇政府职责的覆盖范围是有效统筹城乡发展的途径。

表1　　　　2010年温州市平阳县乡镇可动用财力和人口结构

	五千万级别乡镇	千万级别乡镇	百万级别乡镇	百万以下乡镇
乡镇数量（个）	5	4	6	14
地方可动用总财力（万元）	47710	8570	1394	274
常住人口（万人）	33.46	10.34	7.81	24.56

结语　走向合作治理的乡镇行政体制

随着城乡统筹发展战略的深入实施，城乡不再被视为两个差异化的空间，城乡融合、城镇包容乡村、乡村过渡到城镇是基本趋势。这就意味着要尽量减少行政分割和等级结构的制约，加强各级政府之间的联系与合作，也意味着传统的"一级政府一级职能、一方政府管一方事"的格局开始走向多中心化。在纵向结构上，中央、省、县、乡四级政府在乡镇事务上分工合作、共负其责，传统的职能对口、层层分解、自上而下的压力型行政结构不断被消解；在横向结构上，政府间合作朝向区域主义方向迈进，政府购买公共服务的引入，农村自治组织和民间团体参与乡村治理不断强化，这些都体现了对区划分割和政府中心主义的超越。乡镇政府改革要适应这种多元合作的要求，吸纳一切有利于城乡统筹发展的力量参与进来。沿着合作治理的路向，乡镇治理将呈现崭新而富有生机的新格局。

城市创新环境评价[*]
——以郑洛新国家自主创新示范区为例

引 言

2016年3月，国务院批准设立郑洛新国家自主创新示范区，成为河南省继中原经济区、郑州航空港经济综合实验区、粮食生产核心区之后的第四个"国字号"战略规划。与此同时，更好更快的建设郑洛新国家自主创新示范区成了我省响应中央创新驱动发展战略、增强自身发展核心竞争力的重大载体，也是我省积极应对经济发展新常态、加快经济转型升级的重大创新工程，如何充分发挥三个城市创新区的产业优势和创新资源优势，激发各类创新主体活力，优化创新主体的创新创业环境，改善本地区的人文环境，提升对创新人才的吸引力，全面提升郑洛新自主创新示范区的整体创新驱动发展能力，仍是一个亟须解决的问题。城市创新环境直接影响自主创新示范区的创新发展能力，是郑洛新国家自主创新示范区建设的客观基础。一方面，城市创新环境与示范区科技创新和企业发展保持紧密联系，一个城市产业和科技创新体制机制以及人文社会资源环境对特定区域的创新能力有直接孕育作用，另一方面，城市创新环境的优劣也影响着创新要素在区域间的转入转出，进而制约

---

[*] 原载《河南社会治理发展报告（2017）》，作了修改，张振琰、王楠为共同完成人。

着示范区创新要素的可聚集性。

一 城市创新环境评价体系的建构

（一）城市创新环境评价体系的指标选择

城市创新环境的评价体系是一个复杂多变的动态过程，基于各个区域创新环境的特点不同，为了能够给出更加有效客观的创新环境评价，本文将以"区域创新环境理论"作为理论研究工具，结合国内外创新环境评价的实践，建构出城市创新环境评价的指标体系。所谓区域创新环境理论[①]（Regional Innovation Milieus）："在相应的地域内，创新的相关行为主体通过相互间的协助支持以及共同探讨的过程，而产生的非正式没有固定模式的多层次社会关系，而这种关系直接或间接的促进创新主体优化当地的创新环境"。而创新行为、创新技术和创新从业者，就是在这种建立相互促进协同创新关系的地域中，由多个创新主体共同的、相互作用的结果。由此得出，在不同的创新主体中（诸如高新技术公司、政府的经济发展改革部门）以及通过创新技术共享以降低生产成本的机构与创新从业者之间的相互作用中，创新环境才能得以发展。从区域创新理论的阐述中可以发现，创新环境决定了创新能力的强弱。国外创新理论专家亚德尔特认为，区域环境（尤是指社会的人文环境）作为创新技术生长的"沃土"，对于创新行为的产生和创新技术的发展具有决定性作用。本文选择郑洛新自主创新示范区的创新环境作为研究对象，通过对郑洛新自主创新示范区的创新环境进行分析以及区域创新环境评价体系的建立，准确把握郑洛新自主创新示范区的创新环境状况，为其创新环境的优化提供建议。本文将收集上海张江、深圳、北京中关村、成都、武汉东湖、辽宁沈大6个国家自主创新示范区的创新环境的客观数据

---

① 1989年，欧洲创新研究小组（GREMI）在巴塞罗那召开的创新会议上首先提出区域创新环境理论（Regional Innovation Milieus），会议定义了一种新的空间发展理论模型。

以及郑、洛、新三地的相关数据进行整理计算，并利用各地区的相对数据进行创新体系构建。依照指标体系构建法的构建原则，并根据郑洛新自主创新示范区的区位特点，本文采纳逐层分支的指标选择方法，主要参照《中国区域创新环境评价报告》中对于"创新环境"概念的界定，构建出区域创新环境评价的具体指标体系，这个体系将由3个层级、4个领域和12项评价指标组成（见表1）。

表1　　　　自主创新示范区创新环境评价指标体系①

方向层	范围层	指标层	指标选取原因
自主创新示范区创新环境评估U	基础设施U1	每百人移动通信设备用户（户/百人）U11	评估通信基础设施条件
		每百人互联网用户数（人、百人）U12	评估资讯基础设施条件
		图书馆数量（个）U13	评估科普基础设施条件
		图书馆参观人数（万人次）U14	评估区域科普水平
		年度科普经费筹集额（万元）U15	评估区域科普水平
	经济环境U2	进出口总额占GDP比例（%）U21	评估区域的对外开放程度
		居民年消费水平（元）U22	评估区域市场经济环境
		高新公司数占规模以上工业企业数比重（%）U23	评估区域的创新水平
	人文环境U3	对教育的财政支出占GDP的比重（%）U31	以教育水平评估劳动者素质
		16岁及16岁以上人口中大专以上学历所占比例（%）U32	评估区域劳动者结构与素质
	政策支持力度U4	平均每项创新基金获得补助资金（万元/项）U41	评估创新活动国家支持情况
		企业平均研发经费支出额中的贷款额（万元/个）U42	评估创新活动企业支持情况

自主创新示范区创新环境评价指标体系的方向层为示范区创新环境评估，范围层分为基础设施、人文环境、经济环境、政府支持力度

---

① 崔航：《我国典型城市群创新环境评价研究》，《中国管理信息化》2016年第10期。

等四个领域，指标层分布在四个范围层之下，分为十二个具体指标。其中，每百人移动通信设备用户（户/百人），每百人互联网用户数（人、百人）和图书馆数量是评估示范区的移动通信、咨询和科普等基础设施条件的指标；图书馆参观人数（万人次）和年度科普经费筹集额（万元）则是评估区域科普水平的两项指标；这五项具体指标则组成了对于区域基础设施的评估指标。在经济环境方面，基于对区域经济对外开放程度的评估，本文选取了进出口总额占GDP比例作为评价指标，居民的年消费水平则能展现该地区的整体经济环境，对于地区创业水平的评估则选取了高科技公司数占总企业数比例作为其评价指标。人文环境中以对教育的财政支出占GDP的比重（%）和16岁及16岁以上人口中大专以上学历所占比例（%）为指标评估区域劳动者结构及素质。政策支持力度本身难以用显示数据进行评估，本文选取了平均每项创新基金获得补助资金（万元/项）和高新企业平均研发经费支出总额中的贷款额（万元/个）作为评价项目，评估地方政府在政策和财政方面对于创新活动的支持状况。

（二）确定指标的权重

构建自主创新示范区创新环境评价指标体系的难点在于，如何给予各项指标以合理的权重值，评价指标体系中各项指标权重赋值的科学性，直接决定了评价体系的有效性以及评价结果的可靠性。本文使用逐层比较法来确定评价指标体系各项指标的权重值，评分细则见表2。

表2　　　　　　　　　　**权重评分规则**[①]

分数	含义
2	两个元素具有相同的重要性
4	两个元素比较，前者比后者稍微重要
6	两个元素比较，前者比后者明显重要
8	两个元素比较，前者比后者重要得多
10	两个元素比较，前者比后者极端重要
1/bij	重要性的倒数

---

① 崔航：《我国典型城市群创新环境评价研究》，《中国管理信息化》2016年第10期。

本文评价指标体系中各项指标确定其权重值的过程如下，第一步：调查小组将有效的调研问卷结果录入系统，对具有相关性的一组元素进行对比赋分，求两者的平均数值；第二步：把相关元素的平均数值录入该判断矩阵的相应位置，便可得到范围层的判断矩阵；第三步：根据问卷各项数值，计算判断矩阵的结果，即可获得归一化后的判断矩阵和其对应的特征向量，说明判断矩阵 U 满足一致性检验，这样就可以得到准则层的权重（见表3）。

表3　　自主创新示范区创新环境评价指标及其权重

方向层	范围层	权重	指标层	权重
自主创新示范区创新环境评估 U	基础设施 U1	0.13	每百人移动通信设备用户（户/百人）U11	0.12
			每百人互联网用户数（人、百人）U12	0.38
			图书馆数量（个）U13	0.13
			图书馆参观人数（万人次）U14	0.16
			年度科普经费筹集额（万元）U15	0.21
	市场环境 U2	0.37	进出口总额占 GDP 比例（%）U21	0.38
			居民年消费水平（元）U22	0.30
			高新公司数占规模以上工业企业数比重（%）U23	0.32
	人力环境 U3	0.35	对教育的财政支出占 GDP 的比重（%）U31	0.46
			16 岁及 16 岁以上人口中大专以上学历所占比例（%）U32	0.54
	政策环境 U4	0.15	平均每项创新基金获得补助资金（万元/项）U41	0.38
			企业平均研发经费支出额中的贷款额（万元/个）U42	0.62

二　河南省城市创新环境评价

（一）横向指标数据的整理

本文所用数据来源于《中国科技统计年鉴2016》《河南统计年鉴

2016》《河南科技统计年鉴 2016》以及郑州、洛阳和新乡三市的年国民经济与社会发展统计公报，本文先根据三市创新环境的具体指标数据，进行郑洛新自主创新示范区内部的横向比较，分析其发展优势和不足，促进郑洛新自主创新示范区内部协同发展。与此同时，为了更好地对郑州、洛阳、新乡三市的科技创新环境作出评价，本文还列举了河南省其他地级市①的科技创新环境评价指标的数据，与郑洛新自主创新示范区的创新环境指标进行纵向对比。最后列选上海张江、深圳、北京中关村、成都、武汉东湖、辽宁沈大 6 个国家自主创新示范区的创新环境数据，与郑洛新国家自主创新示范区的相关指标做对比，分析其创新优势和潜力，更加全面的对其创新环境作出评价。见表 4 所示。

表 4　　自主创新示范区创新环境指标数据

城市	单位	郑州	洛阳	新乡
每百人移动通信设备用户 U11	（户/百人）	136.7	106.2	97.5
每百人互联网用户数 U12	（人、百人）	46.3	38.9	36.7
图书馆数量 U13	（个）	11	7	4
图书馆参观人数 U14	（万人次）	69.4	30.2	9.1
年度科普经费筹集额 U15	（万元）	6003.2	4235.4	3132.6
进出口总额占 GDP 比例 U21	（%）	7.37	6.39	6.54
居民年消费水平 U22	（元）	13248.7	11203.5	9830.5
高新公司数占规模以上工业企业数比重 U23	（%）	10.3	7.3	8.9
对教育的财政支出占 GDP 的比重 U31	（%）	3.3	3.8	3.7
16 岁以上人口中大专以上学历所占比例 U32	（%）	57.8	54.1	52.8

① 包括驻马店市、濮阳市、鹤壁市、平顶山市、焦作市、三门峡市、济源市、商丘市、漯河市、周口市、南阳市、开封市、许昌市、安阳市、信阳市。

续表

城市	单位	郑州	洛阳	新乡
平均每项创新基金获得补助资金（万元/项）U41	（万元/项）	67.6	62.5	63.4
规模以上工业企业研发经费内部支出额中平均获得金融机构贷款额	（万元/个）	2.6	1.7	1.4

数据来源：《河南科技统计年鉴2016》。

使用自主创新示范区创新环境评价体系对不同城市的创新环境做出评价，首先需要把差异化的量纲指标进行无量纲化，然后根据前文得出的权重值对相应具体指标进行赋分，现规定城市的综合得分最高为一百分，每项指标排名第一位的得满分，其他得分根据比例得到相应分数，最后把每个城市的各项成绩分别相加求和，就可获得该城市创新环境评估的最终成绩。

（二）郑洛新三市创新环境差异化显著

利用上一节中的数据和得分规则进行计算，各城市得分见表5。

表5　　　　　　　　各城市创新环境评价得分

城市	基础设施	经济环境	人文市场	支持力度	总分
郑州	13	37	30.17	15	95.17
洛阳	11.7	28.2	33.11	13.5	86.43
新乡	9.1	31.08	27.27	10.5	78.4

从评价得分结果看到，排名从高到低依次是郑州、洛阳、新乡。从范围层的得分可知，郑州在基础设施、经济环境和政策支持力度上均名列第一，尤其是经济发展环境项，洛阳和新乡与其有明显差距。但郑州市人文环境的最终得分仅为30.17分，略微落后于洛阳市。究

其原因，是因为该项是一比例指标，郑州对教育投资的绝对值遥遥领先，但因经济总量相对较大，故对教育的投资所占GDP的比例稍低。与此同时，以郑州为中心城市的郑洛新自主创新示范区的格局分布，使其拥有绝对的政策风向标的优势。而且地处郑州的高等院校较多，每年毕业的大学生人群为郑州的发展提供着源源不断的高素质人才资源，这造就了郑州的人文环境非常优越，再加上其作为省会城市，具有传统优势的基础设施建设，毫无疑问郑州市的创新环境在三市对比中处于绝对第一的位置。但是，各种资源的集中分布，使得郑州市也面临着诸多城市病。例如，人口密集、交通堵塞、淡水资源短匮乏、大气污染等诸多严重的社会性问题，也缺乏转化、消化创新成果的制造型企业，制约了本地创新环境的提升。因此，郑州市应明确自身在郑洛新自主创新示范区的核心地位，充分利用科学技术，积极转变经济的发展重心，并积极给予热衷高新技术研发的公司一些政策支持，大力发展第三产业，转变经济发展模式，走出一条符合郑州市区位发展特色的发展道路。将部分多余功能积极地向洛阳市与新乡市转移，帮助其加快完成产业升级，早日形成协同、创新、共生的郑洛新自主创新示范区协同发展的局面。

第二名是洛阳市，人才环境指标在三市的对比中排名第一，基础设施建设和政策环境均排在第二位，市场环境则在三个城市的横向对比中排在了最后一位。在省内仅次于郑州的高等教育资源，使其每年都有大量的高素质人才进入劳动力市场，充分满足了其创新实践事业的发展。同时洛阳作为传统百强工业城市，使其拥有良好的基础设施建设以及政策环境。但是市场环境指标的评比中不敌郑州市和新乡市，究其原因，作为传统的重工业城市，高新产业和现代服务业发展状况不容乐观，产业升级进程缓慢在一定程度上影响了其创新环境的表现。

新乡市在三市创新环境指标的横向评比中，总分排在最后一名。其中，基础设施建设、人才环境、政策环境的得分均位列第三位，只有市场环境强于洛阳市排名次席。虽然综合创新环境不如郑洛,但是从新乡近年来的发展轨迹来看,还是呈现了非常大的潜力。河南师范大学、新乡医学院等高校为新乡市创新事业的发展提供了人才保障,加之华兰生物等一些高新技术企业的茁壮成长,若能充分挖掘本地创新潜能,加强与郑洛的经济贸易联系,把握郑洛新联动发展的机遇,新乡市创新环境的提升指日可待。

与此同时,我们也应注意到郑洛新三市虽然已并为一个整体,但是更多的还是呈现出"单打独斗"的局面,没有做到有效的联合发展。究其原因,第一是郑洛新国家自主创新示范区内部缺乏更为密切的经济联络,无法形成联动效应;第二是郑洛新国家自主创新示范区的发展缺乏一个宏观的整体规划,其核心竞争力不够明确;第三是郑州市作为郑洛新国家自主创新示范区的核心城市,在联动发展上没有起到强有力的带头作用。郑洛新自主创新示范区终究是一个联动的整体,以整体促进个体的发展才是更好更快建设郑洛新国家自主创新示范区的基本思路。

(三) 郑洛新三市创新环境省内优势巨大

1. 郑洛新三市创新环境的政策环境优势明显

政府也是创新主体之一,而政策的支持力度某种程度上代表了政府对创新环境的影响程度。因此,创新环境的评估也不能忽略政府对支持创新创业活动支持力度的评估。目前,国内大部分学者专家倾向于对政府的支持力度进行定性分析,本文采用3个指标定量考察各地政府对创新环境的支持力度。具体数据呈现见表6所示。

表6　各市政府对优化创新环境的支持力度

城市	本市获得政府的科技活动资金总额占财政总支出比重(%)	本市科研经费加计扣除减免税(万元)	本市高新技术公司减免税(万元)
郑州	0.34	38723.8	74574.5

续表

城市	本市获得政府的科技活动资金总额占财政总支出比重（%）	本市科研经费加计扣除减免税（万元）	本市高新技术公司减免税（万元）
洛阳	0.45	14286.6	32012.5
新乡	0.71	4995.7	10747.8
济源	0.09	5054.4	17562
平顶山	0.20	9577.6	10242.5
驻马店	0.05	756	317.4
鹤壁	0.03	402.0	5504.4
商丘	0.24	14805	14257.2
濮阳	0.11	3736.4	2208.3
信阳	0.25	10414.2	12196.5
漯河	0.10	10100	1584.4
三门峡	0.07	2933.5	1036.8
南阳	0.07	8086.8	11675.6
焦作	0.05	1921.4	421.5
许昌	0.02	***	***
周口	0.06	1160	409.3
安阳	0.07	346	2291
开封	0.15	1482.1	471.6
全省	0.17	119691.8	181710.1

注：该地区的该项指标数据官方统计年鉴并未显示，以 *** 表示，未对其做具体分析，以下同。

数据来源：《河南科技统计年鉴2016》。

从本市获得政府的科技活动资金总额占财政总支出比重的排名来看，郑州、洛阳和新乡位列前三位，其中新乡最高（0.71%），全省在该项的平均水平仅为0.17%。从本市科研经费加计扣除减免税和本市高新技术公司减免税的排名来看，郑州、洛阳市位列全省的前两位，而新乡市在这2项的排名仅为第8和第6，商丘、开封、信阳等地级市在这两项的排名比较靠前。

2. 郑洛新三市创新环境的经济优势显著

优化城市的经济环境是提高城市科技创新环境的保障,本文将使用三种指标来评价各地市的经济环境。郑洛新各地区以及河南省其他地级市的相关数据统计结果,见表7所示。

表7　　　　各地市创新环境优化环境指标统计结果

城市	本市金融贷款额占GDP总额比例(%)	本市FDI总额(万美元)	本市人均GDP(元)
郑州	160.36	363001	72991
洛阳	70.01	241024	49416
新乡	61.26	86987	33695
济源	57.92	51697	32453
平顶山	75.87	36492	33015
驻马店	49.04	42838	35209
鹤壁	64.24	66784	42548
商丘	46.28	72848	52420
濮阳	36.78	48714	34894
信阳	55.86	59726	48470
漯河	44.63	78896	36365
三门峡	47.33	95675	55258
南阳	58.02	57263	26649
焦作	59.32	30896	23357
许昌	63.03	47821	27487
周口	41.12	48489	22624
安阳	55.52	35391	24460
开封	43.65	28124	66776
全省	77.92	1492687	37071

数据来源:郑州、洛阳和新乡2016年国民经济与社会发展统计公报。

由表7可知,从本市金融贷款额占GDP总额比例来看,郑州在全省第一位，洛阳市、新乡市分别排在第二位和第五位。在地区FDI总额这一指标评比中，可以看到郑、洛、新在全省对比中处于领先地位，分别位于第一位、第二位、第四位，通过计算分析可知，郑洛新三地的FDI总量占全省FDI总量的44%，就足以说明郑洛新三地在吸引国外投资方面拥有明显的优势。最后，通过当地人均GDP这一指标来对比一下地区经济发展状况，郑洛新三地分别位于第一、第三和第八位。值得注意的是，在该项指标的横向对比中发现，新乡的人均GDP水平要略低于全省各地市的平均水平。总体来看，郑洛新三市在经济环境的各项指标对比中，基本上处于全省的领先水平。究其总量来看，其三地的各项指标之和占全省相应经济指标份额总额的近半数，这也从深层次反映出，郑洛新国家自主创新示范区建设拥有良好的城市科技创新环境作为依托。从而，良好的区位因素也为郑洛新国家自主创新示范区的发展提供了宽广的空间和无限潜力。

（四）郑洛新国家自主创新示范区建设之路任重道远

本文通过列选上海张江、深圳、北京中关村、成都、武汉东湖、辽宁沈大6个国家自主创新示范区的创新环境数据，与相关指标做对比，分析其创新优势和潜力，从而更加全面的对其创新环境作出评价（见表8所示）。

表8　　　　　　　七大国家自主创新示范区创新环境指标数据

自主创新示范区		张江	深圳	中关村	成都	东湖	沈大	郑洛新
每百人移动通信设备用户	（户/百人）	151.8	167.3	130.6	96.7	93.1	102.7	113.4
每百人互联网用户数	（人/百人）	47.9	65.7	58.5	39.0	43.0	40.9	40.6
图书馆数量	（个）	49.0	45.0	57.0	43.0	32.0	15.0	22.0
图书馆参观人数	（万人/次）	662.9	241.1	502.6	703.8	135.0	72.3	108.7

续表

自主创新示范区		张江	深圳	中关村	成都	东湖	沈大	郑洛新
年度科普经费筹集额	（万元）	253182	49944	266999	61928	33995	15813	13371
进出口总额占GDP比例	（%）	35.6	57.6	13.9	11.4	3.4	1.7	7.6
居民年消费水平	（元）	28404	23739	21628	14009	13912	13327	11427
高新公司数占规模以上工业企业数比重	（%）	8.9	15.2	9.7	6.8	6.2	5.7	7.8
对教育的财政支出占GDP的比重	（%）	3.5	3.5	3.7	4.6	3.2	3.9	3.6
16岁及16岁以上人口中大专以上学历所占比例	（%）	17.2	7.6	18.4	9.4	11.1	11.4	10.9
平均每项创新基金获得补助资金	（万元/项）	91.8	7402	86.4	84.9	88.8	63.8	64.5
企业平均研发经费支出额中的贷款额	（万元/个）	2.1	2.5	5.1	1.3	2.6	0.6	1.9

数据来源：《中国科技统计年鉴2016》。

（五）郑洛新国家自主创新示范区建设优势与潜力并存

基于上述分析，郑、洛、新三市在省内的科技创新能力突出，科技创新环境优势明显，这也是国家选择郑州、洛阳、新乡三市成立自主创新示范区的原因所在。与此同时，郑州、洛阳、新乡三市创新环境内部差异明显，三市创新示范区建设面临梯度差异整合问题，表明郑洛新国家自主创新示范区发展的整体联动性还有待进一步加强。同时，郑洛新三市的发展过于孤立，远没有达到跨域自主创新示范区的预先期望。最后在和其他6个国家自主创新示范区的创新环境指标进行横向对比后发现，郑洛新国家自主创新示范区的基础设施、人才市场、市场环境、政策环境四方面指标,与发展相当成熟的张江、深圳、中关村自主创新示范区的差距还较大。

究其原因,首先是郑洛新国家自主创新示范区内部缺乏合作,没有形成有效的发展联动机制;建设郑洛新国家自主创新示范区的难度在于,示范区跨越了3个地市级行政单位,怎样突破行政区域的边界束缚,实现三地间的无缝衔接、有效互动。这里指的衔接、互动既包含三地高等教育机构间、企业部门间、行政部门间的衔接互动,诸如郑州、洛阳、新乡三地政府部门在经济政策、治安法规等方面形成协同有效互动,建立"1+N"[①]政策体系("1+N":"1"强调政策的一致性,"N"强调N个相关政府部门的互动与配合)。又如郑州、洛阳、新乡三地的高新企业积极展开合作,实现优势资源的共享,高精尖项目的合作,从而降低各企业的生产成本、创新成本、劳务成本。也包括政府部门、企业、高校之间建立的"产学研"模式,即三方共同利用自身的优势资源,政府发挥其政策导向作用,企业发挥其实践平台作用,高校发挥其出色的研发能力,三者互补进行科技创新活动,从而突破单一创新主体创新实践的局限性。其次是郑洛新国家自主创新示范区没有一个整体的发展规划,缺乏统一整体性规划的创新是盲目的,因为它不利于推动郑洛新的紧密合作,也不利于促进郑洛新经济的适度多元化发展。再次是地方人文环境落后,人才队伍建设迟缓。增强自主创新、自主研发,离不开人文环境的建设。从整体意义说,人文环境状况是控制郑洛新自主创新示范区创新环境建设的瓶颈,人文建设是自主创新示范区大厦的拱心石。郑洛新人文环境的欠缺可以说极大地影响了示范区的发展。最后是地理区位因素对创新型人才的吸引差异。郑洛新三市无论是经济发展环境,还是生活环境都缺乏竞争力,对于高科技人才的吸引力远不如东南沿海地区,再加上近些年越来越严重的人才外流现象,使得郑洛新的高科技人才储备比较薄弱,缺乏创新的核心推动力。

---

① 罗煜:《郑洛新城市科技创新能力评价》,《技术经济》2017年第1期。

三 以优化城市创新环境提升郑洛新自主创新示范区建设水平

本文通过构建城市创新环境评价指标体系，以此对郑洛新国家自主创新示范区的科技创新环境进行了横、纵向的比较与评估，分析了郑洛新国家自主创新示范区创新环境的现状和潜力，并与河南省其他地级市以及张江、中关村、东湖等6个国家自主创新示范区，进行了相应指标的对比分析，并据此提出以下五个建议。

第一，成立示范区内部的协调机构，形成联动发展机制，避免出现郑洛新三市各自为政、区域间和城市间的不良竞争、创新产业雷同等现象。在郑洛新三市设立垂直领导的分支机构，实行统筹协调下的差异化发展。指导各个城市在各自的创新实践中，加强示范区内部交流，对共性问题要及时展开合作，协同解决示范区建设过程中出现的问题，以提高制度创新的整体效率；建立郑洛新自主创新示范区内部的信息共享制度，加强郑洛新三市之间的互联互通，杜绝信息"蜂窝煤"现象，建立信息沟通交流的常态化机制，构建一体化合作环境。

第二，确立整体发展的发展理念，构制示范区的发展蓝图。郑洛新国家自主创新示范区的整体规划一定要立足本区域发展实际，研究本地区资源要素配置以及优势资源的开发和利用，统筹发展体系的建立与高新技术产业的发展，优化示范区内部的空间建构与空间功能性区域的调整，示范区经济的转型发展以及创新机制的构建，示范区的整体规划与跨行政单位的分工合作，资源与人文环境、创新与示范区协调可持续发展的宏观性规划。

第三，加强郑洛新自主创新示范区的人文环境建设。针对示范区的人文环境特点得出以下三点建设建议：（1）示范区的行政决策者要制定政策，营造出相关从业人员长于思考，勇于尝试，大胆创新甚至是"标新立异"的创新氛围。（2）对于创新示范区的行政主管部门的政绩考核、评估不能局限于示范区 GDP 增长速度的快慢，要从源头上掐断某些行政主管人员急功近利的短视决策。政绩考核要从全方位的角度给予客观合理的综合评估，营造出"大刀阔斧"的改革态势。如今，示范区内部存在着不同程度的"四重四轻"现象：重建设轻管理、重速度轻质量、重经济发展轻社会全面进步、重引进技术设备轻研发创新。可以说，客观合理科学的评价标准和机制的缺失，直接铸就了示范区"四重四轻"的现状。（3）示范区欣欣向荣的人文环境的创建离不开司法的保障，司法保障是一切创新研发活动开展的基线。众所周知，知识产权受保护力度的大小直接决定了一个地区创新活动兴衰，只有创新主体的研究成果（知识产权）得到了充分的保护，才能更加强劲的激发创新工作者的研发动力。而司法环境建设，归根结底还是要加强人文环境建设，司法机关和行政执法部门需把更多的行政资源投入科技创新的活动中去，才能更好地提升示范区的科技创新产出效率。

第四，自郑洛新国家自主创新示范区设立以来，所取得的建设成果与示范区的发展目标、预期还有非常大的差距，与国内其他发展成熟的示范区相比差距更加显著。投入与产出总是呈现正相关的关系，郑洛新国家自主创新示范区无论在人资还是在教育等方面的投入都与预期存在着较大距离，不可否认的是，河南省虽是中部大省，GDP 总量也常年位于全国第五位，但是，其现实拥有的高等教育资源与其庞大的高等人才需求量严重不匹配。高校是当今社会高等人才最主要的出处，而示范区内部匮乏的高等教育资源也给示范区的创新工作带来了挑战。因此，今后示范区财政应加大对高等院校科研经费的支持力度，确保科技高产出平台的科研保障。此外还应注意到，虽然对于科研人员和科研经费的投入是提高创新环境的必要条件，但获得高效率的科技创新产出才是最终目的。故今后的科研支持工作要更加注重科研的投入产出效率，把它当作示范区建设考核的重要指标。

第五，加快改善示范区的基础设施建设，为其优化科技创新环境提供基础保障①。郑洛新国家自主创新示范区作为一个国家级示范区，必然要对其基础设施、经济资源、人文环境、产业结构等方面提出更高的目标要求。任何一个地区的快速发展都需要健全的基础设施为其提供支持，因此，为了示范区更高的建设目标，要加快改善示范区的基础设施建设。与此同时，示范区隶属河南省，区位的优势资源为郑洛新国家自主创新示范区未来的创新环境优化提供了巨大潜力和支持。例如，航空港综合贸易实验区为示范区的开放转型提供了支持，中原经济区为示范区优化创新环境工作提供了健全的基础设施，郑东新区金融集聚区为示范区的科技与金融结合提供了金融保障。这些都为示范区优化创新环境建设提供了有力支持。

---

① 刘伟：《从区域创新环境视角看北京市高新技术产业的竞争力》，《北京社会科学》2016年第9期。

河南省"十三五"人的城镇化发展研究

新型城镇化"新"在人的城镇化。深入推进新型城镇化建设，要以人的城镇化为核心。2016年3月，《中华人民共和国国民经济和社会发展第十三个五年规划纲要》提出："要坚持以人的城镇化为核心、以城市群为主体形态、以城市综合承载能力为支撑、以体制机制创新为保障，加快新型城镇化步伐，提高社会主义新农村建设水平，努力缩小城乡发展差距，推进城乡发展一体化。"《河南省新型城镇化规划（2014—2020）》提出："坚持以人的城镇化为核心，强化'一基本两牵动'，推进农业转移人口进得来、落得住、转得出。""十三五"期间，针对河南城镇化发展现状和突出问题，着力推动人的城镇化持续、有效、深入发展是全省新型城镇化建设的重点。人的城镇化关键在农业转移人口市民化，集中表现为人口市民化、素质市民化和待遇市民化三个方面的协调发展。本文以社会治理河南省协同创新中心2015年夏城市流动人口调查数据为依据，从人口市民化、素质市民化和待遇市民化这三个维度分析并提出河南省"十三五"时期人的城镇化发展对策建议。

一 人口市民化

人口市民化是有能力在城镇稳定就业和生活的农业转移人口举家进城落户，与城镇居民享有同等权利和义务，获得同等市民身份的过程。伴随着工业化和非农化的快速推进，河南作为传统农业大省有大量农村人口从农业生产中转移出来，使全省城镇化水平快速提升。"十二五"期间，河南全省城镇化率由2010年的37.7%增长到2015年的46.85%，增长了9.15%。同期，全国城镇化率从2010年的49.9%增长至2015年为56.1%。河南省城镇化水平较全国总体水平仍有不小差距，但从增长幅度来看，河南还是远远快于全国6.2%的平均水平。这一方面反映出河南推动人口市民化仍面临较大的人口基数和城乡人口结构压力，城镇化发展任务艰巨，同时也表明河南在"十二五"期间促进农业人口转移、推动人口市民化方面成果显著，追赶趋势明显。从总体情况来看，"十二五"期间河南全省城镇化率年均保持1.5%左右的增长（如图1所示）。

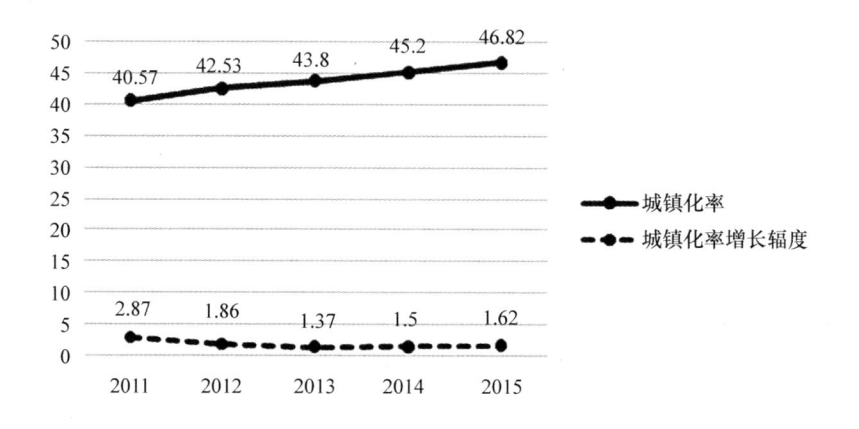

图1　"十二五"期间河南城镇化率与增长幅度

从全国情况来看，阻碍人口市民化的最大障碍是城乡二元户籍制度。2014年6月6日，在中央深改组第三次会议上，习近平指出："推进人的城镇化重要的环节在户籍制度，加快户籍制度改革，是涉及亿万农业转移人口的一项重大举措"。2014年11月，河南省人民政府出台《关于深化户籍制度改革的实施意见》提出改革措施，要求"建立城乡统一的户口登记制度。取消农业户口与非农业户口性质区分，统一登记为居民户口"。这一措施的出台标志着实行了半个多世纪的"农业"和"非农业"二元户籍管理模式在河南省退出历史舞台。由于户籍制度限制使得进入城镇的大量农业转移人口市民化程度低的问题也随着城乡统一户籍制度的实施而进入全面纠正阶段，河南继续推进人口市民化的体制障碍得以进一步消除。

但我们也必须看到，"十三五"期间，河南推进人口市民化仍面临诸多难题和挑战，主要包括：

（一）城镇化预期水平实现难度大

2015年，河南城镇化率为46.82%，较全国常住人口城镇化率56.1%的总体水平有较大差距。从"十三五"发展预期目标来看，《国家新型城镇化规划（2014—2020年）》提出到2020年要实现全国常住人口城镇化率为60%左右，努力实现1亿左右农业转移人口和其他常住人口在城镇落户。《河南省新型城镇化规划（2014—2020年）》则提出到2020年全省常住人口城镇化率为56%，争取新增1100万左右农村转移人口。这一目标虽然低于全国总体预期水平，但从河南发展现状来看，这是针对河南实际制定的发展目标。但这一目标的实现意味着河南要在未来五年内提高城镇化率将近10个百分点。结合"十二五"发展状况来看，如果以年均1.5%的增长速度，到2020年也只能提高7.5%左右的水平。河南要完成预期目标仍面临较大挑战。"十三五"期间，河南要推动人口市民化以更高速度增长才能保证预期目标的实现。而"十二五"期间较高的城镇化率增长速度从数据来看趋于平缓，说明继续推动人口市民化必须着力开发新的增长动力。

（二）城镇就业承载能力有待提升

就业是人口市民化的基础，稳定就业、增长城镇就业承载力是促进人口市民化加快发展的基本条件。根据2014年河南省政府制定的《关于深化户籍制度改革的实施意见》，到2020年全省将需要实现1100万农业人口转移到城镇安家落户。这也就意味着每年要转移220

万农业人口,要促进城镇新增农业转移人口就业 100 万左右。从"十二五"期间全省城镇新增农业转移人口就业规模来看,这一目标的实现尚面临诸多不确定因素的影响。如图 2 所示:

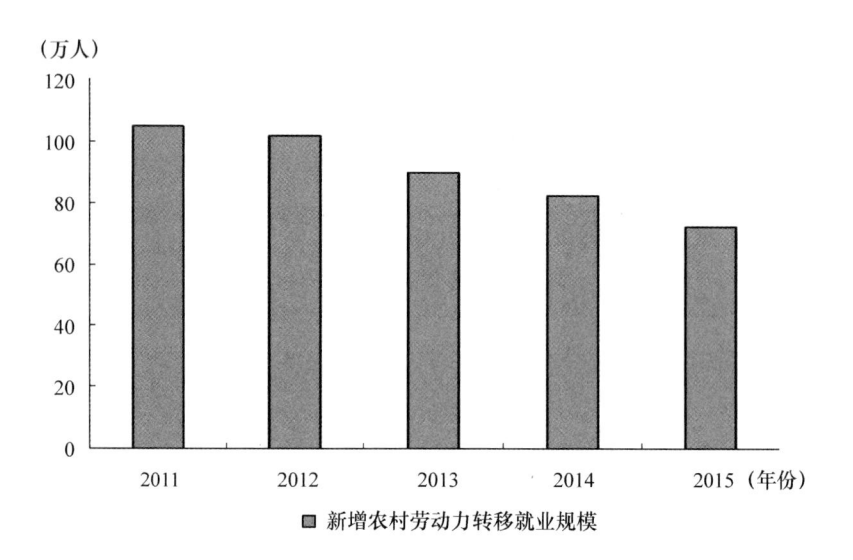

图 2 "十二五"期间河南省城镇新增农业转移人口就业

"十二五"期间,全省城镇新增农业转移人口就业连续五年呈下滑态势,2015 年新增农业转移人口就业规模仅为 72 万人,表明全省城镇就业承载力,特别是农业人口转移就业承载能力增长面临困境。一方面是由于经济新常态和全球经济下滑带来经济增速放缓以及产业转型升级等多方面因素对就业岗位的压缩效应,另一方面也与河南产业结构吸纳就业能力不足有关。截至 2015 年,全省三产结构比例为 11.4∶49.1∶39.5,第三产业比重虽有较大提高,但过分倚重第二产业的经济结构仍不能满足人口市民化快速发展的需要。

(三)城镇体系结构不均衡限制整体水平提高

合理布局的城镇体系是人口市民化的保障。全国"十三五"规划提出要"优化城镇化布局和形态、加快城市群建设发展、增强中心城市辐射带动功能、加快发展中小城市和特色镇",目的就在于促进不同类型和规模的城镇协调发展,促进城市承载力的整体提高。从河南情况来看,目前18个地市城镇化发展水平差异明显,不均衡性问题突出(如图3)。

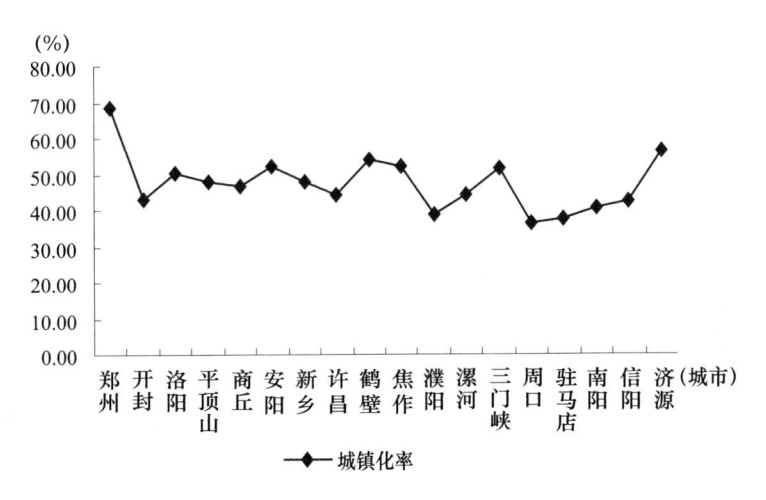

图3 2015年河南省18个地市城镇化率

从2015年情况来看,全省除郑州、济源城镇化率超过全国平均水平外,其他地市都与全国水平有一定差距,其中有11个地市城镇化率在50%及以下。这表明,全省城镇化发展水平地区差距较大,大、中、小城镇全面协调发展的格局有待进一步促成,郑州、洛阳等规模较大城市在发挥中心城市吸纳辐射功能的同时,其他城镇吸纳农业转移人口的空间还没有充分释放。如何促进各类型城镇统筹协调发展,优化城镇体系结构,提高城镇体系整体对人口市民化的承载能力仍是"十三五"时期的重点工作。

二 素质市民化

市民素质是城市发展的"软实力",是新型城镇化的核心和灵魂。农业转移人口素质能否有效市民化，关系到他们的生存和发展，决定着城镇的面貌和未来。人的城镇化不仅要保障农业转移人口获得同等的市民身份，也同时要促进农业转移人口素质提升，使其能够快速获得在城镇稳定就业和生活的能力。长期以来，河南省经济快速发展得益于全省丰富的劳动力资源，在新型城镇化进程中，与人口市民化相适应，农业转移人口素质市民化的现实要求将提高政府、企业及劳动力自身对教育、培训的投入激励，进一步提高劳动力素质。

农业转移人口素质市民化在宏观方面取决于农村人口素质的整体提升，另一方面受到城镇对外来务工人员的培训教育工作的影响。与现代城镇发展进步相适应的市民化素质要求具体体现于三个方面：一是全新的市民角色意识。也就是基于城镇一员的理性思考和以城镇发展为己任的自觉意识，是对城镇发展自觉认同、自觉参与、自觉奋斗的自主意识。良好的市民角色意识可以缩短农业转移人口与城镇市民之间的心理距离，增进被征地农民对所在城镇的归属感和自豪感，从而有助于被征地农民主动进行社会角色更新，加速实现自身素质的市民化。二是良好的职业适应能力。这体现在职业选择、职业技能、职业人际、职业心理等均衡发展上。农业转移人口要摆脱"等、靠、要"等消极择业思想，减少对现代职业的心理恐慌，掌握适应非农岗位的劳动技能，尽快适应从服务熟人社会向服务生人社会的转变。三是健康的日常生活方式。农业转移人口要自觉整合传统与现代、农村与城镇的生活方式，以满足正当、文明的生活需求为出发点，防止因居住隔离而受到部分老市民的排斥。

为推动城镇化发展，河南省较早开始关注农村人口素质培育，不断加大农村劳动力培训力度。从2007年开始河南省着眼于农村剩余劳动力培训，到2015年，全省共培训农民工约1300万人，接受培训的农民工人数近年来以每年约200万人的速度持续增长，预计"十三五"末全省累计培训农民工人数将达到3000万人①。各个地市也高度重视农村劳动力,特别是进城务工人员的职业技能培训工作。仅以郑州市为例,郑州市每年都组织形式多样的劳动力就业技能培训活动,截至2015年8月31日,全市组织农村劳动力就业技能培训39441人,完成年度目标任务50000人的78.9%。2010—2014年,全市累计组织农村劳动力就业技能培训30万人以上。其中,2014年共组织培训7.1万人,完成年度目标任务的142%。

但从实际效果来看,农村劳动力培训对农业转移人口素质市民化的作用还有待检验。从全国一般情况来看,2014年全国初中毕业的农民工占60%,高中和大专的比重不足20%,接受过职业技能培训的农民工仅占32%②。从河南省情况来看,尽管全省不断加大农村劳动培训力度并取得较大成就,但素质市民化工作在"十三五"期间仍面临许多难题。

(一)农业转移人口素质培育需求仍较大

河南有着大规模的农业剩余劳动力,每年农村劳动力转移就业总量将近3000万人,劳动素质培训需求巨大。按现有政府培训工程规模和深度来看,一时难以满足如此大规模转移就业的需要。社会治理河南省协同创新中心2015年城市流动人口调查,累计发放问卷600份,回收有效问卷489份,有效问卷回收率为81.5%,数据显示,有43.8%的受访农民工计划在未来5年内在打工地安家落户(见表1)③,但是其接受非农培训的比例却很低,一定程度上反映了当前河南全省农业转移人口素质培育覆盖面还有待全面加强。

---

① 《河南省九年培训农民工1300万》,2016年1月,新华网河南频道(http://www.ha.xinhuanet.com/hnxw/2016-01/25/c_1117876951.htm)。
② 《学习中国解读习近平对新型城镇化作重要指示:新在以人为核心》,2016年2月,新华网河南频道(http://news.ifeng.com/a/20160228/47617585_0.shtml)。
③ 2015年7月,社会治理河南省协同创新中心在全省通过随机抽样方式对城镇流动人口进行调查,共发放问卷600份,回收农民工样本489份。

表1　　　　　　　　　　农民工未来五年留城预期

	频率	百分比（%）	有效百分比（%）	累积百分比（%）
在打工地安家落户	214	43.8	43.8	43.8
返回老家生活	145	29.7	29.7	73.4
在其他地方继续打工	107	21.9	21.9	95.3
其他（请注明）	23	4.7	4.7	100.0
合计	489	100.0	100.0	

在受访农民工接受教育培训的情况方面（如图4所示），有61.3%的受访农民工表示未接受到任何形式的职业技能培训，而接受到非农培训和学徒工培训的共占19.2%，反映出农业转移人口接受非农职业技能培训的程度较低，无法满足现实需求。与之形成鲜明对比的是，有33.5%的受访者认为其融入打工地城市的困难和障碍是学历有限等能力方面的因素，有12.3%的受访者认为缺乏外出务工经验是主要障碍。因此，"十三五"期间，农业转移人口在城镇务工所亟须的职业学历、技能受教育机会方面需着力加强。

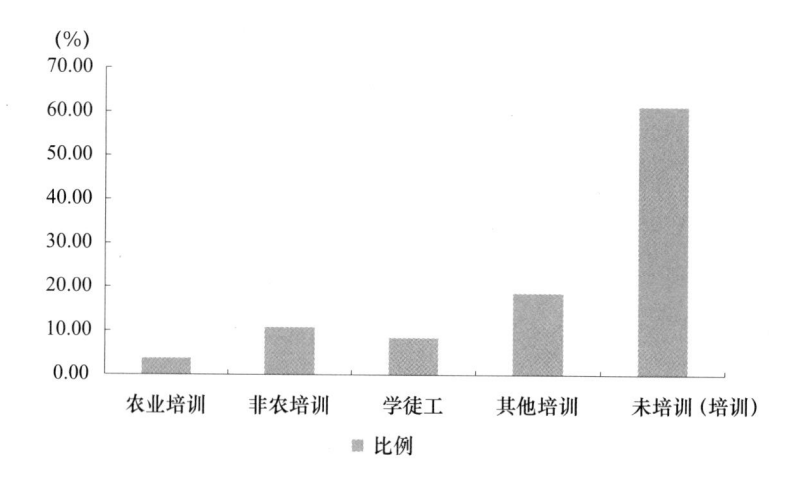

图4　农民工接受教育培训状况

（二）农民工提升素质的意愿不强

调查结果显示，一方面农民工素质结构不适应城镇工作生活需要，而另一方面农民寻求素质提升以改善其在城镇生活状况的意愿却并不强烈。在"您最盼望务工地政府帮助解决的问题"方面，结果如图5所示：

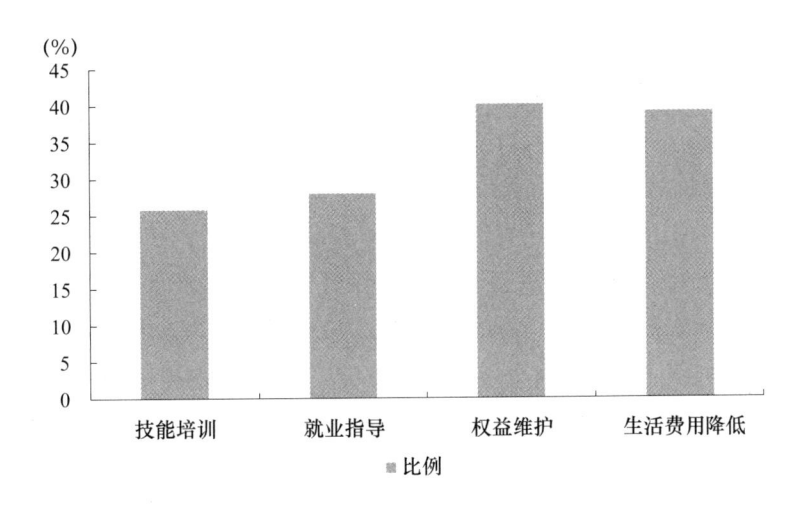

图5 农民工最盼望务工地政府帮助解决的问题

25.8%的受访农民工希望获得政府提供的技能培训，28.0%的受访者希望获得就业指导服务，而超过40.0%的受访者希望政府在权益维护方面提供帮助，39.1%的农民工则希望政府在降低其生活费用方面发挥积极作用。这表明，当前进城务工人员寻求职业技能提升的意愿要低于从政府那里直接获得实际保障和服务的意愿。实践表明，即使政府不断加大培训力度和投入，如果农民工缺乏提升素质的主观能动性，职业培训的实际效果也将大打折扣。因此，如何提高农民工自觉接受就业培训和再教育的主动性是"十三五"期间需着力解决的问题。

三　待遇市民化

农业转移人口待遇市民化是人的城镇化健康发展的关键。这需要在消除市民身份上的制度限制后,不断改善农业转移人口在城镇享有同等待遇的机会和程度,重点是推动同城同待遇。这要求一方面推进城镇基本公共服务常住人口均等化和全覆盖,另一方面也要推动农业转移人口城镇就业机会和工资收入同城化。以人为核心的新型城镇化就体现在合理兼顾社会需求与城市综合承受能力,逐步推进基本公共服务均等化,实现同城同待遇,让更多的人"进得来、留得住、过得好"。这些基本公共服务主要涉及优化教育管理体制和投入机制、完善社会保险制度、拓宽住房保障渠道以及建立财政转移支付同农业转移人口市民化"挂钩"机制等方面。政府要为社会公众提供基本的、与经济社会发展阶段相适应的、体现公平公正原则的大致均等的公共物品和公共服务。在基本的公共服务领域,政府应尽可能地满足农业转移人口的基本物质需求,尽可能地使他们享有同样的权利。因此,人口市民化以后,要切实让农业转移人口享受到与城镇居民同等的公共服务。

2014年以来,河南省实施城乡统一户籍制度后,城镇常住人口享受基本公共服务的门槛原则上实现了城乡一致。但考虑到预防城市病、城市综合承载力、调整城镇体系结构等多方面原因,全省城镇实行差别化的落户政策,市民待遇开始与居住证制度挂钩。其中,郑州实施积分落户制度,洛阳等大中型城市实行稳定就业和居住可获得城镇户口,其他中小城市和城镇开放落户。这为畅通农业转移人口平等享受城镇基本公共服务的渠道提供了制度保障。

(一) 基本公共服务常住人口全覆盖须继续发力

"十二五"期间,河南省以建立覆盖城乡居民、应保尽保的社会保障体系为目标,大力推进社会保障和福利体系建设。但从覆盖群体范围和程度来看，拓展空间仍较大。以郑州市为例，在社会保险方面，郑州市继续完善养老、基本医疗、工伤、失业、生育等各项社会保险制度，实现新型农村社会养老保险全覆盖。到2015年上半年，城镇职工基本养老保险参保人数314.1万人；城镇基本医疗保险参保人数333.6万人；失业保险参保人数153.4万人；工伤保险参保人数152.3万人；生育保险参保人数94.1万人。全市城乡居民养老保险累计参保达229.58万人；享受养老待遇60.07万人。这成绩的取得来之不易，但显然与郑州960万人左右的城镇常住人口规模相比仍有不小差距。

从调查结果来看，当前河南省农民工最需要的公共服务主要集中于子女教育、医疗保障两个方面。有42.5%的受访农民工最盼望务工地政府帮助解决子女教育问题，而有50.1%的受访者最盼望务工地政府提供医疗保障服务。这反映了当前河南农业转移人口待遇市民化最急需的两种市民待遇。

在社会保险方面，农民工目前的参保状况和参保意识还有待提高。从调查结果来看（见表2所示），在被问及现打工所在单位是否给他缴纳保险这一问题上，有59.5%的受访者表示不知道，反映了农民社会保险意识较为薄弱。这也从一个侧面反映用工单位和企业在对待农民工参加社会保险方面缺乏必要的积极性。

表2　　　　　　　　　　农民工社会保险意识

保险缴纳情况	百分比（%）
只缴纳了生育保险	1.4
只缴纳了工伤保险	22.1
生育保险和工伤保险都缴纳了	17.0
不知道	59.5

（二）就业机会市民化需重点突破

待遇市民化的起点是就业机会与收入的同城化。在就业机会方面,农业转移人口与城镇居民的最大差别在于获得工作的难易程度和稳定性上。一般而言,农业人口向城镇迁移的过程中都会伴随城市融入问题,相比于本地居民,外来人口在获得工作机会上往往处于弱势。由于当前劳动力供大于求的态势仍然持续,企业经营者形成了尽可能利用事实劳动关系来实现劳动力成本最小化的行为模式,大部分农民工都没有与雇主之间建立稳定的劳动关系。农民工在劳动报酬、劳动安全卫生保护、休息、社会保险和福利、接受职业技能培训、提请劳动争议处理等方面都处于不平等的境地,难以主张其正当权利,也难以形成稳定的职业发展预期,这又反过来增加了农民工获得新工作机会的难度。从河南调查来看,2015年,农民普遍表示工作获得难度较大,见表3所示:

表3　　　　　　　　　　农民工作可获得性调查

获得工作	频率	百分比(%)
非常难	34	7.0
比较难	220	45.0
一般	197	40.3
比较容易	35	7.2
非常容易	3	0.6

有45%的受访农民工表示在外就业找工作比较难。在当前经济常态背景下,劳动力的供求关系已经发生重大转变,促进企业构建稳定的劳动关系不仅有利于维持经济发展态势,也有利于保障农业转移人口城镇就业,也有利于提升企业员工素质从而增强企业在更高层次上的竞争力,还有利于提高劳动者工资水平从而改善收入分配状况,是一举多得的重要举措。

在就业的稳定性方面,农民工市民化的前提是其在城市定居,而其定居的前提则是在城市中有一份稳定的工作。但迄今为止,农民工的一个重要特征就是其就业的不稳定性。有调查显示,新生代农民工平均每人每年换工作0.45次，很少有农民工能够在同一企业工作两年以上。特别是大量中小企业，与农民工签订正式用工合同的比例很低。大量报酬低廉、"招之即来挥之即去"的农民工的存在实际上构成了迄今为止"中国制造"的竞争优势的基础，也是以往的发展方式的重要支撑。劳动关系的不稳定，也使企业缺乏提升员工知识和技能水平的动机，而这使农民工更加看不到职业发展的前景。

四 结论与政策建议

人口市民化是人的城镇化的先决条件，是开放城镇系统接纳农业转移人口的基础性工作；素质市民化是人的城镇化的必要途径，是促进农业转移人口城镇稳定居住和生活的重要手段；待遇市民化是人的城镇化的基本目标，是新型城镇化建设的根本性政策工具。"十三五"期间，河南推动人的城镇化健康发展要着力实施以下政策措施。

（一）推动人口市民化与城镇体系结构调整的互动衔接

目前，河南省地市城镇化水平大致分为三个层次：第一层次是处于单极状态的郑州市，其城镇化水平远超其他地区；第二层次是焦作、济源、洛阳、许昌、平顶山和三门峡等工业型和资源型城市；第三层次是商丘、鹤壁、驻马店、信阳和周口等农业型城市。单极城市城镇化水平高，但与周边城市差距较大，辐射作用有限，因此必须大力扶持一批具有发展潜力的卫星城，扩大与周边县级城镇和焦作、开封、新乡等地的区域协调发展，促进人口加速集中。第二层次区域要发挥各自资源优势，因地制宜地向生态城市、宜居城市、创业城市等方向发展，发挥农业转移人口市民化的战略支撑作用。第三层次区域城镇要着力加快基础设施建设，促进地区经济发展，加快本地开发力度，促进新兴人口聚集城镇的形成。

(二) 大力推行农业转移人口身份转化工程

农民转移人口素质市民化不能仅依靠自然选择的过程，还必须着力通过政策手段引导农业转移人口职业转化、地域转移、身份转变、行为转变和新市民价值观的形成等"多位一体"的总体目标。根据河南省情及河南省农民工市民化存在的问题，可坚持分类指导与重点推进相结合，不断推进农民工市民化进程：第一，加快城乡一体化的社会保障制度建设，实现城乡公共服务均等化，完善和整合"碎片化"的社保体系，扩大农民工社保覆盖面。实现农民工养老、医疗和失业保险关系全接续，制定、完善促进农民工参保的政策措施，逐步将符合条件的农民工纳入市低保范围。第二，加快探索和完善农村土地退出制度，使其宅基地、房屋及集体资产股权的出让及土地承包经营权的依法流转达到最大限度的资本化，为流出后的农民融入城市提供启动资金支持，使其在城镇拥有基本生存保障和创业资本。第三，加快建立合理的财政投入机制和成本共摊机制，即由输出地和输入地政府、企业和农民共同分担的模式和机制，解决素质市民化培训需求大的问题。第四，加快对新型城镇化、新型工业化所急需的，农民工欠缺的针对性、时效性文化知识和职业技能培训教育，从根本上解决农民工市民化的"提工资难、提素质难"问题。

(三) 促进农业转移人口城镇发展机会均等化

围绕城镇就业机会均等和工资福利均等两大领域做文章，促进农业转移人口获得与城镇居民大致相当的发展机会：第一，推进公共就业服务能力和基础设施建设。紧密围绕农业转移人口就业和人力资源开发重点工作，全面实现各项人力资源和社会保障业务领域的信息化，为人力资源和社会保障事业可持续发展提供技术保障。加快推进劳动保障监察网络化建设，实现劳动保障监察由粗放管理到精细管理、科学管理等行之有效的新的监管模式。进一步完善劳动争议仲裁制度；加强对劳动者和用人单位的劳动保障法制宣传，依法推进劳动保障事业的健康发展。第二，促进劳动关系和谐稳定。"十三五"期间，要坚持以协调劳动关系为主线，以维护劳动者合法权益为重点，加强劳动合同管理，重点做好非公有制经济组织劳动用工和劳动合同签订工作。建立健全现代企业工资收入分配制度，进一步深化企业工资分配制度改革，在有效发挥市场调节作用的基础上，加强政府对工资分配的规范、指导、调控和监管，实施积极的工资政策，切实提高普通职工工资水平，促进职工工资增长与企业效益增长相协调，从整体环境上提高农民工就业的规范性、公平性。

城市空间现象与治理政策

进入城市的权利：实现公共服务常住人口空间全覆盖

一 新型城镇化的内涵与核心

十八大报告提出："坚持走中国特色新型工业化、信息化、城镇化、农业现代化道路。"而推动新型城镇化发展要结合好人与空间的因素，保障社会成员进入城市的权利。

（一）新型城镇化的关键是以人为核心的城镇化

新型城镇化是相对于原来的城镇化发展道路而言的。原有城镇化过度追求速度和数量上的虚增长，在质量上面临突出问题，其主要表现就是已经进城务工经商，实现了地域转移和职业转换的农民工"就业在城市、户籍在农村，劳力在城市、家属在农村，收入在城市、积累在农村，生活在城市、根基在农村"的"半城镇化"（也有专家称为"伪城镇化"）现象。在这种城镇化道路发展中，城市往往会呈现一种奇怪的割裂和扭曲，城镇化的内容不够充实，基础不够牢固，还会带来一系列社会问题，因此其推进和扩张模式是不可持续的。

十八大以后，李克强总理多次提到要将城镇化这个最大内需和改革这个最大红利结合起来。城镇化是扩大内需的最大潜力，是企业发展的重大机遇，已成为共识。但要真将这潜力、这机遇变成经济持续健康发展的动力，关键是提高城镇化质量，核心是人的城镇化。只有实现了"人的城镇化",才能真正放开"捆绑"中国城镇化发展的绳索,让城镇化带动经济增长的潜力充分释放。因此,新型城镇化不是单纯的土地城镇化,不是城市规模的"物理"扩展,也不是简单的人口居住地的转移,其新就新在是注重质量和内涵的城镇化,是以人为本的城镇化,其关键和核心就是人的城镇化。为此,新型城镇化要提高城镇的内在承载力,在产业支撑、人居环境、社会保障、生活方式等方面实现由"乡"到"城"的转变,要让人在城镇中更好地生产生活,更好地满足人的全面发展需要,真真正正实现人的城镇化。只有这样,无论是从经济增长还是社会发展的角度考量,城镇化才是完整的和真实的。

(二) 人的城镇化的本质是公共服务问题

人的城镇化是一个中国特有的问题。世界各国都有与户籍或身份相关的制度,但绝大多数只是个人信息识别制度,基本上没有权益的差别,农民进城后即成为市民。而在中国,公共资源配置是按人配置到户籍所在地,农村得到的公共资源远远少于城市,而当农民工离开户籍所在地后,就连这些有限的资源和服务也无法再享受,他们就这样被制度排斥在国家公共服务体制之外。以国家的义务教育制度为例,义务教育是由国家按户籍所在地配置资源,城市政府就没有给农民工子女提供义务教育的职责,农民工子女必须交纳"借读费"才能在城市的公立学校就读。这就造成了流动人口子女接受义务教育的困境——留在家乡他们将与父母分离;跟随父母他们难以享受义务教育。

因此,由于中国不同的城乡户籍涉及多项社会福利的待遇差别,农民进城后无法自动获得城镇市民身份,也享受不到"依附"在城镇户口上的相关权益、福利和公共服务。新型城镇化要实现"人的城镇化"的本质和难点就在于从城镇市民—农民工的二元结构向居民待遇一体化转变,强调努力实现城镇基本公共服务常住人口全覆盖,实现基本公共服务的均等化,这是新型城镇化最基本的要求。要从根本上解决这一问题,一方面要改革户籍制度,另一方面是要推动公共服务体制改革,增强政府提供公共服务的能力,加大基本公共服务领域的资金投入,为真正实现人的城镇化,即农民工的城镇化做好充分准备。因为虽然户籍制度阻止了进城农民工获得市民身份,使其无法享受与城镇居民同等的公共服务,但是,即使解除了户籍限制,如果城市本身公共服务资源供给无法满足需求,那么实现人的城镇化也只能是纸上谈兵。总之,人的城镇化的本质是公共服务问题,政府应该突破制度和资金障碍,重点、优先实现教育、住房等核心公共服务领域的均等化。

二 公共服务常住人口全覆盖中存在的问题

以郑州市为例,可以发现,实现公共服务常住人口全覆盖中存在的问题有以下几个方面。一是流动人口基本公共服务政策的碎片化;二是缺乏强有力的财力保障;三是基本公共服务供给的社会参与不足;四是流动人口市民化的配套政策需要进一步完善;五是流动人口的底数不清。

(一) 流动人口基本公共服务的政策碎片化

在郑州快速城市化的过程中,流动人口数量急剧增长,流动人口公共服务问题日益突出。郑州市出台了一系列保障流动人口享受基本公共服务的政策,但是,这些政策之间缺乏连续性、兼容性和逻辑性,合理、完整的政策体系没有形成。郑州市目前的流动人口基本公共服务政策停留在碎片化状态。

1. 前瞻性不足:政策的可持续性风险

流动人口公共服务政策体系的设计能否可持续发展取决于其是否充分考虑郑州市资源禀赋的承受力,取决于其是否坚持社会公正与利用经济手段补偿和调节各种社会不稳定因素。郑州市部分流动人口仍然面临"上学难,看病难,住房难"的问题,说明郑州市为流动人口提供的公共服务还难以满足需求，一些面向流动人口出台的公共服务政策可能面临可持续发展的问题。以郑州市流动人口均等化接受教育为例，5年来郑州市出台优质教育资源促进计划、优质教育资源倍增工程、学前教育券、学前教育三年行动计划、流动人口随迁子女在郑州参加升学考试等相关政策，但这些已出台的政策存在可持续性风险。具体表现为：一是出台的政策没有覆盖各阶段教育，二是同一教育阶段的政策制定前后缺乏连续性。政府制定政策的模式还停留在"头痛医头，脚痛医脚"的阶段，缺乏一种"前瞻式"思维，导致现有的政策体系不能可持续的提高流动人口基本公共服务水平。

2. 贴补丁式：政策回应滞后

随着郑州市城镇化发展速度的加快，流动人口数量急剧增加，然而政府对于流动人口基本公共服务的需求回应滞后，还停留在"贴补丁式"的政策安排阶段。以流动人口随迁子女接受义务教育为例，随着流动人口随迁子女的大量涌入，中小学建设问题被提上重要日程，但是，建校用地问题又受到制约，建设用地问题得到解决后，建校资金问题又出现。因此，郑州市现有的流动人口公共服务政策像"贴补丁"，遇到问题，一个"补丁"，一个碎片，再遇到问题，再一个"补丁"，再一个碎片。政策之间缺乏连续性和兼容性，导致了政策的碎片化格局。

3. 碎片化：多重管理的困境

郑州市公共服务的供给是政府的一项重要职责，但是，流动人口公共服务供给部门的管理碎片化，公共服务供给的跨领域、跨部门合作和协同困难，导致了公共服务供给多重管理的困境。公共服务提供的专业化细分，损害公共服务系统的综合性、系统性。以郑州市小学教育为例，近年来郑州市流动人口大量增加，流动人口随迁的小学适龄入学儿童大量增长，教育部门一方面要新建、改扩建小学，另一方面，需要配备新师资。然而，新学校的选址、控规、建设需要土地部门、规划部门、建设部门、教育部门协同完成；新老师的编制、教学设备采购需要人事部门、财政部门、教育部门协同完成。因此，流动人口随迁子女均等化接受小学教育不仅仅是教育部门的问题,而是多部门、多领域需要共同面对的问题,由于各个部门之间分工不同,容易导致协作困难,出现多重管理的困境,表现为公共服务供给的碎片化。

4. 郑州市现行教育政策的持续性挑战

郑州的快速城镇化和城乡间教育水平的差距加大了郑州市主城区对外来人口的拉力。把孩子送到更好的学校接受更好的教育,已经成为越来越多农民工进城的重要考虑因素。然而,一方面,郑州市目前义务教育以公办学校为主;另一方面,只要流动人口随迁子女具备"五证"即可入学,实际上对流动人口随迁子女的入学完全放开,这使得政府不堪重负。尽管郑州市区近年来不断新建中小学幼儿园,但仍然无法满足流动人口对优质教育资源的要求,出现"大班额"和"择校热"等问题。

尽管郑州市用于市区建设的预算经费逐年增加,但这些经费是从市本级和各区城市基本建设预算中挤出来的。"十一五"期间市区平均每年建校任务为15所,而"十二五"期间市区平均每年建校任务增至29所,每年的建校预算也由4.5亿元增长到9亿元,现行的投入方式难以确保中小学建设顺利完成,后续的设备、生均经费、师资更是严峻的考验。郑州市现行的对流动人口随迁子女接受义务教育完全放开政策的可持续性面临着挑战。

(二)缺乏强有力的财力保障

要实现郑州市流动人口基本公共服务的全覆盖必须有强大的财力保障做支撑。然而,由于目前的公共财税体制偏重于经济投资,制约了郑州市政府基本公共服务职能的履行。

1. 公共财政结构不合理

当前,发展经济仍然是郑州市政府的首要职责,尽管政府近年来非常重视公共服务供给,尤其是对流动人口公共服务的供给,但财力供给不足导致无法满足流动人口的基本服务需求。2012年郑州市完成生产总值5547亿元，固定资产投资完成3561亿元，教育经费支出124亿元，占GDP比例为2.2%，低于国家4%的目标；医疗卫生支出46亿元，占GDP比例为0.8%，社会保障与就业支出55.6亿元，占GDP比例为1.0%①。此外，在经济转型过程中，政府承担了较多本该由市场和社会负担的责任，使得流动人口的义务教育、医疗、社会保障等基本公共服务，得不到充足的财政支持。流动人口基本公共服务的供给缺乏长效的、持续的、有力的财力保障。

2. 地方政府财力和事权不匹配

目前政府间财权划分没有完全对应事权的需要。省以下财政体制存在"财权层层上收，事权逐级下移"的问题。一方面，郑州市、区（县）政府是基本公共服务的主要提供者，然而缺乏主体税种，财力和提供公共服务的责任不匹配加大了郑州市、区（县）政府提供流动人口公共服务的困难。另一方面，郑州市政府负担流动人口大部分的基本公共服务。市、区（县）两级政府承担了大部分流动人口教育经费、医疗经费、社会保障的责任，包括养老金筹集、失业保险、社会福利、最低生活补贴等。以郑州市初中教育为例，据有关部门测算，2009年以来，郑州市初中教育共接受转移支付资金8000余万元，而因新建、改扩建初中，为增加初中教师使得郑州市、区两级政府投入近51亿元。因此形成地方政府财力和事权不对称的现象，影响郑州市流动人口基本公共服务的供给。

3. 转移支付制度不规范

财政转移支付制度是提高地方政府提供公共服务能力的重要方式。然而，目前财政转移支付制度并不规范，缺乏法律法规的保障、监督和相关的制约机制。一方面，由于现行的财政转移支付制度没有一套完善、科学的测算方法，资金的分配没有明确的依据，很多专项转移支付存在重复交叉等问题，资金投向较分散。另一方面，由于财政转移支付制度缺乏规范、透明的转移支付办法，对流动人口基本公

---

① 数据来源：《郑州统计公报2012》。

共服务的转移支付没有形成一个上下衔接、相互协调的体系，没有形成一种长效的保障机制。2011年，河南省一般预算收入突破1700亿元，一般预算支出突破4200亿元，而郑州市2011年一般预算收入完成502亿元，占全省的29.5%，一般预算支出完成565亿元，仅占全省的13.4%[①]，说明郑州市接受上级转移支付资金占全省的比重远远小于一般预算收入占全省的比重。因此，建立规范的、合理的、长效的转移支付制度十分必要。

（三）基本公共服务供给的社会参与不足

目前郑州市绝大部分的基本公共服务都是由政府包办，即政府为单一的供给主体，政府通过财政税收和公共支出向流动人口提供基本公共服务。市场和社会组织在提供流动人口基本公共服务方面的参与十分有限。

1. 供给主体单一

目前，郑州市政府的政府职能还未彻底转变，政府与市场、企业的关系还未完全理顺，政府几乎包揽了所有的基本公共服务供给。基本公共服务的范围广泛，而政府单一的供给形式阻碍了其他企业和社会组织的进入，使基本公共服务供给市场缺乏竞争，限制公共服务多元供给局面的形成。以教育为例，2011年，郑州市小学在校学生641669人，其中民办小学在校学生45586人，占7.10%；初中在校学生273813人，其中民办初中在校学生26146人，占9.55%；高中在校学生166878人，其中民办高中在校学生30889人，占18.55[②]。因此，片面强调政府在基本公共服务供给中的主导作用，而忽视其他社会主体的作用发挥，导致郑州市基本公共服务供给的社会参与不足。

2. 市场准入机制不完善

企业、社会组织和政府是现代社会不可或缺的三大支柱，企业和

---

① 数据来源：《河南统计年鉴2012》。
② 数据来源：《2011年郑州市教育统计年鉴》。

社会组织是基本公共服务供给中不可或缺的主体,具有形式灵活和效率高的特点,能够适应多样化的公共服务需求。但是,目前郑州市在基本公共服务供给的市场准入方面缺乏一套公开、公平、公正的机制,无法确保参与企业和社会组织在平等的基础上展开竞争。这严重阻碍了相关企业和社会组织的参与,一些企业和社会组织愿意投资医疗、教育等基本公共服务领域,却受制于市场准入机制而未能成功。以学前教育为例,2012年,郑州市有幼儿园1005所,其中,有注册的民办幼儿园798所,占幼儿园总数79%[①]。即使有企业和社会组织参与公共服务提供,也大多因为市场运行机制和信息发布的不足,出现公共服务提供低效率、低质量的问题。

3. 管理和监督体制不健全

鼓励和引导企业和社会组织参与郑州市基本公共服务供给需要政府充分利用市场机制,进行合理监督和有效管理。然而,目前郑州市没有一套健全的管理和监督机制对进入基本公共服务供给市场的企业和社会组织进行有效地管理和监督。一是企业和社会组织参与公共服务的动机、能力和质量差异很大,郑州市没有一套科学、合理、可行的审核、监督、检查和评价标准;二是缺乏对企业和社会组织参与公共服务的激励,没有通过减免税费、转移财政支付等方式鼓励和引导其参与基本公共服务供给;三是相关的法律和规章制度存在缺失,没有明确的规章制度保障基本公共服务供给市场公平的竞争和合理的利益分配。据不完全统计,郑州市目前有各种形式的民办教育机构近3000家,而每一级教育行政部门中仅有两三个人负责教育培训机构的监管工作。因此,对于进入公共服务供给市场的企业和社会组织,郑州市亟须健全现有的管理和监督体制。

(四)流动人口市民化的配套政策需要进一步完善

推进流动人口市民化是郑州市发展社会经济和加速城镇化进程的

---

① 数据来源:《2012年郑州市教育事业发展统计公报》。

必然选择和现实需求。尽管在试点推进过程中，郑州市制定了相关政策促进流动人口的市民化进程。然而，流动人口市民化并非流入地单独的责任，需要流入地、流出地及流动人口等方面的共同努力。

1. 户籍制度的约束

郑州市现行的城市人口管理仍然依据传统城乡二元分割的二元户籍制度。尽管郑州市政府在积极探索居住证等政策以调整户籍管理制度，但是从实施效果上看，户籍制度改革并没有取得实质性的突破。在大规模流动人口进入郑州而且有相当一部分已经成为事实上常住人口情况下，出于优先考虑城市居民以及地方经济社会稳定的目的，子女教育、社会保障等基本公共服务供给仍然按照户籍人口和流动人口两条线分别管理。城市内部出现"城乡分治"的格局，由此导致户籍人口和非户籍人口的利益分配不均，表现为流动人口没有与城市居民享有同样的权利，与户籍制度挂钩的劳动就业、社会保障、教育、医疗卫生等基本公共服务的供给不均衡。

2. 流动人口自身素质亟待提高

受制于城乡二元社会经济结构的影响以及与之相关的户籍制度、教育制度、社会保障制度等制度性障碍，以农民工为主体的郑州市流动人口，成为游离于郑州市主流社会边缘的弱势群体。由于城乡教育水平的差异，这部分人群文化水平较低、缺少技能、观念比较落后，加上郑州市户籍人口与流动人口之间差别待遇，流动人口大多干的是城市最苦、最累、最脏的工作，生存压力较大。这不仅限制了流动人口向上流动，也加剧了群体间的矛盾对立，带来一系列社会问题。尽管郑州市政府出台了一些促进流动人口就业，加强流动人口技能培训的政策，但是由于流动人口数目的急剧增长、政策的持续性不足和执行力度不够等因素，郑州市流动人口的自身素质依然较差，亟须提高。

3. 流动人口的利益诉求得不到满足

随着郑州市城镇化进程的加快，越来越多的流动人口流入郑州，在郑州生活、工作、消费、纳税、创造财富，为郑州经济增长和社会发展做出贡献，但是享受不到与城市户籍居民同等的各种福利待遇、各项基本公共服务，也享受不到城市发展的各项成果，并逐渐成为社会生活中的弱势阶层。由于没有国家层面的法律法规支持，郑州市流动人口的平等就业权、平等教育权及社会保障权等一系列权益的保护不能真正落到实处。同时，流动人口在面临利益分配与权益保护时处在一种不对称的弱势地位。一方面，流动人口的利益表达组织缺位，没有自己专门的利益表达组织；另一方面，流动人口的利益表达渠道不畅，在现行的利益表达机制框架内，与流动人口相关的利益表达渠道很少，信访成为流动人口主要利益表达渠道，但这一渠道也存在着很多问题。因此，制定相关的配套政策，满足流动人口的利益诉求，保护流动人口的合法权益十分必要。

4. 郑州市流动人口信息平台的信息共享机制需要完善

2013年10月，郑州市流动人口服务管理信息平台已经投入运行。然而，信息平台的关键不是技术问题，而是信息的共享机制。由于平台的信息收集、管理和使用涉及公安、教育、卫生、统计、房管、国土等多个部门，各部门的管理权限和职责不同，很难协调。如何建立多部门的信息共享机制，顺利实现信息平台的各项功能，确保各职能部门业务数据共采、共享工作健康有序进行，达到平台建设的预期目标，是平台实际运行过程中需要面对的重要问题。

（五）流动人口底数不清

流动人口最大的特点就是随工作机会迁徙、流动性大、缺乏稳定性。过去为加强流动人口管理，全国各地包括郑州市都采取了强制性办理暂住证的办法，但由于收费办理，再加上暂住证并没有为流动人口带来实质性的利益，造成了流动人口不愿办、公安机关工作难的状况。2007年以来尤其是郑州市作为促进城镇化健康发展的公共服务政策试点城市以来，郑州市将暂住证改称居住证，并将流动人口享受城市公共服务与居住证挂钩，调动了流动人口办证的积极性，流动人口有了基本数据。由于郑州市各部门都是根据本单位需要统计流动人口数据，且相互之间缺乏沟通协调，流动人口基数不清的问题始终无法解决。2011年1月，在河南省十一届人大四次会议郑州代表团会议上，时任河南省委常委、郑州市委书记连维良说："郑州市人口到底是多少？很多人都说不清，我现在告诉大家，有三个数字。第一个数字是郑州人口750万，这是2009年年底郑州市的统计数字，其中市区约333万人。第二个数字是这次人口普查的结果，郑州人口已达905万，市区约460万；第三个是公安上掌握的数字，全市目前实际承载1150万人口，市区超过700万人口，这包括常住、暂住和流动人口。现在郑州的基础设施建设，必须解决1150万人的需要。""为什么现在（中小学）大班额问题那么严重？拿金水区为例，很大一部分是农民工子女就学，从农村转移到城市的人口比例越来越大，因此政府需要考虑这么多人口问题。"① 所以摸清流动人口底数是解决其公共服务难题的基础性前提性问题。

三　郑州市推进公共服务常住人口全覆盖的战略思考

促进城镇化健康发展，必须坚持公平共享，有序推进流动人口尤其是农业转移人口市民化，推动基本公共服务常住人口全覆盖，使城镇全体居民共享城镇化发展成果。本部分根据郑州市人口城镇化发展中存在的问题，认为应该从构建和完善流动人口公共服务政策体系，健全财税体制、加强财力保障，建立基本公共服务的多元供给模式，完善流动人口市民化配套政策四方面以完善流动人口服务政策和公共服务供给。

（一）构建和完善流动人口公共服务政策体系

1. 流动人口信息共享：政策体系构建和完善的前提

流动人口公共服务政策体系的构建与完善必须以流动人口数据作

---

① 《大河报》，2011年1月21日。

为依据，多年来，尽管郑州市在流动人口信息服务管理方面做出了很大的努力，但是还存在着一些突出的问题，如由于经费、人员等限制，对流动人口信息的统计还不全面；统计信息以基本信息尤其是本部门需要的信息为主，缺乏相关公共服务部门的信息；统计数据缺乏共享性、时效性、整合性等等。针对这些情况，郑州市在试点工作基础上，提出要建立权威的、各部门共享的流动人口信息服务管理系统，实行流动人口居住证制度。目前，该系统已建成并运行，郑州市实有人口数据库将会建成投入使用，包括流动人口数量、状况、分布及未来的发展趋势都会更加清晰，为各公共部门构建和完善流动人口公共服务政策体系奠定了良好的基础。

2. 制定公共服务规划：指导政策体系的构建和完善

根据国家"十二五"规划纲要，为突出体现"学有所教，劳有所得、病有所医、老有所养、住有所居"的要求，国务院制定了《国家基本公共服务体系十二五规划》，规划主要阐明国家基本公共服务的制度安排，明确基本范围、标准和工作重点，引导公共资源配置，是政府履行公共服务职责的重要依据。以此为指导，河南省人民政府制定了《河南省基本公共服务体系十二五规划》，对省内基本公共服务的范围和标准做出了明确安排。按照河南省的基本公共服务体系"十二五"规划的规定，郑州市户籍人口已全部达到了规划所规定的基本公共服务标准要求。2009年，郑州市小学学龄人口入学率100%，毛入学率104.03%；初中生、小学生人均公用经费分别为1489元和665元，比全省平均水平高出556元和92元；农村初中生、小学生人均公用经费分别为1539元和679元，比国家规定标准高出1009元和349元。但这一数据并没有涵盖全部外来人口及其子女，因此，郑州市应该以实有人口为基础，根据本市实际制定出标准更高的基本公共服务规划，作为未来郑州市构建和完善基本公共服务体系的综合性、基础性和指导性文件。

3. 加强公共服务部门之间协调：避免公共服务政策的碎片化

公共服务是由多部门提供的，但享用是每位市民所必需的，为避免公共服务提供的碎片化，除需要宏观的规划指导，还需要建立公共服务部门之间的协调机制。

首先，部门制定的相关公共服务政策，要经过法制部门的严格审核。看其是否与相关的法律、法规相冲突，是否与其他部门的政策相矛盾，避免形成以部门利益为驱动的政策设计，保持公共服务政策的客观性、公正性和公平性。

其次，部门制定的公共服务政策若与其他公共服务政策具有相关性，应加强协调与政策上的对接，保持各项公共服务政策的连续性和完整性。

最后，部门制定公共服务政策应广泛听取利益相关者的意见。城镇居民尤其是城镇流动人口，作为个体，相对于公共服务部门而言都是弱者，为了使制定的公共服务政策更好为他们服务，在政策出台前应广泛征求利益相关者的意见，听取他们的呼声和诉求，保证公共服务政策的人性化。

4. 探索梯度赋权：缓解政府公共服务供给压力

依托郑州市流动人口服务管理信息平台和IC卡居住证，努力实现流动人口基本公共服务全覆盖，同时，以梯度赋权方式，使流动人口逐步享有与市民同等的公共服务。合理设置居住年限、缴纳社保年数、纳税等居住证的"爬升"条件，赋予流动人口不同层次的公共服务享有权。例如，上海市在流动人口随迁子女接受义务教育上规定，持《上海市居住证》人员，或连续3年在街镇社区事务受理服务中心办妥灵活就业登记且持有《上海市临时居住证》满3年人员，其随迁子女在本市接受义务教育，可向《上海市居住证》或《上海市临时居住证》登记居住地所在区县教育部门申请。

（二）健全财税体制，加强财力保障

农业转移人口市民化需要有强大的财力保障做支撑。据测算，中国农业转移人口市民化的人均公共成本平均为13万元，人均个人支出成本约为1.8万元/年①。对地方政府而言,较高的集中公共投入,加上后续的持续性投入,降低了地方政府尤其是大城市政府推进市民化的积极性。因此,要实现郑州流动人口基本公共服务全覆盖,必须发挥政府资金引导作用,建立政府引导、市场运作的资金筹措机制,加强财力保障。

1. 进一步优化财政支出结构

郑州市作为发展型的城市,经济发展的任务很重,必须综合运用财政贴息、奖补、减税让利等政策工具,推进产业结构调整升级,还要全力支持产业园区建设,促进农业、工业和现代服务业发展,因此在财政支出结构上,既要重视经济建设性投入,又要加大公共服务领域的投入。2011年郑州市人民政府财政决算显示,全市财政用于教育、社保、就业、医疗卫生、文化体育等改善民生的总投入达到370亿元,增长38%,占一般预算支出的65%②。应该说,公共服务领域的支出增长速度很快。从发展的趋势看,要实现流动人口基本公共服务全覆盖,实现农业转移人口市民化,还需要进一步优化支出结构,加强对民生的支持力度。

2. 改革完善财政体制

按照事权和支出责任相适应原则,改革和完善现有财政体制。进一步明确中央政府与地方政府,以及地方各级政府之间在提供义务教育、公共卫生、社会保障和住房等基本公共服务方面的事权,逐步建立健全城镇基本公共服务支出分担和奖补机制。由于各类公共服务具有不同的性质和特点,各级政府承担的事权责任也应有所区别。例如,社会保障和生态环境等公共服务,由于涉及面广和具有更大的外部性,主要应由中央政府和省级政府提供,由市、县两级政府管理;义务教育和公共卫生等公共服务,应由中央、省、市和县(区)政

---

① 潘家华、魏后凯等:《中国城市发展报告 No.6》,社会科学文献出版社2013年版,第9页。
② 王春山:《关于郑州市2011年财政决算和2012年1—6月财政预算执行情况的报告》,郑州人大网,2012年8月28日。

府共同承担,各级政府承担的比例,应视各地经济发展水平而定。同时还要建立财政性资金对城镇公共服务的投入稳定增长机制,尤其要加大土地出让收益用于城镇公共服务领域投资的比例,从而保证公共服务支出持续稳定增长。

3. 规范和完善转移支付制度

首先,调整和规范财力性转移支付。中国现行的纵向财力性转移支付主要包括一般性转移支付、民族地区转移支付、县乡财政奖补资金、调整工资转移支付、农村税费改革转移支付、年终结算财力补助等形式。除一般性转移支付外,其他类型财力性转移支付都是因为中央或省级地方政府出台某项政策导致地方财力不足引起的,或者用于某些专门事项的,因此只能作为一种过渡性措施,而不能制度化。应当将财力性项目转移支付整合为一项统一的一般性转移支付,清理、整顿、规范专项转移支付,按照因素法,使用一个全面的转移支付计算公式,确定一般转移支付的数额①。其中,应将城镇化公共服务的供给、城镇新增常住人口、农业转移人口市民化为主要的分配测算因素,支持市、县(区)加大对城镇公共服务的投入。

其次,科学界定专项转移支付标准,控制准入条件和规模。要明确具备什么条件才能列入专项转移支付;同时要控制专项转移支付规模,规模不宜过大,列入专项转移支付的项目要经过科学论证和一定的审批程序。只有这样,用于一般转移支付的财力规模和城镇化公共服务供给的转移支付才有保证。

4. 引导社会资本投入城镇公共服务领域

从公共服务供给的整体来看,由政府部门直接举办与提供的公共服务与产品只是一部分。大多数公共服务和产品要依靠非营利机构和私人部门来提供,这就意味着政府部门要千方百计地引导社会资本流入,建立多种形式的公私伙伴关系,弥补政府与国有资本的不足,从

---

① 安体富、任强:《政府间财政转移支付与基本公共服务均等化》,《经济研究参考》2010年第47期。

而扩大公共服务供给的资金投入。

（三）建立基本公共服务的多元供给模式

郑州市现有流动人口400多万，要推进农业转移人口市民化，实现基本公共服务常住人口全覆盖，单靠政府一家是难以实现的。因此，必须建立起政府主导、社会参与、公办民办并举的基本公共服务供给模式，推动基本公共服务提供主体和提供方式多元化。

1. 政府要扩大基本公共服务面向社会资本开放的领域

鼓励和引导社会资本参与基本公共服务设施建设和运营管理。公平开放基本公共服务准入，大力发展民办幼儿园和职业培训机构，鼓励和引导社会资本举办医疗机构和参与公立医院改制，推动社会资本举办养（托）老服务和残疾人康复、托养服务等机构以及建设博物馆、体育馆等文体设施。政府应在准确把握公众需求的基础上，制定政府购买服务指导性目录，明确政府购买服务的种类、性质和内容，从而对社会资本起到引导作用。郑州市在这些方面进行了积极探索并取得了一定经验。2010年，郑州市制定了《郑州市学前教育三年行动计划（2011—2013）》，2011年制定了《郑州市人民政府关于学前教育发展的若干意见》和《郑州市民办幼儿园基本设置标准》，启动了学前教育政府购买服务专项计划，并于当年制定了《郑州市学前教育券发放管理暂行办法》，明确发放对象、形式和标准，在政府购买公共服务领域进行了可贵的探索。该办法明确规定学前教育券的领取对象为：具有郑州市户籍的年满3周岁适龄幼儿；外来人口中父母持有合法房屋居住证明、流动人口计划生育证明、居住证和就业证明的年满3周岁适龄幼儿。每个符合条件的幼儿最多只能使用学前教育券300元，其中补贴幼儿200元，所在幼儿园100元。秋季学期幼儿入园时，学前教育券可充抵相应的学费。

2. 积极稳妥推行政府购买服务、特许经营、合同委托、服务外包、土地出让协议配建等提供基本公共服务的方式

根据郑州市的实际情况，研究制定像《郑州市民办幼儿园基本设

置标准》一样的不同领域、不同行业社会资本准入的具体政策，包括准入标准、资质认定、登记审批、招投标、服务监管、奖励惩罚及退出等操作规则和管理办法，并明确规定提供基本公共服务的民办机构应该享受的权利和待遇。

3. 充分发挥政府对公共投入的引导和调控作用

政府要合理利用政府补贴供给方和补贴需求方的调节手段，探索财政资金对非公立基本公共服务机构的扶持方式。尤其需要像郑州市政府学前教育券发放制度一样采取财政直接补贴需求方的方式，增加常住人口享受服务的选择权和灵活性，促进基本公共服务提供机构公平竞争。

4. 健全管理和监督机制

建立健全以政府部门和行业为主的公共服务管理和监督机制，政府要制定相应的管理和监督评价规章制度和办法，定期对民办基本公共服务机构进行检查评估；对于服务质量好的基本公共服务机构可以通过减免税费、给予补贴等方式进行鼓励和支持，对于服务质量差者可以提出批评、限期整改、停业退出等处罚措施。同时，在监管过程中，要公布标准和各种信息，建立政府、服务对象及第三方组成的评审机制。评价结果要向社会公布，从而使城镇居民享受到丰富优质高效的公共服务。

（四）完善流动人口市民化的配套政策

推进农村转移人口市民化，除需要向其提供城镇基本公共服务外，还需要完善促进其市民化的配套政策。这些配套政策，有些是郑州市可以解决的问题，有些则需要流动人口所在地政府解决。

1. 深化户籍制度改革

以合法稳定职业或稳定住所（包括租赁）为基本落户条件，逐步放宽流动人口落户条件；完善城乡统一的户口登记制度，取消农业户口和非农业户口的二元户口性质划分，逐步推进户籍与城镇福利脱钩。按照"领取无门槛，服务有差异"原则，实施统一的居住证制度，以居住证为载体，建立健全与居住年限挂钩的基本公共服务提供机制，建立健全户籍制度和居住证制度有效衔接的人口管理制度。

2. 改革完善社会保障制度，提高社会保障覆盖水平

鼓励流动人口尤其是农业转移人口选择参加城镇养老、医疗保险；强化企业缴费责任，对具有稳定职业的进城务工人员，鼓励企业为其缴纳城镇职工养老保险，依法缴纳职工医疗保险、工伤保险、失业保险。加快推进城镇居民医保与新农合两项制度并轨，基本建立统一的城乡居民医疗保险制度和管理体制；推进城镇各类公共服务设施建设，实现农民工及其随迁家属平等享有基本医疗卫生、计划生育、公共文化体育等服务；探索将农民工及其随迁家属纳入城镇社会救助和养老服务范围的具体模式。

郑州市作为流动人口尤其是农村转移人口相对集中的特大城市，在城镇化快速进程中，对流动人口享受城镇基本公共服务进行了有益的探索，制定、颁布并实施了一系列的政策举措，取得了良好的效果，促进了城镇化的健康发展。但也应该看到，农村转移人口市民化和常住人口基本公共服务全覆盖是一项庞大的系统工程，涉及不同地区，不同领域，不同部门管理体制、机制的变革，因此在实施过程中应因地制宜、分步实施、有序推进。但城镇化是经济社会发展的必然趋势，是现代化的必由之路，也是解决农业、农村、农民问题以及促进城乡区域协调发展、提高人民生活水平的重要途径。只要在城镇化进程中，坚持以人口城镇化为核心，有序推进农业转移人口市民化，努力实现基本公共服务常住人口全覆盖，循序渐进，持之以恒，一定能够提高城镇化质量，实现城镇化健康发展。

3. 进一步完善流动人口服务管理信息平台的信息共享机制

一是对流动人口综合信息管理系统进行技术升级，逐步实现人口综合信息的社区化集中采集、数字化统一管理和安全性分类使用。利用原有各类人口信息采集管理渠道，为相关政府部门设置相应的信息入口，为不同政府部门开放不同权限的流动人口信息服务。二是建立健全公安部门、统计、计生、教育等相关政府部门之间使用流动人口

信息系统的规章和机制,构建流动人口信息共享的制度化渠道,保障系统的正常运行和可持续发展。尽快出台和落实《郑州市实有人口业务数据信息共享管理办法》,明确信息平台共建、信息动态管理、数据整合以及统一共享数据的信息共享原则,明确各部门职责和信息享用范围权限,统一信息采集办法、信息交换格式、信息存储方案,建立备案办法、保密约定、信息日常维护、监督考核、责任追究等规章制度。

城市公共空间的本质及拓展
目标和工具*

渐进主义认为公共政策本质上是过去政策的延伸，对政策的修改是附加的、渐进的。连续的有限的比较是渐进主义的基本思考方法①，渐进主义政策分析较为适合复杂性较高的政策问题。而实际上，在当前城市治理环境中，城市问题普遍都具有较高的复杂程度，城市公共空间管理也不例外。简单地讲，渐进主义政策分析关注我们做了什么及为什么要这么做，我们还可以做什么以及为什么还可以这样做，其中伴随着观念和知识的更新以及对解决方案的多样性思考，为拓展城市公共空间提供从原因、目标到工具选择的连贯思路。

一 拓展城市公共空间的原因：
政策理念的变更

城市公共空间，这个从国外传入的"舶来品"在中国越来越为人所关注。在快速城市化的时代，城市政府面对迅速扩张的城市界域迫切希望城市的未来形态能够融入更多的现代乃至后现代元素，城市公共空间建设也被迅速纳入城市整体规划的蓝图。但是，在城市公共空间作为一个很国际化的词语被使用时，对于为什么要拓展城市公共空间这个看似简单的问题却呈现出明显的本土化特色，认知路径上的中

---

* 原载《城市问题》2010 年第 8 期。

① Charles E. Lindblom, "The science of mudding through", *Public Administration Review*, 1959 (19), p. 81.

国特色一方面表现出拓展城市公共空间的本土动力，另一方面经由这种认知路径所产生的对城市公共空间本质属性的理解和把握也存在片面性。政策理念决定政策目标进而也规定政策工具的选择范围，这关系到能否突破旧有理念的束缚，以更广阔的视野寻求更为全面的城市公共空间拓展途径。

（一）对城市公共空间的认识

目前，中国城市政府对于拓展城市公共空间的必要性的理解主要来自以下三个方面的考虑：

第一，贯彻科学发展观。以可持续发展、循环经济和以人为本的政策理念指导城市规划，是城市政府树立拓展城市公共空间的积极意愿的主要原因，在城市政府职能由生产职能向服务职能转变的过程中更加注重城市的生态功能和居住功能。城市政府纷纷将生态城市、宜居城市作为对城市未来发展的基本定位，开始关注具备绿化、游憩功能的非生产性空间的改造和开发。

第二，先进城市的典型示范作用。诸如大连、青岛等发展较快的城市在全国整体城市化进程中的优异表现，使城市管理者们认识到城市发展的动力不仅体现于城市经济总量的线性扩张，城市形象等软实力也深刻影响着城市竞争力的提升，进而影响与其他城市在资源争夺中的比较优势。借助城市产业结构调整的契机，在污染型和占地型企业相继迁出城市中心区域之后，城市政府随即开始注重建设具有典型形象符号特征的易识别空间。

第三，大城市发展困境的启示和中小城市的后发优势。在快速城市化过程中，中小城市承担着更大的吸纳人口与经济的使命，少数大城市在经历了盲目发展之后留下许多至今仍无法有效解决的城市顽疾，比如交通拥挤、空间分化、用地紧张等诸多问题，这对于正处于快速成长期的中小城市是个警示。中小城市在向规模较大城市发展的过程中，土地资源供应相对较为充足，城市管理者拥有可以大施拳脚的处女地，这无疑降低了中小城市拓展城市公共空间的难度，激发了城市政府建设新型城市格局的信心。

就当前城市政府的政策焦点和实际运作的情况来看，以上三个方面共同推动了城市政府对拓展城市公共空间的积极介入。在这个过程中，城市管理者对城市公共空间的理解逐渐定位化，带有极强的指向性：城市公共空间在形态上是不同于传统城市空间构成要件的新型物质实体，是既不同于生产空间也不同于居住空间和商业空间的开放空间；在承载功能上，城市公共空间主要用于标识城市形象和提供有吸引力的游憩场所；在内在价值上，城市公共空间是为城市生长所准备的有待开发的空间。上述理解在国内学界也较为普遍，有学者将城市公共空间界定为城市发展过程中最有价值的有待开发空间，它一方面可为城市发展的再成长作准备，另一方面也可为城市居民提供户外游憩场所，且有防灾和景观上的功能[1]。亦有学者直接将城市公共空间界定为户外空间和开放空间[2]。

（二）城市公共空间的本质

应该说，在上述理念指导下，城市政府认识到预见性规划对拓展公共空间非常重要。在新城规划中有意识地留下一定的区域用于建设诸如广场、公园、景观等城市公共空间，在旧城改造中也关注开放和改造衰落的旧有公共空间，比如改造公园设施和风格，恢复其吸引力，整治城市水域及周边环境等，在一定程度上为市民的户外活动提供了更多去处，美化了城市整体形象，这是公共空间观念引入城市规划的积极方面。但是从渐进的角度来看，必须考虑是否还有新的知识可以帮助拓展对城市公共空间功能性质的认识。随着西方公共空间理论的译介和中国城市治理研究的推进，可以发现现有观念不仅没有深入把握城市公共空间的本质含义，也限制了城市管理者的视野，将更深层次的理念传导给城市管理者也是拓展城市公共空间的当务之急。

---

[1] 王建国：《城市设计》，东南大学出版社1999年版，第112—115页。
[2] 陈竹等：《什么是真正的公共空间？——西方城市公共空间理论与空间公共性的判定》，《国际城市规划》2009年第3期。

目前，关于城市公共空间的含义特征和价值的文献很多，稍加梳理后可以概括为以下三个方面：

其一，作为公共产品的城市公共空间。城市公共空间是具有正外部性的拥挤性公共产品。在政治经济学领域内，公共产品一般指的是公众共同消费或享用的产品或服务。公共产品是相对于私人产品而言的，具有非排他性和非竞争性。当城市空间脱离了私人所有和私人专用的印记之后，城市空间就存在向公共空间转化的可能。市民身份平等观念外延扩大化，城市非私空间的公共产品特性也愈发明显，城市特定空间可以被享有平等权利的市民共同使用逐渐成为现代城市精神的核心价值。城市公共空间又是具有明显正外部性的公共产品，可以使集体而非个人从中受益，是城市规模效益的直接体现。所以，作为公共产品，城市公共空间不仅可以美化城市形象，改善市民生活品质，更可以促进城市资源的集约使用。

其二，作为公共领域的城市公共空间。"公共领域"是政治哲学研究领域的重要词语，随着阿伦特和哈贝马斯对公共领域问题富有创见性的研究，城市科学研究者也开始将公共领域概念引入城市公共空间的研究，以公共领域的特质来衡量城市公共空间的价值。阿伦特从人之所以为人的条件出发阐述了公共领域存在的必要性，她认为人不是生活于私密空间中的独居动物，人的价值只能在公开活动中才能体现，公共领域就是人体现自身价值的场所，而当公共领域不复存在，"当人们只从一个角度去看世界，当人们只允许世界从一个角度展现自己，公共世界也就走到了尽头"[1]。城市学家随后也将城市公共空间与公共领域联系起来，将其视作容纳聚集性交往和体现人文关怀的公共平台。哈贝马斯则赋予了公共领域以抵制极权政治的功能，在公共领域内借由市民公开商谈、辩论、讨论所形成的公共舆论是政治合法性的基础，开放的、不受限制的交往空间是形成公共领域的前提。在此基础上，学者们也将"可见性""可达性""集体性"等作

---

[1] 汉娜·阿伦特：《人的条件》，竺乾威等译，人民出版社1999年版，第45页。

为界定城市公共空间的标准。

其三，作为差异容器的城市公共空间。随着社会发展，多元化趋势在城市生活中愈发明显。价值多元使得评判行为和利益的正当性变得十分困难，社会道德标准渐趋多样，城市公共生活也在差异和无法相融的价值准则面前慢慢丧失。如果无法将差异融合为包容，无法将私人生活融合进集体行动，那么私人空间的扩张将是无法阻挡的趋势，城市也将变成没有活力和集体意志的私人住宅，奥尔森所说的"不可治理性"局面就会形成。城市公共空间为打破社会分化所带来的差异分歧提供融合机会，也为容纳丰富和多元的城市生活提供被理解和接受的场所。因而，城市公共空间是否能彰显市民平等身份及容纳多元的有价值的生活方式就成为关键之处。综上，城市公共空间的价值不仅仅体现于物质形态的建成环境，更体现于蕴含于物质形态背后的社会政治功能和意义。对城市公共空间而言，其作为公共的属性比作为物质的属性更为重要。拓展城市公共空间不仅是拓展有形的物质载体，更是拓展城市的公共性。

二 拓展城市公共空间的目标：政策目标的拓展

在有形物质论的基调之下，城市政府拓展城市公共空间的努力主要集中于那些可以被明显识别为开放空间的场所建设上面，聚焦于那些能够改善城市形象和美化环境的建设项目。诚然，有形空间是城市公共空间的物质载体，城市空间作为"绝对空间"和"相对空间"或者说"建成空间"和"社会空间"的双重属性决定了对城市公共空间的感观认识亦不可脱离其实体存在[①]。没有一定的物质空间，城市公共空间无法存在。相应地，拓展城市公共空间的物质领域，即面积意义上的占有比例，仍是先导条件。但是过分关注城市公共空间的

---

① 叶珉等：《西方城市公共空间理论——探索全面的公共空间理念》，《城市规划》2009年第6期。

物质形态，或者说以唯物质论来指导拓展城市公共空间，其弊端也同样明显，机械式的、无生气的和缺乏个性特征的粗糙印象自不待言，仅在拓展的目标范围上就要受到限制：

首先，延续功能理性主义城市规划的弊病，将城市公共空间作为城市空间的第五种类型，只关注大型的、成片的公有空间建设，形成城市公共空间开发上的"从大弃小"局面，造成城市格局结构失调。

其次，形成对新生城市空间的依赖，以城市平面扩张为代价换取公共空间的增长，将资源集中在开发新城市区而忽视旧城区公共空间的改造，形成豪华新城与衰落旧城的鲜明对比，有失公平性。

最后，以单一功能为主导，只关注建设公园、景观广场、绿地等场所，忽视其他类型和复合功能的城市空间的建设，使城市公共空间的拓展在增长形式上受到限制。

如果抛开城市公共空间作为物质空间的实体形象，关注城市公共空间作为公共产品、公共领域和差异容器的内在条件，那么可以发现，判定城市空间是否属于公共空间的标准不仅仅是其建成形态上所表现出来的某些物理特性，而根本上是其所承载的公共功能。非排他性、可达性、公开性、集体性都是衡量城市公共空间的标准。当然，城市公共空间作为拥挤性公共产品达到拥挤点时会存在竞争使用的问题，但是在平等进入的条件上市民之间不存在差别。依据这条原则，城市公共空间并不仅仅指那些传统思维中的特定空间形态，只要能够承担公共功能的城市空间都可以被用来作为城市公共空间。

我们需要多样性的城市公共空间。首先，城市公共空间不仅指户外开放空间，室内空间在消除了准入限制以后也具有公共功能；其次，城市公共空间不仅指公有空间，私有公用空间同样也可以成为城市公共空间，当然这也涉及产权限制的问题，不过既然公有空间可以通过产权与使用权分离的途径而转化为私用空间，那么私有空间也同样可以以这种方式转化为公用空间；再次，城市公共空间不仅是形象空间、散步空间和审美空间，更是交往空间。形象美观只是建设高品质城市公共空间的条件，而不是拓展城市公共空间的必备条件，社会交往的形式多种多样，可能开发为城市公共空间的种类也多种多样，露天音乐广场、公共健身中心、图书馆、博物馆都可以成为城市公共空间的一种。

我们也需要贴近日常生活的城市公共空间。城市公共空间不是用于摆设的花瓶，它要能够服务于城市居民的日常生活。可达性是城市学家对城市公共空间的一种界定，可达性不仅指可以进入，更意味着方便进入，进入成本较高实际上也就削弱了可达性。社会交往不仅发生于一定聚集密度的空间当中，也发生于人们的日常活动范围之内。居住地、工作地是居民日常活动的主要领域，这些地区之内的公共空间的使用频度也是最高的。大型化的、中心广场式的公共空间在数量上毕竟有限，贴近居民日常生活的小型化公共空间才是拓展城市公共空间的生力军。社区花园、不受机动车干扰的步行街道，以及一块小小的公用篮球场都在可选择的范围之内。

我们更需要能够长久保持的城市公共空间。消费文化主导市民生活观念，科技进步改变社会联系方式，原本在公共空间以外进行的交往活动现在被私密的个人活动所取代，需要更具吸引力的城市公共空间来恢复公共生活。但是更需要维持公共空间的长期存在。城市这个经济聚集体天生有为资本扩张服务的倾向，城市空间不断被授予个人或集团使用而使它丧失了成为公共产品的基本属性，城市公共空间萎缩是城市发展中的一个令人忧虑的趋势，这一点从人口规模较大和经济较发达的城市难以拓展公共空间的事实中就可以得到印证。在拓展新的城市公共空间的同时，也必须注意到那些被商业活动和移动私人空间（比如私家汽车）侵占以及那些无人管理而不断衰落的既有公共空间。保持和开发对于拓展城市公共空间同等重要。

三 拓展城市公共空间的工具：政策工具的选择

政策工具就是为实现政策目标而采用的手段，政策工具选择的好坏直接关系到目标能否有效实现。如果将政策理念转移到城市空间的公共性要求上来,将政策目标定位于营造和保有多样性的城市公共空间结构上来,那么可供选择的政策工具也会相应增加。

休斯将工具类型划分为供应、补贴、生产和管制四种①。目前,中国城市政府在拓展城市公共空间的过程中基本以使用生产工具为主,也有一些学者更加形象地将这种工具称为直接提供工具②,其特征是政府直接负责生产公共产品和服务。目前,中国城市政府基本上全权负责城市公共空间的规划、设计、维护甚至建设。在新公共管理改革以后,理论界有一种普遍倾向,即认为政府应该尽量避免直接生产公共产品,因为这样做既不经济又缺乏效率。从实际情况来看,在以生产工具为主的拓展过程中,形象工程、政绩工程有之,贪大求全背上沉重财政压力的有之,遗憾工程、损毁工程亦有之,但是不能据此否定生产工具的价值。一般而言,非排他性和非竞争性使得带有明显正外部性的公共产品都面临供给不足的问题。对于城市公共空间而言,建设和管理成本与个体收益上的巨大落差实际上使生产公共空间的集体行动成为不可能,由政府生产是拓展城市公共空间的基本手段之一。城市治理的核心议题就是政策工具的多样性使用,政策工具没有好坏之分,只有程度之分,过分依赖一种政策工具肯定会问题重重。政府生产并非坏事,在市场条件和市民社会发展不够充分的情况下,政府直接生产也有其积极的一面,而坏的是完全依赖政府生产。

从公共产品的角度来看,非排他性是成为城市公共空间的必要条件,当城市空间存在排除某个人或某部分人进入的可能时,都不能称其为城市公共空间。至于非竞争性,城市公共空间虽具有一定的非竞争性特征,但当超过了城市公共空间的承载容量时,即达到公共产品使用的拥挤点时,城市公共空间就具有了竞争性,从而使他人使用受到限制。正因为拥挤性特征,城市公共空间很容易通过设置准入门槛而使它具有排他性,比如公共游泳池可以通过设置较高票价来缓解过

---

① 欧文·E. 休斯:《公共管理导论》,中国人民大学出版社2001年版,第9页。
② 张亲培:《公共政策基础》,吉林大学出版社2009年版,第402页。

于拥挤的问题，但同时也成为排斥特定人群特别是低收入群体进入的手段。城市公共空间就是这种徘徊于公用和私用之间的特殊领域，把握城市空间公用与私用相互转换的内在规律才是拓展城市公共空间的关键。面对不同类型的城市公共空间，结合使用其他政策工具才是正确的选择。

（一）供应工具

供应工具就是政府通过财政预算提供公共产品和服务，供应工具与生产工具的区别就在于政府不负责具体的生产和管理。随着新公共管理改革的影响广泛传播，供应工具逐渐被政府所采纳，具体表现形式可以有合同外包、购买服务等。城市公共空间的建设和日常管理工作可以通过对外承包交给专门企业运营，而政府负责监管和考核。当然，关于合同外包和购买服务是否真能节省财政开支仍有争论，企业利润附加到购买费用之中实际上可能并不省钱。但考虑到城市空间的有限性，供应工具如果使用得当仍不失为一种有效地拓展手段。

（二）补贴工具

补贴工具实际上是政府利用一些优惠措施引导市场主体参与供给公共产品和服务的方式。补贴的方式不一定是直接给予金钱奖励，税收优惠或免除、名誉、附加利益等都可以作为补贴形式[1]。补贴工具也有其局限，无论何种优惠措施最终也难逃以营利为目的的市场主体的成本收益考量，政府财政支出的减少可能最终转化为消费者支出的增加。补贴工具是相对较为"软弱"的工具，单纯使用补贴工具并不容易达到预想效果，应与其他政策工具联合使用。

（三）管制工具

管制工具，顾名思义就是政府运用公共权力的强制力批准或禁止

---

[1] 吴李艳等：《公用与私营——论城市公共空间的企业开发模式》，《城市环境设计》2007年第4期。

政策对象从事特定活动。使用管制工具来拓展城市公共空间直接表现为城市政府利用公共权力明确城市公共空间的合法地位以及制止私人侵占行为。在城市，公共产品使用上的"搭便车"现象屡见不鲜，而相反，城市空间作为能带来商业利益的资源其使用却很容易被私人利益驱动下的个体行为所左右。因此，必须强调强制力在拓展城市公共空间中的作用。

1. 产权管制

作为公有资源所有权的代表，政府可以直接以明示产权的方式规定城市空间的使用，当然也可以规定其公共用途。产权管制是政府调整城市空间结构的有力工具，比如政府可以命令污染企业退出该市或迁移他处，从而为建造城市公共空间腾出位置，而命令背后是政府对产权的执掌。当然，产权管制不是强硬地随意给予或剥夺，其使用也受到法律依据和契约关系的制约。

2. 功能管制

功能管制的基本做法就是政府对城市空间的使用功能进行调整安排，优化使用次序和功能结构促进其承担部分公共功能。例如，对于学校操场这类具有明确使用群体的场所来说，可以要求其在承担教学功能之余，也承担起全民健身场所的功能，在不影响正常教学活动的时段实行对全民开放；再比如在居民步行活动高峰时段对特定街道实施交通管制，禁止机动车进入，而其他时段给予通行，以错峰使用整合其交通功能和公共活动功能。

3. 规范管制

通过制定城市场所和建筑的建造施工规范，要求建设者承担相应义务来创造城市公共空间。例如制定居民小区建筑行业规范，规定房地产开发商规划和建造小区必须包含一定面积的公共空间等。当然，还有一些政策工具也可供选择，例如随着非营利组织发展而出现的志愿服务工具等，随着城市管理者认识程度的加深，也必然有新的政策工具不断补充进来。

四　结语：城市公共空间的未来

实际上，城市建设和更新本身就是一个渐进变化的过程，探寻城市公共空间的拓展途径既要考虑已有城市格局又要突破旧有理念的束缚，以理念变更拓宽城市公共空间的种类、功能和领域，增加政策工具选择的范围。

有理由相信，随着理论探索的深入，随着市民社会的发展，新的具备公共性的城市空间形态会被创造出来，新的多样化的实施手段也会不断被装进政策工具箱。也有理由相信，城市公共空间的拓展将是一个长期的、持久的、渐进的过程，在向城市这个大容器中添加不同的部件从而使它成为一个别具特色的承载空间时，也必须注意到给它添加一个印记容易，但要擦除却很困难。

在城市规划和建设过程中，审慎思辨是非常重要的，当城市空间被划为非公用途径时，必须同时考虑每一项非公项目都有可能占用了公共空间，我们是否为未来和后人满足对城市公共空间的需要留下足够的回旋余地？当我们为那些新建的宏伟工程而沾沾自喜的时候，也必须关注那些正在被私利所侵占的不断萎缩的公共空间；我们也没必要将注意力全部集中于那些大型的、新生的城市空间，城市公共空间也同样存在于弄堂小巷和邻里社区这些看似琐碎的既有空间之中；我们也不需要将拓展城市公共空间的全部责任都推给政府，企业和市民也都是城市的主人。城市公共空间不仅存乎于外在物质世界，更存在于人们的日常思维之中，当公共精神充盈了城市文化和城市思维，公共性的思考就可以为城市公共空间的发展建设提供经久不竭的支持。

"就业—居住"空间分离对城市交通的影响及其治理政策研究*
——以郑州市为例

一 绪论

(一) 研究的背景与意义

1. 研究背景

城市就业与居住空间关系是城市空间结构体系的核心要素,是国内外城市管理和城市经济学领域研究的焦点之一。在中国,城市就业与居住空间的关系经历了长期的发展演变。20世纪90年代之前,住房分配制度作为一个主要的社会福利制度主导着城市住宅市场的发展,这种单位分配住房的制度使得居民的居住地与工作地高度一致。城市空间结构被分割为相对独立的"单位大院"单元,这一制度使得计划经济时代的城市就业与居住保持平衡。20世纪90年代之后,中国的城市产业和住宅逐步转入快速的市场化和空间重构阶段,城市就业与居住空间的关系发生了巨大变化。随着中国对于城市土地有偿使用制度的不断探索推进,城市土地利用格局开始由传统行政力量主导转变为市场力量主导,并逐渐形成了新的产业和用地空间格局;与此同时,传统的住房福利分配制度正式退出历史舞台,城市居民对于居住地的选择更加多样化,使得城市人口分布格局进一步改变。在制

---

* 张超凡为共同完成人,作了修改。

度和空间格局变化的双重背景下，城市就业与居住空间分离的现象日益突出，导致城市通勤距离和时间明显增加，从而引发交通拥堵，这引起了国内外学者的广泛关注。

2015年12月，中央城市工作会议在北京召开。这是时隔三十七年后，"城市工作"再次上升到中央层面进行研究部署的强烈信号。七名政治局常委全部出席，如此高规格的会议说明城市是中国各类要素资源和经济社会活动最集中的地方。我们要全面建成小康社会、加快实现现代化，就必须要抓好城市这个"火车头"，要尊重城市发展规律，推动以人为核心的新型城镇化，发挥这一扩大内需的最大潜力，转变城市发展方式，完善城市治理体系，提高城市治理能力，着力解决城市病等突出问题。而交通问题作为一个城市发展的痼疾与老百姓的日常生活息息相关，严重影响到人民幸福感的获得，应该引起政府和专家学者等的高度重视。

2. 研究意义

"就业—居住"空间分离对城市交通的影响一直是西方国家学者所关注的重要问题，人们期望通过促进"就业—居住"关系的平衡来改善大城市的交通拥堵和环境污染等问题。尽管一些城市管理者和公共政策制定者已将就业居住关系均衡作为解决交通问题的有效手段之一，但就业居住空间分离对于交通问题的影响及其解决交通拥堵的有效性并未取得学术界的广泛认同。随着中国北京、上海、广州等大城市的交通拥堵问题日益加剧，研究"就业—居住"空间分离对城市交通的影响，深入探讨其影响因素和作用机制，对于制定切实可行的城市空间发展战略、有效改善大城市的交通拥堵显得十分迫切。但是与西方国家相比而言，中国对于"就业—居住"空间关系的研究在理论探索和实证研究方面均存在较大差距。

由于以往对郑州市就业居住空间分离及其对交通影响的研究十分匮乏。因此本文对国内外现有的研究进行了全面的回顾和系统的梳理，借鉴国内外的研究思路系统分析了郑州市城市空间的结构特征和就业居住关系的空间特征，并进一步探讨就业居住空间分离对于城市交通的影响、就业居住分离影响交通的作用机制以及影响就业居住关系均衡的因素。这对于指导城市健康发展，制定相应治理政策以及改善北京、上海等其他大城市的交通拥堵状况也具有十分重要的现实意义。

（二）研究内容和研究方法

1. 研究内容

论文通过建立就业居住偏离指数模型，导入相关数据，得出就业居住空间对交通有影响的结论，提出了以优化城市就业居住区域配置，制定优化调整政策的解决办法。

全文共分为三个部分：

第一部分，包括论文一二章，主要是研究背景、研究意义、研究方法、研究范围和技术路线，以及就业居住空间对交通的影响相关研究的综述。

第二部分，包括论文三四章，阐述就业居住均衡理论，建构就业居住偏离指数模型，导入统计数据，利用理论分析和实证研究相结合的手段，重点分析郑州市就业居住空间分离对郑州市交通的影响情况。

第三部分，论文的五六章，综合分析郑州市就业居住均衡的影响因素，为协调优化就业居住空间的关系，缓解交通压力提出了相应的参考政策。

2. 研究方法

在研究方法上，本文强调四个结合：

文献研究与实证研究相结合。在对国内外"就业—居住"空间分离对城市交通影响的研究文献进行梳理的基础上，归纳总结出"就业—居住"关系均衡的相关概念及测度以及研究的空间尺度等，确立了本文的研究思路和方法借鉴。在归纳总结国内外相关研究的基础上，以郑州为案例进行了实证研究。

多学科研究视角与方法相结合。尽可能地吸收和运用统计学、经济学、社会学等多学科的理论、视角和研究方法。

定量研究与定性研究相结合。定性研究主要是采用归纳或演绎的方法对事物的外在特征进行描述和总结，定量研究则是运用计量模型对事物的内在影响机制进行分析。采用定量研究与定性研究相结合的方法，对郑州的"就业—居住"关系进行研究是建立在数据事实基础上，需要采用一定的数学或统计分析方法，对郑州市就业居住的空间关系进行研究，而对于作用机制与制定参考政策等方面则采用了定性分析方法。在两种分析结合的基础上，使结论更加客观更具说服力。

规范分析与实证分析相结合。在理论上，本研究将"就业—居住"空间均衡理论作为本研究的基本理论框架。而在验证城市"就业—居住"空间分离对城市交通的影响上，本文则采用郑州市数据进行了实证分析，并提出了优化城市就业居住区域配置，缓解交通压力的参考政策。

（三）研究区域和数据来源

1. 研究区域

城市建成区的演化和发展能够较好反映城市的发展趋势和本质现象，并且是区域内要素集中和扩散的中心。在中原经济区上升为国家战略的背景下，郑州市作为中国重要的综合交通枢纽，作为中国发展最快的大城市之一，肩负着中原崛起的历史使命。在当前的行政区划规制下，本文选定郑州市建成区为研究区域显得意义深远。本文中选定的郑州市建成区域包括：中原区、二七区、管城区、金水区、惠济区、经济技术开发区（经开区）、高新技术开发区（高新区）、郑东新区。其中中原区、二七区、管城区、金水区和惠济区为传统城区，经开区、高新区和郑东新区为经济新区。这主要是基于两方面原因的考虑：一是因为就业居住空间与城市交通相互作用的焦点主要集中于此，二是能保证资料收集的延续性和可行性。

2. 数据来源

本文是实证为主的研究，运用到大量的数据资料，主要获取方法有三种：

（1）文献资料，主要来源于有关学术著作和期刊上发表的中英文学术论文。

（2）统计资料，主要来源于2011—2015年郑州市统计年鉴以及来自互联网上的一部分数据。

（3）相关规划及报告，主要包括有关政府职能部门提供的城市综合交通规划、历年城市总体规划、郑州市志，等等。

（四）技术路线

本文技术路线如图1所示。

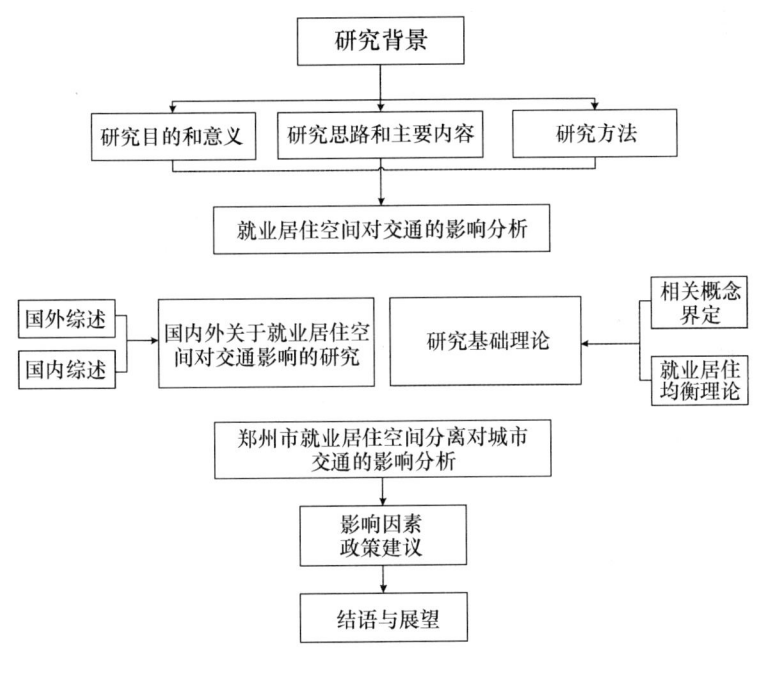

图1 技术路线

首先，本文从阐述研究背景出发，梳理研究思路，确定研究内容、研究方法。其次，回顾相关理论，综述国内外就业居住空间对交通影响的相关研究，为本文的写作打下理论基础。再次，建立就业居住偏离模型，得出各个行政区域的偏离度数据并进行分析，然后在对"就业—居住"偏离度的影响因素进行分析。最后，根据结论，为缓解郑州交通压力，协调优化郑州就业居住空间提出相应对策。

（五）研究的创新点

对于大城市的交通研究，发达国家已经积累了非常丰富的研究成果，具有很好的借鉴意义。但由于国情不同、社会经济背景以及文化观念差异等因素的存在，这些理论与经验都难以直接应用于中国。因此，本文立足于中国城市，以郑州为典型案例，旨在提出一套适合于中国城市的就业居住空间布局的理论体系，充实现有"城市发展"理论的研究成果。而在面对日益严峻的城市交通问题时，虽然各地方政府纷纷加大了对城市基础设施的投资力度，城市的道路状况都得到了较大的改善，但这并未有效的缓解交通问题。学术界的研究也主要是从优化交通供给和控制交通需求的角度来探讨技术性的对策，对与城市交通存在互动关系的就业居住空间关系的研究还远远不够深入系统，而这才是产生城市交通问题的根本所在。

所以，本文的创新点有以下两个：

首先，在研究视角的选择上，本文跳出就交通论交通的思路，打破单纯考虑交通供给与交通需求的传统思维模式，选取了通过研究就业居住关系来改善交通状况的研究视角。

其次，本文通过城市就业居住空间结构对城市交通的作用机制研究，从优化城市就业居住空间的视角探索改善中国城市交通状况的路径。

本文在对国内外文献述评的基础上，将郑州市各行政区域区人口与就业的空间匹配情况进行分析，明确提出协调优化"就业—居住"空间结构能够有效疏解城市交通拥堵，从而为中国优化城市空间结构、缓解交通拥堵提供科学的理论支持。

(六) 国内外研究综述

1. 国外研究现状

在过去的五六十年里,国外学者对城市空间结构与交通出行之间的关系做了大量的研究,而就业与居住作为城市空间结构的两个核心要素,得到了广泛关注。

随着城市规模的迅速扩张,城市机动化水平也日益提高,交通问题已经成为城市发展过程中迫切需要解决的难题。一些研究者们开始尝试从优化协调城市空间关系上着手解决交通问题,在大都市区域内的不同小区域中实现就业与居住的平衡来缓解交通拥堵。其根本出发点就是在住宅附近提供就业机会,从而减少交通需求。在20世纪60年代,约翰·凯恩提出的"空间错配假设"对于就业岗位和工人居住地在数量和质量上的空间不匹配进行了阐述[1]。其后,"就业—居住"均衡概念在新城开发运动中逐渐明晰。一般认为,"就业—居住"均衡是指在一个城市的所有区域内,在就业相对集中的区域内有着足够的住房来提供给工作的人们,反之亦然。同时,该区域的住房价格以及其他特征应当符合当地职工的现实状况。一个区域的"就业—居住"越均衡,就业者就能居住在离他们工作地点更近的地方,其交通出行的需求也会越少,交通通勤的距离也会越短[2]。

塞韦罗、诺兰和斯图尔特、弗兰克和皮沃、尤因、莱文森等学者认为"就业—居住"的关系对城市交通出行存在较大影响。均衡的"就业—居住"关系能够有效缩短通勤距离减少通勤时间,提高步行、自行车等非机动化出行的比重,从而缓解特大城市的交通拥堵状况。塞韦罗对美国四十多个主要郊区就业集中区域的研究得出,严重的"就业—居住"失衡往往伴随着步行和自行车出行比率的降低和临

---

[1] Kain, J. F., "Housing segregation, negro employment, and metropoli- tan decentralization", *Quarterly Journal of Economics*, 1968, pp. 299–311.

[2] Horner, M., "Spatial dimensions of urban commuting: a review of major issues and their implications for future geographic research", *The Professional Geographer*, 2004, pp. 160–173.

近郊区就业集中区域道路的拥堵。诺兰和斯图尔特的研究表明，1975—1988年多伦多市中心地带建成了大量新的就业区域，但在交通高峰期进入该地带的交通流被同时在该区域建设的大量住宅抵消了，因而推断在此区域拥有新住房的人群同时也在此工作，从而并未导致净通勤量的增加[1]。弗兰克和皮沃，对西雅图—塔科马港区域的交通研究发现，"就业—居住"均衡的地区通勤距离和时间往往较短，均衡普查区（"就业—居住"比率在0.8—1.2）的平均工作出行距离比非均衡普查区要短29%（6.9英里和9.6英里）。尤因采用年普查数据对佛罗里达多个城镇进行了研究。通过回归分析，尤因发现工作岗位和当地工人较为均衡的社区其内部通勤比重明显增加。莱文森对华盛顿的案例研究表明，居住在工作较充足的区域，或工作在住房较充足的区域，通勤距离相对较短[2]。施瓦恩对荷兰的研究也发现"就业—居住"的空间失衡是造成通勤距离的增加的主要原因。基于同样的考虑，美国南加州计划在1984—2010年，在该区域工作和住房缺乏的地区分别安置9%的新就业岗位和4%的新建住房，该项目的实施预计将减少35%的交通量和污染物排放[3]。

朱莉阿诺认为，"就业—居住平衡的思想早已有之，它实际提倡一种平衡的或自给自足的社区，在其内的居民既可居住又可工作"。但同时她也认为仅仅通过实现"就业—居住"空间均衡来解决交通拥堵和机动车污染排放问题很难达到决策者的初衷，肯定还存在比通勤成本更加重要的影响因素，所以"就业—居住"均衡对交通出行的影响不大。斯莫尔、华什、斯科特、彭和莱文等学者支持她这一观点。朱利阿诺认为"就业—居住"均衡是解决交通拥堵和小汽车污染排放的间接策略，她认为采用影响交通行为的直接策略对于降低交通外部性

---

[1] Nowlan, D. M., Stewart, G., "Downtown population growth andc ommuting trips: recente xperiencei n Toronto", *Journal of the American Planning Association*, 1991, pp. 165 – 182.

[2] Gordon, P., Richardson, H. W., "Are compact cities a desirable planning goal", *Journal of the American Planning Association*, 1997, pp. 95 – 106.

[3] Schwanen, T., Dieleman, F. M., Dijst, M., "Travel behavior in Dutch monocentric and polycentric urban systems", *Journal of Transport Geography*, 2001, 9 (3), pp. 173 – 186.

更为有效,因为直接策略更易于改变交通的成本(时间和经济成本)。朱莉阿诺和斯莫尔通过对 1980 年洛杉矶区域的数据的检验,发现在居住地的选择上,某些因素比交通成本更为重要,改变"就业—居住"均衡的政策对通勤行为仅有很小的影响①。华什等人的研究也支持了朱莉阿诺的观点,他们对南加州卫生维护组织员工的出行变化进行了研究,以检测年间的交通拥堵是否源于日益增加的"就业—居住"失衡或者其他的因素,如人均机动车数量的增加、女性劳动力的高参与率、高速公路兴建的减少和早晚交通高峰期非工作通勤出行比率的增大等②。斯科特等人也认为"就业—居住"空间上的失衡仅能对通勤行为做出部分解释,其中相当大的一部分不能由工作岗位和住宅分布的非均衡来解释,工人们进行区位选择时除通勤成本外还考虑许多因素。因而他推断通过将"就业—居住"均衡作为主要策略来提高通勤效率可能达不到政策制定者的预期效果③。彭运用地理信息系统(GIS)技术和数学模型对"就业—居住"比率和通勤之间的关系进行了分析,发现车公里数(VMT)和"就业—居住"比率之间并非线性相关,只有"就业—居住"比率低于 1.2 或超过 2.8h,VMT 才随"就业—居住"比率有显著的变化,因而"就业—居住"均衡对区域层面 VMT 的影响有限④。莱文则认为通过"就业—居住"均衡来改变居住区位的潜力是存在的,但是受到了明显的限制。他的研究并未显示出成百上千的家庭等着搬迁到在其工作地点附近密度较高、可支付的住房来降低他们的通勤。要使"就业—居住"均衡提高可达

---

① Giuliano, G., "Is jobs-housing balance a transportation issue?" *Transportation Research*, 1991, pp. 305 – 312.

② Wachs, M., Taylor, B. D., Levine, N., Ong, P., "The changing commute: acase-study of the jobs housing rehtionship over time", *Urban Studies*, 1993, 30 (10), pp. 1711 – 1729.

③ Scott, D. M., Kanaroglou, P. S., Anderson, W. P., Impacts on commuting efficiency on congestion and emissions: case of the Hamiliton CMA, Canada, Transportation Research Part D Transport and Enviroment, 1997, pp. 245 – 257.

④ Peng, Z. R., "The jobs-housing blance and urban commuting", *Urban Studies*, 1997, 34 (8), pp. 1215 – 1235.

性的潜力得到发挥，需要对各种人口做出限制，如双职工家庭、工作流动性、种族，还有其他影响居住区位选择的因素。此外，即使在这样的前提下，就降低拥堵而言，这些政策也几乎得不到回报。"就业—居住"均衡的显著性不在于降低交通拥堵，即使实现了较好的均衡，这些政策对平均出行速度的影响也很有限①。

2. 国内研究现状

与国外相比，国内学者对"就业—居住"空间均衡的研究起步较迟、较为薄弱，而且对于"就业—居住"关系与交通出行之间关系的深入和系统的探讨并不多，研究对象主要集中在上海、北京和广州三个城市。

孙斌栋、潘鑫、宁越敏通过构造"就业—居住"空间均衡指数，以上海市的行政区县为单位检验了上海市总量层面的"就业—居住"关系，并从历史维度对该指数的变化进行了追踪；而且进一步深入研究了就业与居住空间均衡对交通出行的影响。他们的研究表明，上海市就业与居住的偏离度标准差随时间推移呈增大趋势，"就业—居住"空间均衡性趋于减弱。这源于各区县居住人口与就业人口的空间流动。对各区县的"就业—居住"偏离度作进一步分析后发现，上海就业与居住均衡关系具有较强的圈层规律：核心城区与紧邻的徐汇、长宁及虹口就业性质趋于主导地位，外围区中的普陀、闸北、杨浦与近郊的宝山、闵行其居住优势地位不断强化，嘉定和远郊的松江、青浦、金山的就业主导功能持续增强。对就业功能主导区的就业结构进一步分析发现，核心区与紧邻区的工作岗位以服务业占绝对优势，而远郊就业则是制造业占主导。各区县就业与居住功能在地域上的明显分化，加剧了上海市就业与居住功能匹配的失衡。在城市交通层面上带来的后果是，跨区交通出行增加，平均出行时距和距离上升。总之，孙斌栋等人的研究支持的观点是"就业—居住空间均衡是影响通

---

① Levine J., "Rethinking accessibility and jobs-housing balance", *American Planning Association*, 1998, 64 (2), pp. 133 – 149.

勤出行的重要因素"。因此他们倡导增加用地功能复合性，从总量和结构上促进就业与居住的空间均衡。政府应主动引导功能分区的有机整合，为居民区位再选择创造可能，增加分区用地功能复合性。核心城区的旧城改造不能一味地"退居进三"，宜安排一定居住用地；外围区和近郊区则要适度增加就业功能用地，尽可能做到各区就业与居住在空间上的匹配。通过城市用地功能的合理安排，使出行的产生和吸引达到了平衡，就可能减少这种跨区交通，从而降低城市整体交通压力。不过他们也指出：多职工家庭的存在、工作岗位的流动性以及对教育设施的关注等因素导致居民在选择居住地的过程变得复杂，使得就业与居住的绝对均衡难以做到，而只是一个方向性导引。城市交通问题的缓解需要多方面举措的合力，交通供给和交通需求管理等其他措施也十分重要[①]。

Donggen Wang and Yanwei Chai 为了探究中国改革开放之后，传统的单位（国有和集体所有的单位）对于人们的"就业—居住"关系及通勤行为的影响，以北京市为案例，调查并研究了居住在传统单位提供住房中的人与居住在自由市场中获得住房中的人在通勤行为上是否存在差异。随后应用了 LISRELS.0 软件来计算出结构方程模型（Structural equations model，简称 SEM）来研究居民的住房来源（来自传统单位，还是自由市场购得）、"就业—居住"关系、交通模式和通勤时间之间的相互作用。其研究结果显示：（1）住房来源对于"就业—居住"关系的直接效应和总效应（包括直接效应和间接效应）均呈显著的正作用，这表明当就业者居住在传统单位来源的住房里时，更可能居住和就业在同一个区。（2）住房来源对于交通方式选择具有明显的正向总效应，这一总效应大部分来自一个显著的间接效应，以"就业—居住"关系作为中间变量。因此居住在单位提供住房的就业者更倾向于步行、自行车等非机动化出行方式。这是因为他

---

① 孙斌栋、潘鑫、宁越敏：《上海市就业与居住空间均衡对交通的影响分析》，《城市规划学刊》2008 年第 1 期。

们更可能居住和就业在同一个区,潜在表明他们的通勤距离相对较短,非机动化出行成为更好的选择。(3)住房来源对于通勤时间具有显著的负效应表明居住在单位房中的就业者的通勤时间更短。综上所述,Donggen Wang and Yanwei Chai 的观点是:与居住在自由市场中获得房屋的通勤者相比,传统单位提供的住房中的通勤者在同一个区居住和就业的可能性更大,他们也更倾向于使用非机动化出行方式,他们的通勤时间更短。单位房和基于市场化得到的房屋分别代表了计划安排和市场化决定的"就业—居住"关系,因此与计划安排相比,市场化决定的居民的"就业—居住"关系更不均衡。当传统的单位完全从住房供应市场退出之后,传统单位造成的居住地和就业地之间的空间联系将被基于市场的"就业—居住"关系取代。以市场为导向的改革在逐渐改变居民的"就业—居住"关系相对均衡状态,增加了中国城市中居民的出行需求(至少通勤路程在增加),并将产生更多的机动化出行。此外,他们的研究也支持这一观点——"就业—居住"关系越均衡,将导致通勤路程越短,非机动化出行方式的使用率越高,并减少出行需求;这将意味着更少的能源消耗、更少的空气污染物排放。市场的作用和人们对于居住地的偏好将在中国城市的空间重构中发挥重要的作用。他们认为,接下来当传统的单位对于土地使用模式的影响逐渐消失,交通拥挤将加剧,将增加中国城市实现可持续发展的难度。因此决策者需要寻找诸如土地使用规制和规划手段等政策措施,来保留传统的单位系统在实现就业与居住机会的匹配、保证交通需求维持较低等方面的优势[①]。

郑思齐、曹洋对于北京市通勤时间和通勤流量展开了实证研究,以期探讨居住与就业空间关系的决定机理和影响因素。文章首先在城市空间结构及区位选择的经典理论的基础上,结合中国城市的制度环境特点,建立了对通勤时间影响因素分析的理论框架。随后利用北京

---

① Donggen Wang, Yanwei Chai, "The jobs—housing relationship and commuting in Beijing", China: the legacyof Danwei, *Journal of Transport Geography*, 2009, pp. 30-38.

市的两套就业者微观样本分别建立了通勤时间影响因素模型和通勤流量影响因素模型。通勤时间影响因素模型主要关注个体特征对于通勤时间的影响机理；其中个体特征包括年龄、性别、教育程度、家庭结构、收入和职业等，用这些特征来反映劳动者的通勤成本，以及对就业可达性、公共服务设施可达性和住房可达性的偏好程度。通勤流量影响因素模型，则实证研究了各种制度因素和市场因素（包括就业机会、公共服务设施和住房机会三大类）对通勤流量的影响机理。郑思齐、曹洋经研究认为：城市空间结构和区位选择理论能够较好地解释北京的"居住—就业"空间关系。他们的研究表明，工作机会、住房机会和城市公共服务设施的空间布局是影响"居住—就业"关系和通勤时间的三个重要因素。利用分散就业机会的方法来实现居住与就业的空间匹配，会牺牲集聚经济效益，这在市场力量主导的城市空间结构中是难以实现的。如若城市的公共服务设施以及住房机会的空间布局不合理，居民会为了靠近这些设施或获得可承担的住房而产生额外的成本。因此城市公共产品（特别是基础性的教育和医疗设施）必须在空间上进行合理、平衡配置，以此来推动城市空间合理发展。这样就为居民进行住宅的区位选择过程提供了良好的公共服务设施保障，他们可以更好地在工作机会可达性和住房成本之间进行权衡。作者认为，中国特有的历史路径依赖性以及制度转型的特点，增加了城市中"就业—居住"空间关系的复杂性。因此城市的规划者和管理者应当尽力减少劳动力进行自由选址的制度性约束；促进产业用地的充分集聚，在联系就业中心与城市外围的轨道交通周边安排适度的居住用地，在就业中心与对应的密集居住区之间提供便捷的交通系统，都将有利于产业的集聚和通勤成本的降低；调整城市公共服务设施的空间布局，使其不过度集中在城市中心[①]。

孟晓晨、吴静、沈凡卜对于"就业—居住"关系均衡理论进行细

[①] 郑思齐、曹洋：《居住与就业空间关系的决定机理和影响因素——对北京市通勤时间和通勤流量的实证研究》，《城市发展研究》2009年第6期。

致的研究，她们从"就业—居住"平衡的含义和测度开始，在简要回顾了这一理念的形成和发展过程后，重点梳理了西方学者对"就业—居住"平衡政策的有效性和实现途径的不同观点。他们将探讨"就业—居住"关系均衡有效性的西方学者分成以赛韦罗为代表的支持学派、以朱莉阿诺为代表的怀疑学派和以汉密尔顿为代表的过量通勤学派三大派系，并阐述了这三派学者所作的研究和观点。随后又剖析了市场学派、政策学派各自对于"就业—居住"关系均衡的实现途径的主张，市场学派学者的观点是，市场规律作用下一个城市将最终实现"就业—居住"关系均衡；但政策学派的学者则认为现实中存在影响市场力作用的障碍；对于"就业—居住"极不均衡的地区，需要政府采取规划手段和政策措施促进区域的"就业—居住"关系走向均衡。最后他们总结出国外的"就业—居住"关系均衡研究对于中国城市的启示：在对城市进行"就业—居住"关系均衡以及交通分析时，应先对城市空间分布特征进行整体分析和把握，然后进入微观层面的平衡度分析[①]。

周素红、闫小培以广州为案例，分析了广州市居住就业空间均衡性、宏观空间组织模式和不同片区的居住就业中微观空间组织模式等，并从历史因素、政府因素、市场因素和社会因素等角度揭示了"自上而下"和"自下而上"两种力量共同作用下，广州市居住与就业空间格局的演化过程和规律。他们首先分析了广州市的"就业—居住"的空间特征和组织模式，引用熵的定义计算出1990年和2000年广州城市人口相对于就业人口的离散度指数以及该时期内离散熵增长度，并在此基础上论述了广州市的就业与居住用地的空间均衡性的演化过程。随后也计算了1990年和2000年各街镇居住就业吸引指数。其研究结果表明，广州市人口与就业的离散度增加，就业岗位相对于人口分布的离散性增加，就业和居住用地的均衡性在增强。周素红、

---

① 孟晓晨、吴静、沈凡卜：《职住平衡的研究回顾及观点综述》，《城市发展研究》2009年第6期。

闫小培认为均衡性的增强在很大程度上得益于20世纪90年代广州老城区周边大型居住组团和产业组团的建设,这种"自下而上"的力量推动了城市空间的优化。其次,他们认为"就业—居住"空间的多种组织模式有其各自产生的背景和特征,近年来"居住先行,引导就业机会与服务设施发展"的特征在广州市新开发地区比较明显,同时新的居住先导的空间组织模式也产生了社区分异。再次,在城市内部不同片区的"就业—居住"的空间组织方面,从居民通勤的角度,他们将广州的城市空间划分为四类区域:①居民就近就业—就业者就近居住;②居民就近就业—就业者分散居住;③居民分散就业—就业者就近居住;④居民分散就业—就业者分散居住。这些格局的形成与区位条件、发展阶段、相关的产业和服务配套有关。最后,在总结上述"居住—就业"空间组织模式的基础上,作者分别从历史原因、政府的政策和引导、市场作用、城市人口的社会构成和生活水平等方面展开分析,认为"就业—居住"空间格局的形成是上述多种因素共同作用的结果,因此其调整也需从综合角度进行考虑。论文支持多元化土地开发模式,倡导从就业与居住空间协调的角度调节交通需求在空间上的分布,城市空间结构的优化和城市运作效率将得以提高。在上述研究的基础上,周素红、闫小培进一步研究了广州市"居住—就业"空间均衡性和空间组织模式演化对居民出行的影响。文章首先分析了城市居住空间与就业空间组织,发现二者都呈多核心化演变,且主要居住核心与就业核心之间的空间相关性增强,认为因此增强了居住与就业空间的均衡,有助于交通在空间上的均衡分布。随后采用熵计算了出行分布的均衡性,发现广州市在市区几大区间的出行吸引方面变得更加均衡,出行空间的演化趋势上与居住空间和就业空间的特征吻合。居住与就业空间之间均衡性增强在很大程度上促进了出行空间的均衡。最后,在宏观层面上的居住—就业空间组织方面,作者认为,一方面城市人口的空间演化促成了郊区居住组团建设的需求,形成居住先行的空间组织模式,就业与服务设施相对滞后,而由此产生巨大的依赖性交通量。另一方面,新的居住先导的空间组织模式产生了社区分异,并在一定程度上促成以单一社区为单位的交通组织方式,影响城市公共交通的组织,从而影响居民出行行为选择。综上所述,作者认为近年来广州居住空间与就业空间在外拓和多核心化的同时,二者的空间均衡性增强,从而促使居民出行空间趋向均衡;居住空间对城市空间的引导作用日渐突出,对居民出行空间和出行方式的选择都产生重要的影响①。

在国内其他学者的研究中,也对城市的"就业—居住"关系进行了一定的探讨和论述。李强、李晓林通过对北京回龙观和天通苑两大居住区的研究发现,迁入这两大居住区的居民由于"职住分离",不仅派生出每天在固定时间大量的向心性交通流,加剧了城市交通拥堵,而且延长了居民上班的出行距离和出行时间②。宋金平、张恩儒等人认为,北京的居住与就业空间错位与美国郊区化的空间错位的本质相同,都是出现"就业—居住"的空间分离,并造成了低收入阶层通勤的时间成本和经济成本的增加,导致交通拥堵、社会隔离等城市问题。他认为交通拥挤的表象是交通设施供应不足,其实质在于就业岗位与教育、医疗、商业、娱乐等设施在分布上存在错位③。刘灿齐则针对中国城市"就业—居住"空间失衡造成大量交通流的现状,提出了一种新的交通需求管理策略即就近居住补贴策略。其基本思路是,为鼓励人们在就业地就近居住,政府或有关机构按通勤距离对就业者进行补贴,通勤越短者补贴越高,以刺激人们近业择居,从而降低城市交通周转量,减轻道路压力,引导城市土地混合利用④。

丁成日对国际上的卫星城发展进行了评价分析,他认为多层次的

---

① 周素红、阎小培:《广州城市居住—就业空间及对居民出行的影响》,《城市规划》2006年第5期。

② 李强、李晓林:《北京市近郊大型居住区居民上班出行特征分析》,《城市问题》2007年第7期。

③ 宋金平、王恩儒、张文新、彭萍:《北京住宅郊区化与就业空间错位》,《地理学报》2007年第62期。

④ 刘灿齐:《近居住补贴交通需求管理策略及其模型》,《交通与计算机》2006年第4期。

就业，产生了多层次的住房需求，这与卫星城市的单一住宅供给不匹配，由此导致了卫星城市的"就业—居住"不平衡，并进一步导致了中心城与卫星城之间的就业与居住分离，增加了居民的通勤成本①。

基于上述文献研究可以得出这样的认知，居住与就业在空间上的匹配均衡是影响城市交通出行的因素之一，但对其作用有多大存在着争议。鉴于国内相关研究相当匮乏，笔者借鉴国外研究思路和方法，立足于国内统计资料的可得性，构造了测度"就业—居住"空间均衡的指数，以郑州市为案例，对"就业—居住"空间与交通出行之间的关系进行了实证检验，并就此提出一些治理的政策意见，希望这一论题能够引起关注。

二 就业居住均衡的理论基础

（一）"就业—居住"均衡的概念

"就业—居住"均衡是一个新出现的规划概念，但其却具有较为悠久的历史渊源，最早可以追溯到霍华德在田园城市中对均衡或独立社区的探讨。伯比等人认为，一个均衡的社区，应该是独立的，自给自足的，在社区内部人们可以居住、工作、购物和休闲娱乐。其后，就业—居住均衡概念被引入大都市区层面。一般认为，均衡是指在特定的空间单元内，所提供的工作数量和住宅单元的数量相当。但研究表明"就业—居住"均衡不仅包含数量均衡，还应包含质量均衡。当一个社区的工作数量和住宅数量大体上相当，并且当地劳动者的技能与工作机会以及可供选择的住房价格与当地职业的潜在收入相匹配时，可以认为是均衡的②。

"就业—居住"均衡的核心是工作通勤，其实质是打破居住的流动性障碍，给予工人更多在工作地附近选择住宅的机会。工作岗位和住宅

---

① 丁成日、宋彦：《城市规划与空间结构》，中国建筑工业出版社2005年版，第1—12页。

② Burby, R. J. et al., *New Communities USA*, Lexington, MA: Lexington Books, 1976.

的合理配置将使社区内部的通勤比率提高,从而减少跨区域的交通,并且许多大都市问题,如交通拥堵、能源消耗、城市蔓延等都会随着"就业—居住"的均衡而得到缓解。这一概念主要基于以下两个关键的假设:一是在主要郊区就业中心附近缺乏大量可支付的住宅供给。第二,如果在工作地附近存在可支付的住宅供给,工人们具有在工作地附近买房的意愿。因而,一个地区的工作数量和住宅单元越均衡,工人们就可以居住在离工作地更近的地点,他们的通勤距离也就会变的越短[①]。

(二)"就业—居住"分离的概念

就业居住分离也就是"就业—居住"失衡,与"就业—居住"均衡相对应。当一个地区过于关注工作岗位的供给而忽视住宅建设或当地居住工人数量大大超过了工作数量,失衡就会产生,并且导致长距离的通勤。如果一个城市的土地混合利用较好,工作数量和住宅单元相匹配,将会使短距离出行的可能性大大增加。但土地的混合利用仅能实现"就业—居住"数量层面的均衡,如果某一类型的工人不能在他们工作地附近买房或者居住地附近的工作不适合某种类型的当地居民,质量层面的失衡将会发生,这主要是由社会因素造成的。

(三)"就业—居住"均衡的测度

均衡是一个抽象的概念,难以准确的测度,但"就业—居住"均衡与否是建立在工作数量和住宅数量比较结果之上的,因而许多学者采用既定区域内工作数量和住宅数量的比值来判定一个区域是否达到均衡。假定一个区域内每户仅有一人就业,每户都有自己独立的住宅,当就业与居住比率等于1时,区域绝对平衡;当就业与居住比率高于该数值时,则意味着该区域缺少足够的住宅来满足当地的劳动力,该区域在

---

① Giuliano, G., "Is jobs-housing balance a transportation issue?" *Transportation Research Record*, 1991, pp. 305 – 312.

早晨将成为通勤净流入区,而晚上将成为通勤净迁出区;反之相同。但现实中,双职工以及多职工家庭比重的增加、合租房的出现等都对"就业—居住"比率产生了较大影响,因而需要确定一个可以接受的比率区间来判断区域是否实现均衡。不同的学者所确定的范围值也有所差异,马戈利斯、塞韦罗和弗兰克,分别确定为 0.75—1.25、1.0—1.5 和 0.8—1.2。可见"就业—居住"比率的确定具有较大的主观性。弗兰克运用熵值以及罗伦兹曲线和基尼系数来进行"就业—居住"均衡的分析,但熵值的计算需要较为详细的土地利用指标[①]。

"就业—居住"比率仅显示了该区域具有实现均衡的潜力,但即使一个社区"就业—居住"比率达到了完美的程度,也不能保证工人们就地居住。"就业—居住"均衡潜力的实现程度,由本社区内就地就业的居民数量占本社区提供工作数量的比重或就地就业居民的数量占本社区就业人数的比重所决定。除了就业和居住在数量层面的偏差,同样还存在当地居民的技能与提供的工作机会,以及当地劳动者的收入与住房价格之间的匹配问题等。

城市经济学模型为"就业—居住"均衡潜在效率的研究提供了另一个视角。城市经济理论假设工人在居住地选择时,通过通勤成本和居住成本的权衡来实现效用最大化。过量通勤被定义为在既定的城市中工人们并非总是实现通勤出行最小化而导致非最优化的通勤行为,其数值是平均实际通勤与平均最小通勤之差。过量通勤意味着人们能够通过住宅和工作地点的更换来减少通勤行为,这一概念为测度"就业—居住"失衡提供了客观的方法。国外学者对过量通勤做了大量的案例研究,发现实际通勤距离或通勤时间中相当大的一部分属于过量通勤,占 70%—90%。

(四)"就业—居住"均衡研究的空间尺度

"就业—居住"均衡研究的另外一个难点是空间尺度的确定,合

---

① Cervero, Robert, "Jobs-Housing Balancing and Regional Mobility", *Journal of the American Planning Association*, 1989, pp. 1–10.

理的空间尺度是"就业—居住"均衡测度的关键。空间尺度越大,研究区域均衡的可能性也将越大。莱文甚至认为通过调整研究区域的边界,可以得到任何想要的"就业—居住"比率。可见,研究尺度的选择对于结果产生了重要影响。

彭按照研究区域的规模大小将研究尺度分为三类:宏观尺度、中观尺度和微观尺度[①]。

(1)宏观尺度是依据行政区范围来测度的,它可以是一个郊区就业中心、县、甚至是大都市区。宏观尺度的研究存在两方面的问题,一方面,即使在大都市区层面就业和居住是均衡的,但其内部的亚区,如街道等几乎从不均衡,另一方面,宏观尺度上的均衡对交通行为并没有明显的决定意义,换句话说,宏观尺度层面上就业和居住数量的均衡并不能保证工人工作通勤距离的降低。不过,宏观尺度的研究也具有一定的优点,由于其研究区域是与行政区实体相吻合的,更容易将研究结论转化为政策,来指导地方政府对土地利用进行规制。

(2)微观尺度的研究是基于社区、普查区等小区域来进行的,当居民居住、工作在同一社区时,"就业—居住"就达到了均衡,它可以明显降低车出行次数、缩短通勤距离、有利于步行及自行车出行比重的提高。但由于该方法认为只有当居民居住和工作在同一普查区或街区时才被认为是均衡的,即使居民步行去其临近的普查区或街区工作也将被视为失衡,这也会与实际通勤行为形成较大的误差。

无论是宏观尺度还是微观尺度的研究,均是基于某些已经确定的空间单元,依照行政区边界对研究区域进行的界定,但行政区边界作为政治和人为的产物,与劳动力市场及通勤圈的空间尺度并非吻合,故需要打破行政区的边界,寻求一种更为合理的空间尺度来进行研究区域的界定。因而,一些学者提出采用日常通勤距离来确定研究区域的边界,但通勤距离的确定具较强的主观性,如莱文斯顿和迪金分别

---

① Peng, Z. R., "The jobs-housing blance and urban commuting", *Urban Studies*, 1997, 34 (8), pp. 1215 – 1235.

提出取6—8英里（9.7—12.9km）和3—10英里（4.8—16.1km）作为工作通勤距离。两者认为的合理工作通勤距离具有较为明显的差异。彭在对波特兰大都市区的研究中，根据以往资料计算出工作通勤距离的平均数（6.34英里）、中位数（6.12英里）和标准差（0.70英里），依据前面数据将通勤半径确定为5—7英里（8.05—11.27km），然后运用地理信息系统中的动态缓冲技术对就业居住比率进行了测度。塞韦罗和邓肯分别试用了1英里到9英里来研究可达性，并依赖于经验判断，认为在距离住宅四公里以内存在足够的工作岗位将明显的降低车英里数和车时间数。

概括来说见表1所示：

表1　　　　　　　　三种空间尺度及其分析概况

	宏观尺度	中观尺度	微观尺度
代表人物	塞韦罗；诺兰和斯图尔特；朱莉阿诺	莱温斯顿；迪金；彭；赛韦罗	弗兰克；北村等
研究范围	一个主要城市；郡或大都市区；中心城核心区；郊区就业中心	通勤圈	普查区；社区；街区
研究案例	旧金山湾区城市群	波特兰大都市区	
优缺点	便于得到充足研究数据；易于将研究成果转化为政策；并不能保证其亚区的均衡	突破了以行政区作为研究区域的局限，便于研究区域和通勤区域的吻合；合理通勤距离的确定性具有任意性	区域过小，在临近地区就业也将被视为不均衡，容易产生误导

三　郑州市就业与居住空间关系研究的数据准备

（一）郑州市概况

郑州市作为河南省省会，是全省的政治、经济、文化、金融、科教中心,处中华腹地,史谓"天地之中",古称商都,今为绿城。1928年3月建市,现辖6区5市1县(中原区、二七区、金水区、管城区、惠济区、上街区、中牟县、新郑市、新密市、荥阳市、登封市和巩义市。其中,巩义为河南省直管县行政体制改革试点市)及郑东新区、郑州高新技术产业开发区、郑州经济技术开发区(郑州新郑综合保税区)。全市总面积7446平方公里,人口919.1万人,市区面积1010平方公里,建成区面积382.7平方公里。研究所选取的郑州市建成区空间基本形态如图2所示:

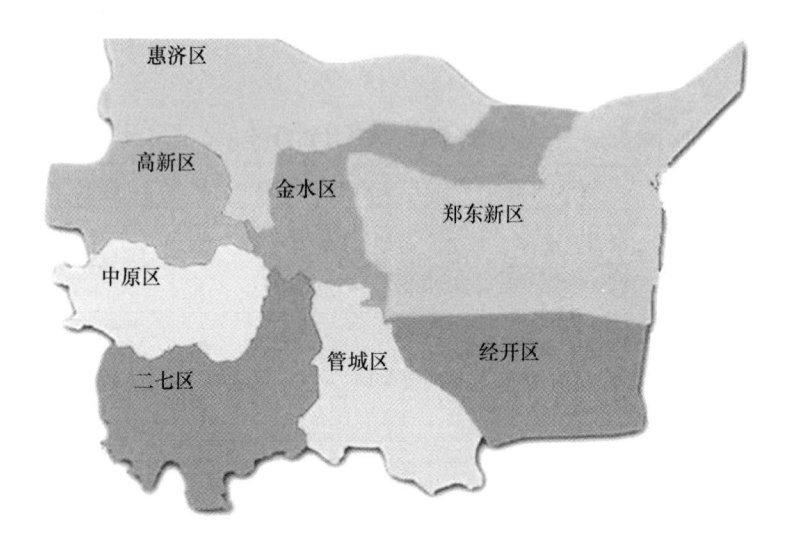

图2 研究对象区域的空间基本形态

到2014年全年完成生产总值6783亿元,比上年增长9.5%;人均生产总值73056元,比上年增长7.5%。其中第一产业增加值149.5亿元,增长3.1%;第二产业增加值3771.1亿元,增长10.2%;第三产业增加值2862.4亿元,增长8.8%。其中交通运输、仓储和邮政业增加值385.7亿元,增长3.8%;批发和零售业增加值502.1亿元,增长8.6%;住宿和餐饮业增加值213.0亿元,增长6.2%;金融业增加值574.0亿元,增长16.7%;房地产业增加值

301.2亿元，增长3.3%；营利性服务业增加值348.7亿元，增长8.8%；非营利性服务业增加值537.8亿元，增长8.9%。非公有制经济完成增加值4138.4亿元，增长9.6%，占生产总值的比重为61%。年末全市城镇化率达到68.3%，比上年提高1.2个百分点。

2014年郑州市从业人员545.5万人，比上年增长1.4%，其中城镇从业人员309.7万人，增长1.5%。全年城镇新增就业人员15.3万人，增长8%；农村劳动力转移就业11.4万人，增长8.6%。年末城镇登记失业率1.37%。

2014年，郑州坚持规划引领，进一步完善都市区规划体系，完成"三规划一设计"编制。加快畅通郑州工程建设和公交都市建设，城市轨道交通、"井字+环线"快速路网、市域快速通道、高速公路、国省干线公路和县域路网等工程强力推进。10条市域快速通道9条完工，16座新增环城互通式立交10座建成，17个环城高速互通式立交建成投用，三环快速化、黄河路下穿北编组站隧道等重点工程建成通车，累计打通城市断头路128条，市区新增公共停车泊位2.93万个。年末全市民用车辆拥有量达到291.9万辆，比上年增长14.4%。在民用车辆拥有量中，汽车218.6万辆，增长20.4%；其中个人拥有量193.3万辆，增长23%。在汽车拥有量中，轿车118万辆，增长25%；其中个人拥有量109.8万辆，增长26.8%。

在如此的就业形势和迅猛增长的机动车保有量的背景下，郑州的交通状况如何呢？《河南商报》曾发布了一系列关于"郑州堵王"的报道："从空间看，郑州的交通拥堵已经从局部的'点堵塞'、主要线路的'线堵塞'或'带堵塞'，发展成特定地区的'区域堵塞'、全市广泛拥堵的'面堵塞'。从时间看，已从20世纪80年代中后期的'偶尔堵塞'发展到现代的'高峰时段堵塞'、部分地区的'长时段堵塞'。从拥堵现象看，已从人拥堵发展到机动车交叉通行拥堵，再发展到机动车与非机动车、行人混合拥堵。"造成这种现象的原因是多方面的，本文则着重从就业与居住空间的均衡性方面来研究影响郑州交通的因素。

（二）郑州市各行政区域相关就业与居住数据

由于郑州统计年鉴上，郑东新区的统计数据直到 2011 年才开始统计，所以研究选取 2011 年和 2014 年作为研究样本年。各项统计数据见表 2—5 所示：

表 2　　　　　　　　　2011 年居住人口基本情况[①]

	中原区	二七区	管城区	金水区	惠济区	经开区	高新区	郑东新区
人口（人）	712525	729865	513621	1398579	274028	112158	214986	284733
自然增长率（‰）	5.57	4.96	5.53	5.73	6.34	7.34	5.71	13.85

表 3　　　　　　　　　2011 年就业情况　　　　　　　　　单位：人

	项目	中原区	二七区	管城区	金水区	惠济区	经开区	高新区	郑东新区
	合计	290698	200555	140543	692792	93827	90651	97835	72205
第一产业	农林牧渔业	535	351	155	478	1325	208	127	247
第二产业	采矿业	74523	937	90	68	3	53		
	制造业	50507	26177	21234	27390	20139	38962	47335	1620
	电力、热力、燃气及水生产和供应业	13120	4047	995	336	535	53	424	44
	建筑业	66797	50575	31987	268268	44550	20343	22723	20037

---

① 数据来源：郑州统计年鉴。

续表

	项目	中原区	二七区	管城区	金水区	惠济区	经开区	高新区	郑东新区
第三产业	批发和零售业	13999	23263	30303	91067	3521	10577	2919	11330
	交通运输、仓储和邮政业	2213	14780	11269	16685	1209	2232	99	1240
	住宿和餐饮业	3969	8317	2652	36629	2600	609	425	2567
	信息传输、软件和信息技术服务业	996	4325	1120	13500	587	1848	3094	911
	金融业	2646	2066	1467	43170	51	238	385	4537
	房地产业	6765	7220	13020	26563	2955	3385	3353	6310
	租赁和商务服务业	3468	6882	5559	43289	1051	2757	1422	11724
	科学研究和技术服务业	16318	6029	2386	23012	670	2903	2731	3073
	水利、环境和公共设施管理业	1393	519	535	3897	1659	295	586	950
	居民服务、修理和其他服务业	812	1056	981	4399	385	78	118	704
	教育	10551	14181	5889	28780	6245	881	10429	2448
	卫生和社会工作	4935	8405	2641	16862	1188	845	217	848
	文化、体育和娱乐业	2845	3326	847	17869	1056	2495	63	564
	公共管理、社会保障和社会组织	14306	18189	7413	31430	4098	1889	1385	3051

表4　　　　　　　　　　2014年居住人口基本情况

	中原区	二七区	管城区	金水区	惠济区	经开区	高新区	郑东新区
人口（人）	743174	766392	536486	1436529	282987	200146	246595	435270
自然增长率（‰）	7.5	5.91	6.37	6.63	6.34	7.73	6.87	7.74

表5　　　　　　　　　　2014年就业情况　　　　　　　　　　单位：人

	项目	中原区	二七区	管城区	金水区	惠济区	经开区	高新区	郑东新区
	合计	307124	233440	181777	690731	115156	193656	142105	310522
第一产业	农林牧渔业	566	705	128	720	2589	673	372	918
第二产业	采矿业	61057	1155	90	75	6	53		18
	制造业	37431	29318	43227	24954	20801	80303	67248	24352
	电力、热力、燃气及水生产和供应业	10535	24329	1180	304	993	82	553	281
	建筑业	87731	45175	26895	213993	51157	36359	27889	36764
第三产业	批发和零售业	14742	28545	38643	106675	6702	19397	6548	53423
	交通运输、仓储和邮政业	1546	10460	8163	5450	1420	25709	1145	41327
	住宿和餐饮业	3833	7178	2513	27630	3080	919	536	7024
	信息传输、软件和信息技术服务业	2017	6922	1846	30747	333	4021	8466	3695
	金融业	2797	2210	1350	31715	237	295	129	47019
	房地产业	10692	9780	21452	31196	4648	5734	3795	16811
	租赁和商务服务业	4800	9760	8896	60266	1897	4808	3812	31909

续表

	项目	中原区	二七区	管城区	金水区	惠济区	经开区	高新区	郑东新区
第三产业	科学研究和技术服务业	24352	6040	2628	34043	2172	4332	7717	10383
	水利、环境和公共设施管理业	2066	1383	370	4432	1316	436	709	3028
	居民服务、修理和其他服务业	999	1685	2217	6709	775	644	373	2461
	教育	11715	15418	7021	30992	7817	2389	10014	13513
	卫生和社会工作	8653	16261	4323	26435	1930	2515	214	3168
	文化、体育和娱乐业	3228	2901	1251	18942	1868	1967	423	2265
	公共管理、社会保障和社会组织	18364	14215	9584	35453	5415	3020	2162	12163

（三）郑州市就业与居住均衡的测度方法

本文对"就业—居住"空间均衡与通勤交通关系的研究以郑州市六个行政区为单位，其前提假设是，各行政区内部居住人口与就业岗位的配置若趋于均衡，则通勤交通趋于在行政区内部完成，跨区交通减少，城市整体交通压力降低。对就业与居住均衡的分析，可以从总量和结构两个层面进行。前者是测度城市各区县就业岗位与居住人口总量之间的均衡关系，后者是分析就业岗位与居住人口之间结构上的真实对应和均衡。因数据所限，本文主要检验总量均衡，为此构造了"就业—居住"的偏离度指数，并从历史维度对该指数的变化进行追踪。

$$Z_{ab} = \frac{Y_{ab}/Y_a}{Q_{ab}/Q_a}$$

其中为 Z_{ab} 为 b 区第 a 年份的"就业—居住"偏离度指数，Y_{ab} 为 b 区第 a 年份就业人口数，Y_a 为全市第 a 年份的就业人口；Q_{ab} 为 b 区第 a 年份的常住人口数，Q_a 为全市第 a 年份的常住人口。某区偏离度指数等于 1，表明该区就业与居住功能匹配相对均衡；指数大于或小于 1，表明该区就业与居住匹配发生失衡；指数大于 1，意味着就业人口比重高于居住人口比重，表示该区就业功能强于居住功能，指数小于 1，意味着就业人口比重低于居住人口比重，则表示该区居住功能占主导。测度全市的就业与居住均衡性可以通过各区偏离度指数的标准差来衡量，标准差越大，表明就业与居住关系离均衡状态越远。

四 郑州市就业与居住空间关系的实证分析

（一）郑州市就业居住关系数据统计

1. 郑州市各行政区域"就业—居住"偏离指数

郑州市各行政区域"就业—居住"偏离指数数据如图 3 所示：

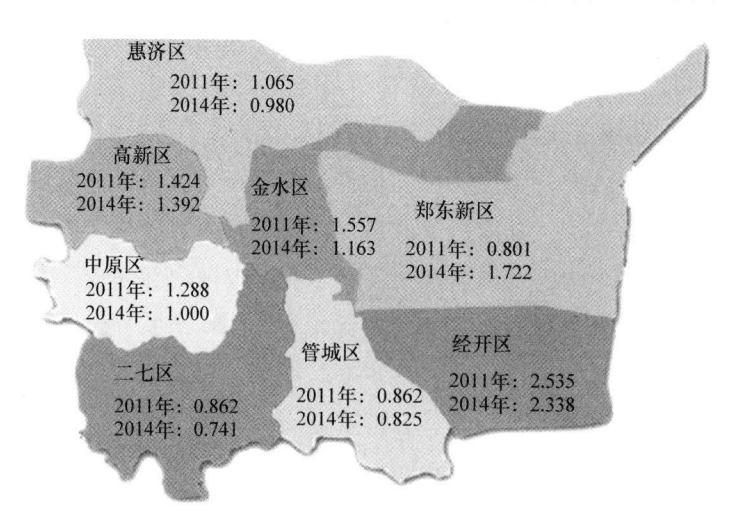

惠济区
2011年：1.065
2014年：0.980

高新区
2011年：1.424
2014年：1.392

金水区
2011年：1.557
2014年：1.163

郑东新区
2011年：0.801
2014年：1.722

中原区
2011年：1.288
2014年：1.000

二七区
2011年：0.862
2014年：0.741

管城区
2011年：0.862
2014年：0.825

经开区
2011年：2.535
2014年：2.338

图 3 郑州市各行政区域"就业—居住"偏离指数

2. 郑州市"就业—居住"偏离指数及趋势

通过计算可得郑州市 2011 年和 2014 年的"就业—居住"偏离指数的标准差见表 6 所示:

表 6　　　　郑州市"就业—居住"偏离指数的标准差

年份	郑州全市
2011	0.573
2014	0.535

从 2011、2014 两个样本年度来看,总体上说郑州市全市"就业—居住"偏离度呈略微下降趋势。

虽然标准差变化不大,但是郑州的"就业—居住"偏离指数标准差在全国范围内来说却处于较高水平。上海的"就业—居住"偏离指数的标准差见表 7 所示:

表 7　　　　上海市"就业—居住"偏离指数的标准差

年份	上海全市
1996	0.27
2001	0.36
2004	0.40

通过与上海市的比较,可以看出郑州"就业—居住"偏离度仍维持在较高水平。

(二)郑州市总体交通状况分析

2016 年 4 月 20 日,高德地图联合清华大学戴姆勒可持续交通研究中心发布了《2016 年第一季度中国主要城市交通分析报告》。报告公布了 2016 年一季度中国拥堵城市排行榜,郑州位居全国第六,高于深圳、广州、上海等一线城市,如图 4 所示:

排名	城市名	同比排名变化	高峰拥堵延时指数	自由流车速(km/h)	高峰平均车速(km/h)	全天拥堵延时指数	早高峰拥堵延时指数	晚高峰拥堵延时指数
1	济南	▲	2.097	43.41	20.70	1.78	1.94	2.25
2	北京	▼	1.979	47.36	23.93	1.69	1.82	2.13
3	杭州	▲	1.950	42.64	21.86	1.76	1.88	2.02
4	哈尔滨	▲	1.926	45.62	23.69	1.70	1.87	1.98
5	重庆	—	1.912	46.33	24.23	1.69	1.77	2.05
6	郑州	▲	1.828	45.85	25.07	1.66	1.65	1.99
7	深圳	▲	1.816	46.39	25.55	1.58	1.56	2.05
8	贵阳	✦	1.808	45.01	24.90	1.64	1.52	2.08
9	昆明	▲	1.804	46.01	25.51	1.63	1.53	2.06
10	广州	▲	1.794	42.83	23.87	1.60	1.47	2.12
11	大连	▲	1.791	42.80	23.89	1.55	1.78	1.80
12	上海	▼	1.789	46.72	26.11	1.55	1.70	1.88
13	长沙	▲	1.788	42.94	24.01	1.59	1.56	2.02
14	洛阳	✦	1.772	37.87	21.37	1.63	1.58	1.93
15	合肥	▲	1.767	44.19	25.01	1.52	1.61	1.91
16	西安	▲	1.751	47.25	26.98	1.57	1.56	1.93
17	南宁	▼	1.746	40.75	23.34	1.57	1.48	1.99
18	香港	✦	1.741	51.15	29.38	1.68	1.62	1.85
19	武汉	▼	1.740	43.70	25.12	1.50	1.56	1.91
20	成都	▲	1.728	46.75	27.06	1.57	1.53	1.92

▲ 上升　▼ 下降　✦ 新增　— 持平

图4　中国主要城市交通拥堵榜

报告引入了一个新兴的评价指数——高峰拥堵延时指数。高峰拥堵延时指数等于市民高峰拥堵时期花费的时间与畅通时期所花费的时间的比值。郑州的高峰拥堵延时指数为1.828，较去年同一时期上升七位，这表明郑州高峰时段驾车出行的通勤要花费畅通下1.8倍的时间才能到达目的地；而上海的高峰拥堵延时指数为1.789，较去年下降五位[①]。

"潮汐交通"现象指的是早晨一个方向的交通流量大而晚上相反方向的交通流量大的现象。报告做出的宏观分析指出：城市潮汐式道路与城市发展与产业结构布局有较大的关系，通过这种现象能够发现城市上班族车流的迁徙动向及规律，侧面反映一个城市的就业居住状况[②]。高德地图与清华大学戴姆勒可持续交通研究中心的分析印证了本文研究得出的郑州市就业居住分离情况较为严重的结论，这说明郑州市"就业—居住"空间分离与郑州市交通状况有着密切的联系。

（三）郑州市各行政区域就业居住关系数据分析

1. 郑州市各行政区域"就业—居住"偏离指数及趋势

郑州市各行政区域"就业—居住"偏离指数趋势如图5所示：

---

① 数据来源：高德地图交通大数据。
② 《2016 Q1中国主要城市交通分析报告》。

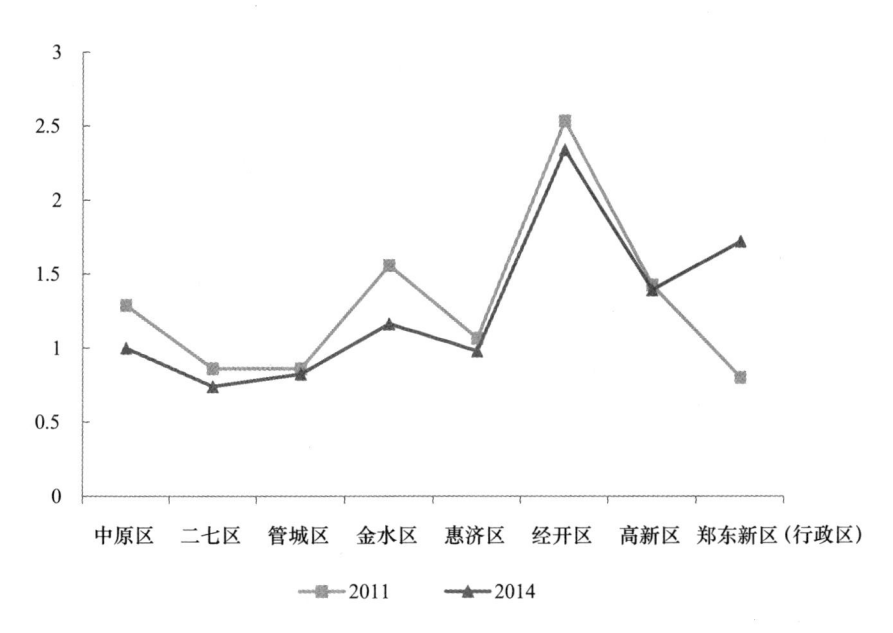

图5 郑州市各行政区域"就业—居住"偏离指数趋势

在整个研究年度区间内,中原区、二七区、管城区、惠济区四个传统城区的"就业—居住"偏离指数始终处于0.8—1.2的合理区间范围内,其中二七区由就业功能主导区域变为居住功能主导区域。

金水区则由就业主导区域转变为就业居住趋向均衡的区域,而郑东新区则由居住主导区域转变为就业主导区域,这主要是因为金水区作为郑州市传统经济优势区域,就业岗位与居住人口的增加趋于平缓,而对于郑东新区而言则是因为该区大量金融企业、服务业和政府部门快速入住,从而导致的从一种"就业—居住"不均衡状态迅速过渡到另一种"就业—居住"不均衡状态[①]。

经开区、高新区虽然"就业—居住"偏离指数呈下降趋势,但是指数始终处于较高水平,呈现出强烈的就业功能导向。这种强烈的

---

① 从表3和表5可以看出,郑东新区的金融业从业者从2011年的4537人增加到2014年的47019人;公共管理、社会保障和社会组织从业人员从2011年的3051人增加到2014年的12163人。

"就业—居住"不均衡状态带给郑州市的交通很大影响。本文所研究的郑州市行政区域分布如图6所示①：

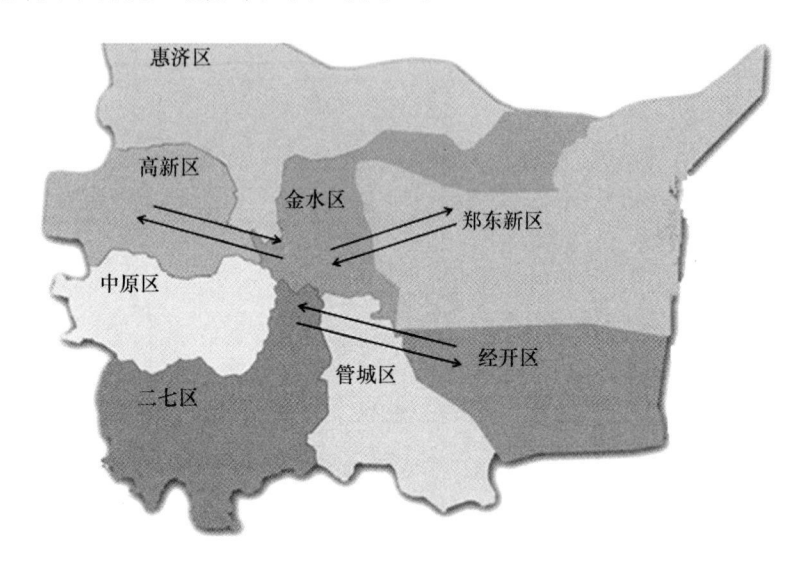

图6 行政区域下的郑州市民流向

由于三个经济新区——经开区、高新区、郑东新区均为高偏离度的就业主导区域，而其区位又分布于郑州市的东部区域和西北部区域，处于传统的核心居住区域——金水区、中原区、二七区、管城区的外围，这就形成了一个突出的问题：早上班高峰期间，通往这三个区域的道路交通拥堵，晚下班高峰时则相反，这三个区域通往核心居住区域的道路会产生交通拥堵，形成了"潮汐式道路"。这种城市的"潮汐式道路"说明了郑州市的就业和居住严重失衡。而随着城市区域规模的扩大，通勤距离的逐渐增长，以及机动车产业的逐渐发展，机动车保有量的逐年攀升，更加剧了这一拥堵的现象。从近些年来的新闻报道和了解到的市民反映来看，这种现象已成为常态。

---

① 箭头代表市民流向。

2. 郑州市各行政区域的经济分化与"就业—居住"的关系

"潮汐式道路"与城市发展和产业结构布局有较大关系,因此本书研究了郑州市相关经济发展状况。郑州市2011—2014年产业经济增长速度见表8所示:

表8　　　　郑州市各行政区域2011—2014年经济增长　　　单位:%

	中原区	二七区	管城区	金水区	惠济区	经开区	高新区	郑东新区
GDP增长	20.4	32.2	28.0	33.1	31.9	247.2	75.8	126.1
第二产业	31.4	19.5	36.6	11.1	46.8	73.2	56.2	9.7
第三产业	65.1	79.1	60.8	87.6	46.9	25.7	43.6	87.3

四年间,GDP增长幅度最大在三个区(经开区、高新区、郑东新区)为经济新区,"就业—居住"偏离指数维持在高位运行。相比于传统城区,城市新区经济功能定位倾向明显,其就业功能先于居住功能发展,可能与政府用地规划优先次序与经济产业的布局发展有关。

从2014年的数据来看,核心居住区的第三产业比重明显高于第二产业,经济新区则呈现相反的态势(郑东新区因规划为金融中心而表现为第三产业比重高[①])。这表明在传统的核心居住区域内,"退二进三"的产业结构调整政策成效明显,服务业的集中发展吸引了更多市民的居住倾向,从而使得核心居住区域的"就业—居住"趋于平衡。而经开区与高新区的第二产业居于主导地位的经济发展模式,则对于市民的居住方面吸引力较弱,从而使得这两个区域的"就业—居住"处于不平衡状态。

---

① 郑东新区2015年1月已累计入驻各类金融机构226家,人民银行、河南证监局等机构,汇丰、渣打、东亚等多家外资银行,中行、农行、工行、民生、广发等12家全国性银行省级分行,中国人寿、中国人保等20余家保险机构以及中原证券、中原信托、郑州银行等本地法人金融机构均汇聚于此。

五 郑州市"就业—居住"均衡的影响因素

(一) 市场机制与社会选择

1. 住房市场因素

在20世纪80年代之前,中国城市的工作单位是一个基本的社会、经济、空间组织结合体;在计划经济时代的工作单位里,社会生活、经济行为以及行政管理都能在这个结合体内实现;除了劳动报酬,工作单位通常都会提供范围广泛的服务和福利,其中很大一部分就是住房。在这种情况之下,同一个工作单位的员工及其家属常常在距离工作地点很近的地点聚居,因而"就业—居住"关系相对均衡,也不会产生较大规模的交通通勤。在这一时期中,除了国有或者集体所有的工作单位之外,实际上是没有其他形式的就业组织的。对于郑州而言,六大老国棉厂可谓郑州市的城市名片,也是这一类型工作单位的典型代表。

随着20世纪80年代的市场经济改革的浪潮,工作单位的很多非核心职能(包括为员工提供住房福利等)渐渐消失;与此同时,基于新兴市场经济的各种新型就业组织(私营企业、外资企业等)开始大量涌现,并且它们所雇佣的劳动力数量越来越多,所占劳动力比例越来越大。与传统意义的工作单位不同的是,这些新型就业组织仅仅为员工提供基本的薪酬和保险福利,并不提供住房。这一变化导致了中国城市中的居民住房渐渐脱离了依附于工作单位居住的状态。特别是随着房改房上市政策的放宽和货币分房政策的实施,单位体制的小区逐步解体,居民的住房自有率增加,购买商品房的比例也大大提高。住房制度的市场化变革打破了在传统的工作单位时期人们的"就业—居住"关系相对均衡的状态,使得他们的就业与居住空间上的分离趋势增大,城市居民的出行需求因此大大增加。

在市场经济的调节下,价格因素成为市民对住房选择时的重要考虑因素。2014年,郑州市平均工资为4106.7元,而郑州市全市房产交易市场均价为9027.7元/平方米，郑东新区房地产交易市场均价则高达14537.6元/平方米。如此高昂的价格成了横亘在市民选择住房时的天堑，他们基于自身经济基础考虑不得不选择远离工作地的且房价相对较低的地区居住，与此同时就产生了超长的通勤距离与超长的通勤时间，从而直接形成了早晚高峰期间进出郑东新区路段的交通堵塞。

此外，郑东新区规划为五个功能区域，中央商务区（CBD）、龙湖区、龙湖南、商住物流区、龙子湖高校园区。其中中央商务核心区为金融、会展、商务、文化中心，商住物流区是CBD的功能支持区，是以机关单位、公益设施、现代服务业及批发、物流、居住等功能为主体的综合区，这两个区域为主要的就业功能区域，只有很少的住房规划量。龙子湖高校园区则主要由高等院校组成。规划的主要居住功能区龙湖区则目前仍有待开发。因此，可承担住房的缺乏也是郑东新区房价居高不下的原因之一，从而导致了郑东新区"就业—居住"的不均衡。

2. 公共服务因素

除了房价因素以外，市民对于居住地选择过程中关注的另外一个重要因素就是公共服务。越来越多的居民在住房选择过程中关注"文化娱乐商业设施配套""周围学校质量""就医方便""公共交通发达"等因素，这些可以统一称为公共服务。这些因素都可以对"就业—居住"均衡产生影响，由此可以引出更值得注意的一点：不仅仅重视居民的"就业—居住"关系均衡，应将这一均衡的理念提升至更高的层次——"就业—居住—生活"均衡。

经济新区中的另外两个就业功能主导区域——高新技术开发区和经济技术开发区对于居民居住选择缺乏吸引力的原因就在于公共服务的相对匮乏。从这两个区域的经济发展来看，2014年第二产业所占其生产总值的比例分别为56.2%和73.2%，这两个数字远远超过传统居住区中原区的31.4%、二七区19.5%、管城区36.6%和金水区的11.1%。与此同时，这两个经济新区的平均住房价格与传统居住核心区的平均住房价格相差不到1000元/平方米，从而可以推知影响市民选择这两个区域作为居住地、造成这两个区域"就业—居住"高度不均衡的原因为公共服务的相对匮乏。

以郑州经济技术开发区为例，其主导产业分别为电子信息产业、装备制造产业、生物医药产业和现代物流产业。不难看出，这是一个典型的以第二产业制造业为主导的工业区。在制造行业的生产过程中，难免会出现或多或少的污染情况，难免会产生令居民担忧的环境问题，这也是影响居民不选择工业区作为居住地的重要因素。在近几年来的郑州污染指数检测报告中，经济技术开发区的污染指数基本处于郑州市各监测点之首，这与其工业区的功能定位密切相关。此外，随着中州大道航海路高架桥的修建，进出经开区的主干道中州大道的交通状况更不乐观。公共服务的相对匮乏，工业区的功能定位，导致了经济技术开发区"就业—居住"不均衡。

3. 社会选择因素

从理论上来说，随着时间的不断推移，就业地和居住地高流动性的一致性可以保持"就业—居住"关系的均衡，更换工作和减少通勤距离是居民居住地再选择的一个重要原因。可是实际情况是什么样的呢？在郑州由于相对于房价而言的较低的工资水平，居民购买的商品房一般都要居住相当长一段时间，而随着社会节奏的加快，在市场力作用下，工作岗位的流动性的强度要高于住房的流动性。同时，随着城市中心城区"退二进三"结构转型政策的实施，在某种程度上更加推动了工作岗位的流动性，从而使得郑州市的"就业—居住"关系走向失衡。

对于工作地点的变化可以用市场经济的负外部性来解释。赫德和李嘉图等人的地租理论表明，在完全竞争的条件下，每一功能即每一土地利用区产生的经济地租递减曲线不同。一般来讲，零售业的经济地租曲线梯度最大，它在市中心能产生巨大的经济地租，处于各个功能之首。与零售业相比，轻工业和服务业的经济地租曲线的梯度比较小。在住宅用地方面，多层楼房的用地利用率高，单位面积产生的价值比低密度的平房高，因此多层楼房的经济地租曲线的斜度比平房大。如图7所示：

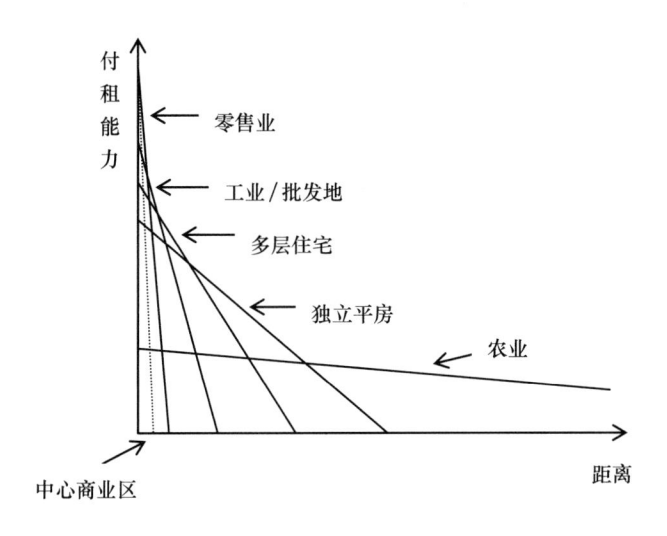

图7 各类土地付租能力距离递减曲线的重叠

在完全竞争的社会，产生的所有经济地租均被土地的所有者以租金的形式收取，各土地的使用者由其产生的经济地租决定了自身的付租能力，而土地的拥有者会把土地租给出价最高的使用者。这样，市中心为零售业所租赁，然后是专门性的服务业、工业以及批发业，再远一些是高密度的多层住宅，然后才是低密度住宅。因而，在完全的市场经济体制下，容易造成各类性质土地利用的分离，形成排他性的土地分区，立足于各个土地分区的各种就业岗位也随着土地性质的分离产生流动，进一步导致就业与居住的分离。

郑州市各大高等院校纷纷在郊区建立新校区就是市场经济负外部性的典型例子，也是目前郑州市"就业—居住"关系失衡的影响因素之一。由于市场经济地租曲线的作用，近几年来各大高校纷纷在郊区新建校区。例如，郑州大学和郑州轻工业学院均在高新区建设了新校区，河南财经政法大学、华北水利水电大学、河南中医学院、河南农业大学等高校则纷纷选择了龙子湖大学城，北部惠济区的北部大学城也有几所高校新校区的建设。但是，大多数高校教师和工作人员不可能也不愿意跟随新校区建设的脚步，搬迁到远离城市中心的郊区居住，于是引发了郑州市的"就业—居住"空间失衡，超长距离的通勤交通也成了困扰高校与高校工作人员的难题，同时也增加了新老校区之间、新校区与工作人员居住地之间的交通压力。郑州大学的几位工作人员就反映了这一问题，他们都居住在郑州大学老校区的家属院内，新校区建设后，他们不得不往返于市中心与高新区之间。首先他们考虑到方便配偶上班、子女上学以及学校的质量问题，不愿意举家搬迁到郊区居住；其次，高新区的公共服务设施水平同比市中心有一定差距，周边的医疗、购物、文化休闲资源相比有所欠缺，所以他们不得不忍受超长距离超长时间的通勤。虽然这些高校大多都提供了班车来方便工作人员往返于新老校区之间，但是多数高校工作人员表示由于班车的数量较少，路线单一，时间又比较机械，难以满足他们的通勤需求，在上下班高峰时段交通拥堵现象十分严重，在周一上班高峰和周五下班高峰的时段表现得尤为突出。

（二）政府政策的主观引导

郑州市的就业与居住空间匹配的不均衡，尽管是市场经济规律发生作用的结果，也是政策主观引导造成的。各个行政区的主导功能分布不同。居于核心的中原区、二七区、管城区和金水区，是居住功能主导的核心区域，城市外围的经开区、高新区和郑东新区则是就业功能主导区域，除了郑东新区的金融企业产业集聚效应以外，核心区到外围区的主导功能分布呈现从服务业和居住密集到制造业密集的圈层规律，基本上符合基于地租曲线的城市用地机构。不过，郑州市的就业与居住的空间格局变化首先是市场经济规律起作用的产物，同时也是缺乏均衡意识、政策主动引导的结果。

1. 城市政府的财政收入考虑

近些年来，土地出让金作为政府财政收入重要来源之一。城市政府出于财政收入的考虑，偏好商业等付租能力较强的行业，而其他付租能力较差的土地利用类型如经济型适用房等低成本的住宅会增加地方政府的负担，这在某种程度上推动了"就业—居住"关系的失衡加剧。

2016年4月1日，郑东新区龙湖区一块标号为"郑政东出〔2016〕5号"的土地，拍得均价为2049.04万元/亩，刷新了郑州土地出让价的新纪录，成为新的地王。按地价估算，这块地上的住宅价格要突破3万元/平方米，纵然这主要是市场经济的作用结果，但这也与政府规划的高端住宅区，周边良好的配套公共服务设施以及较低的容积率设置有关。

2. 政府"先产后城"的规划政策导向，核心城区"退二进三"的产业结构布局调整

1988年以后伴随着土地有偿使用制度的变革，级差地租开始对郑州市的城市空间结构产生显著作用。与此同时，郑州未来的城市职能被重新定位为现代化大城市。在退二进三的产业布局政策的导引下，原来城市中心的工业搬迁到了郊区甚至更远，市中心让位于能够支付更高地租的现代服务业。然而，在种种原因的作用下，老城区大多数就业者的居住地点并未随之郊区化，他们或辞去了工作岗位，或被动接受了长距离通勤这一现实。

而政府在建立新区来转移承接第二产业的过程中，往往是先规划产业布局，然后再围绕产业进行城市建设，使得第二产业工人可能忍受相当一段时间的配套公共服务滞后的状况。

郑州六大棉纺厂的变迁就是这一政策的显著体现。20世纪50年代国家投入巨资扶持，6家国营全能大型棉纺织厂相继崛起，郑州成为"全国六大纺织基地"之一。随着改革开放的发展，在市场经济体制下，计划经济时代的产物都受到巨大冲击。自身的衰落以及国家退二进三的产业结构布局调整政策的实施，国棉厂开始外迁入龙湖、须水和白沙镇等地，企业也完成了从国有国营向私有民营的革命性转型。根据棉纺区统一规划，原国棉厂区将会成为"郑州

第二个CBD"，随着众多商业项目的进驻和资金的投入将引发新一轮的西区商业集聚，地铁1号线的开工建设对于增进东西联动、完善城市商业格局起到了巨大的推动作用，以棉纺路为中心国棉厂区将会焕发新的活力，成为郑州高端群体聚集地，郑州城市发展的新名片。

3. 旧城改造政策和市政动迁工程

旧城改造政策、市政动迁工程将一部分居民由市中心动迁至外围区。进入21世纪以来，郑州的市政建设和旧城改造进程在加快，在市容市貌焕然一新的同时，也导致一部分老城区的居民被动地搬迁至城市的外围或近郊居住。在旧城改造项目中，比较常见的就是将危房改造成高档写字楼和公寓。这些地块在重新开发之后进一步带动了周围地段的地价上升，高房价对于原来的居民产生了一定的挤出效应，他们没有能力在附近重新购置住所，只好被动地搬迁到更远的城市外围区。这在某种程度上打破了居民原有的就业与居住相对临近的状态，使得他们的通勤距离和通勤时间都大大延长。

综上所述，由于住房市场、公务服务、社会选择与政府政策主观引导等众多因素的存在，就业与居住的绝对均衡是难以做到的，跨区交通也是不可能完全杜绝的。即使就业岗位与居住人口在总量上均衡，很不能也无法在结构上实现实际的均衡，因而倡导的"就业—居住"关系均衡只是一个概念性和方向性导引。其对于城市交通具有一定的影响，可以作为我们缓解城市交通压力的思考的方向之一。因此，我们可以通过城市用地功能的合理安排等一系列措施，尽可能减少这种跨区交通，从而缓解城市层面的交通压力。城市化和城市空间扩张，不可避免的导致居民通勤空间距离和时间成本的增加。但是，高收入者一方面能够通过改善交通工具而一定程度上弥补通勤距离的增加，另一方面有更高的意愿以更长的通勤距离来交换更高收入的职业或更好质量的住房。而低收入者由于支付能力低，作为住房市场中的弱势群体，低收入者迁居并改善住房条件的机会少，住宅郊区化和职住分离趋势加剧，更容易造成城市低收入阶层的通勤成本增加、设施可达性降低等生活困境，需要学者在研究中特别关注。市场经济的失灵，必须由政府进行有效的干预。

六 "就业—居住"均衡视角下的改善交通拥堵的政策建议

（一）建立"就业—居住"协调发展的城市空间布局

在市场经济条件下，特别是中国目前正处于制度转型的新时期，"就业—居住"的空间关系具有一定的复杂性和客观性。第一，住房存量的周转率普遍较低，房改房占据着靠近市中心劳动力市场的优势位置，却很可能无法被最需要这些住房的就业者获得，这会降低城市资源的空间配置效率。第二，优质的公共服务设施大部分集中于中心城区，滞后于居住和产业的郊区化进程，造成了额外通勤。第三，城市规划未能完全考虑到市场力的作用。因此，城市规划者和管理者有责任，也必须通过城市规划及土地利用调控等手段，主动引导功能分区的有机整合，增强分区用地功能的复合性，提高就业机会与居住机会的匹配程度，建立就业与居住协调发展的城市空间布局。建议对郑州市现有的规划和政策进行合理的调整，中心城商业集中区的旧城改造不能一味地"退居进三"，需要安排或预留适量的居住用地，防止城市中心空心化和增强中心城市活力的同时也尽可能减少远距离向心式的通勤交通。提高公共服务水平，特别是加强公共轨道交通的建设，尽可能形成一个"就业—居住"相对均衡的城市空间布局。

（二）加快推进城市空间结构向多中心发展模式的过渡

目前，郑州都市区的发展规划已经被定位为国家中心城市、国际航空大都市、世界文化旅游名城、中原经济区核心增长区这"一区三城"，如此高规格的定位则需要科学合理的发展模式作为理论支撑。由单一城市中心向多城市中心的发展模式不但可以优化资源配置、加强城市发展活力而且对于改善"就业—居住"失衡,缓解交通压力有一定帮助。目前郑州市"两轴八片四组团多中心"的城区布局规划就是这一发展模式的具体体现。"两轴"指依托郑—汴—洛产业带,沿郑开大道—金水路—建设路、郑汴路—东西大街—中原路两条轴线延伸发展,形成郑州市区东西、南北向的发展轴,并依托这两条轴线建立城市拓展骨架,整合区域内城市功能,集聚区域空间要素,构建城市发展的核心增长极;沿花园路—紫荆山路、中州大道—机场高速两条轴线形成从惠济片区至航空港组团的南北向发展轴,构筑新乡—郑州—漯河产业带的核心区域。"八片"则指八个功能片区:老城区、郑东新区、经开区片区、南部片区、高新区片区、须水片区、惠济片区、北部片区。"四组团"即巩义、登封、新密、新郑四个外围组团,主要承担次区域服务中心的作用。其中巩义为"铝及铝精深加工基地、文化创意旅游区",登封定位为"世界文化旅游名城、都市区文化、旅游服务主体功能区",新密定位为"都市区能源、建材、原材料循环经济示范区",新郑定位为"炎黄历史文化展示区、食品制造基地"。"多中心"则是指东部、南部、西部三个新城区城市副中心,主要承担新的城市功能,并疏解主城区的人口和功能。其中东部新城为"省级公共文化行政服务中心、先进制造业基地",南部新城为"区域性商贸物流中心",西部新城为"通用航空产业基地、区域性医疗健康中心、新材料生产基地"。

这种优化城市空间结构,使城市从单一中心向多中心的发展模式需要一个过渡期,在此期间,则需要政府对于这种模式不断进行探索,不断进行优化调整,保质保量地完成各种规划指标,在大力推进多中心化的过程中也要对可能发现的各种问题做好科学完备的调研,从而能够更好地实现发展规划的初衷。

(三)积极推动第三产业发展,努力缓解"就业—居住"失衡

政府对于第三产业的忽视无助于城市均衡发展或者缓解城市拥堵问题。政府要改善对中小企业、民营经济、乡镇企业的金融服务,创造更多就业机会，大力推广小额信贷，鼓励全民创新、万众创业。要采取不同的政策导向以应对营利性和非营利性部门、基础性产业和竞争性产业部门、全额拨款和差额拨款单位之间的差异，区别对待，分类指导。要坚持以科技驱动发展第三产业。

（四）强化功能分区规划时的再考虑，减少城市"潮汐式道路"

强化功能分区的规划在世界城市规划发展过程中带来了深刻的经验和教训，那就是交通问题。而在如今的实践中，强化功能分区的规划需要相关人员进行更加细致的考量。

《雅典宪章》到《马丘比丘宪章》里程碑式的转变就是这方面的经典案例。1933年的《雅典宪章》强调工作、居住、游憩和交通四大功能的分区，但随之而来的实践表明，城市是一个有机的整体，过于强调功能分区会破坏城市各部分之间的有机联系。而在1977年的《马丘比丘宪章》中，为解决这一问题提出了混合功能区的规划理念。当初第一代卫星城（卧城）的开发便是一个经典的教训。为了解决大城市中心城区过于拥挤的人口和交通问题，卫星城（卧城）成了当时规划人员解决问题的主要方式。但是，由于卫星城功能过于单一，过分强化了居住功能，其所带来的局限性同中心城区就业功能产生了分离，从而形成了两者之间的钟摆式交通，对缓解中心城区的交通压力没有起到预期的效果。

对于郑东新区来讲，目前存在的突出问题是其已经成为就业功能主导区域，而通往郑东新区主要配套的道路交通、公共交通等配套基础设施却还不完善，仍然在建设当中，同时郑东新区高昂的房价也使得市民不能选择离其工作地较近的住房，不得不选择长距离长时间的通勤。这直接导致了通往这一区域的道路发生拥堵情况。所以在今后的经济新区规划中，这种强化功能分区的规划需要我们更加细致的考量，在规划新区建设的同时对于其配套的交通基础设施也要提前规划，使交通规划设计与土地利用规划在体制上达到并轨与融合，同时在一定程度上也要保持一个相对平衡的建设进度，以避免类似经验教训再次发生。

(五) 消除社会选择的体制障碍，创新住房保障制度，努力实现"就业—居住"均衡

在城市规划和土地利用调控等手段之外，城市政府也应致力于制度创新，加强政府引导，努力实现"就业—居住"均衡。扫清那些迫使人们远离工作地点居住的制度性障碍，避免无谓地牺牲经济效率，这对于促进城市中"就业—居住"关系的动态均衡和实际均衡具有十分重要的现实意义。

由于城市化的不断发展和城市空间的不断扩张，城市居民通勤距离的增加和通勤时间增长都是不可避免的。高收入人群一方面可以通过改善交通工具而一定程度上弥补通勤距离的增加，另一方面他们有更高的意愿用更长的通勤时间成本来交换更高收入的职业或更好环境的住房。但低收入人群则迫于经济条件的压力，成了住房市场的弱势群体，他们没有能力改善住房条件，只能被动地接受就业居住分离所带来的长距离长时间通勤，从而陷入生活困境，所以对于"就业—居住"失衡状态下的低收入群体需要政府重点的关注，这同时也体现国家对于社会保障要"托底"的要求。例如，尝试在规范郑州的住房租赁市场方面做出更大的努力。租赁房屋居住对于促进"就业—居住"关系均衡、减少居民的长距离通勤而言不失为一个更实际的办法。从相关走访调查反映的情况来看，与居住在自有房屋的人相比，租房居住的人"就业—居住"关系更加均衡，通勤距离更短。因此，进一步完善郑州的住房租赁市场、规范租赁房屋的行为，使得居民有一种既安全又经济的途径来实现居住成本和通勤成本的最小化，将极大地推动居民个体的"就业—居住"空间匹配的均衡状态，从而减轻通勤交通压力。

还可以通过改进和规范经济适用房制度、扩大廉租房制度的保障范围和合理选择集中性建设政策性住房的位置等一系列政策措施来缓解低收入群体的通勤压力，从而进一步促进"就业—居住"均衡，减少城市交通压力。

（六）提高就业功能主导区的公共服务水平，增强居住功能，缓解跨区交通压力

应当逐步调整公共服务设施的空间布局，改变其过度集中于城市中心的现状，使之与产业和居住的郊区化相协调。在促进个人的"就业—居住"关系均衡时，必须从居民的居住地选择过程中的偏好入手，有效地消除个人进行居住地选择时的障碍，为居民就近工作地点居住、就近居住地点工作提供最大的便利。然而，城市公共服务设施和住房机会在空间上布局不合理，会导致居民为了使用这些资源或获得可承担的住房而产生额外的成本。因此城市公共产品特别是基础性的教育、医疗设施在空间上的合理平衡配置和公共交通网络建设，会对城市空间的合理发展起到推动效果。这样居民在进行居住地选择时，就不需要过多考虑靠近公共服务设施的区位，他们就能更好地在就业机会可达性和住房成本之间进行权衡。郊区建设功能齐全的购物中心、公园、医院和地铁网络等，为郊区居民提供多种服务，使其对中心城区的生活环境具有一定的可替代性。

总之，解决郑州的交通拥堵，"就业—居住"均衡视角下的措施只是其中一个方向，更多的是需要交通网络建设、机动车治理等多种手段多管齐下来协同解决。

七 结论与展望

（一）结论

本文首先回顾了国内外相关的理论研究文献，总结了国内外学者的研究成果，通过建立"就业—居住"平衡测度模型，以郑州市统计年鉴的数据为依托，来研究郑州市的"就业—居住"平衡情况以及其对交通的影响因素，最后对于从"就业—居住"均衡视角下解决交通问题提出了对策。

本文得出以下几点基本结论：

（1）郑州市"就业—居住"空间总体上处于不均衡状态，是影响交通状况的因素之一。

（2）郑州市传统城区就业偏离度大致上小于经济新区的就业偏离指数，经济新区的就业主导功能显著。

（3）传统城区与经济新区就业偏离指数的不均衡是导致跨区交通的因素，对交通造成一定影响。

（4）第三产业的发展与"就业—居住"的平衡有着紧密的联系，功能分区的主观引导也可造成"就业—居住"偏离。

（5）影响"就业—居住"均衡的因素有以下四个因素：住房市场因素、公共服务因素、社会制度因素和政府的政策引导因素。

（6）根据以上结论，本文提出了要从综合路径着力实现郑州市"就业—居住"均衡，以期能有助于缓解郑州的交通拥堵状况。

（二）展望

由于郑州尚未进行大规模的交通出行调查，所以本研究的进行及研究结论受到了交通出行数据可获得性的制约，研究结果有待确切的交通出行调查结果验证。

缓解交通拥堵可以应用多种视角来研究解决办法，包括城市交通网络建设、机动车行人治理等领域。

城市发展目标众多，除了交通畅达之外，还包括城市经济繁荣、社会安定和谐与环境的可持续发展等。因研究主题需要，本文只是从"就业—居住"空间角度探讨了城市交通疏解的思路，所提出的空间模式和战略取向主要立足于交通问题的解决，是否与其他城市发展目标相协调，还需要在更大的研究框架中进行思考。

空间性与城市治理现代化

行政级别对城市发展的影响研究*
——基于中国地级及其以上城市面板数据分析

一　绪论

（一）问题的提出

改革开放以来，中国由计划经济时代迈入市场经济时代，市场在资源配置中的作用越来越强，政府对于经济社会的干预也逐渐减少，但中国城市的发展由于城市行政管理体制的影响，依然存在政府对于城市发展的行政干预，具体指的就是按照城市的行政级别高低来配置资源和政策照顾，这样就导致高行政级别的城市集聚效应增强。为了追求利益最大化，大规模的人群和企业涌入经济发达的大城市，导致马太效应的产生，城市规模不断扩大、经济迅速发展。所以说，中国城市的发展，是具有鲜明的计划经济时代特征，与西方发达国家城市发展更多的是依靠市场来主导不同，中国城市的发展则主要依靠政府的行政干预。这也是中国城市的发展能够吸引众多国内外学者进行研究的一个重要原因。本文通过理论梳理和现实观察，提出中国城市发展进程中城市的行政等级对于城市发展有积极影响这一假设，并通过中国287个地市级城市的面板数据来检验其是否成立，进而提出可行性的政策建议。

---

* 张锐为共同完成人，作了修改。

（二）研究背景和研究意义

1. 研究背景

由于中国长期处于计划经济时代，各项制度的设计都存在鲜明的政治色彩，使得行政官僚体制在经济社会中根深蒂固，在城市管理方面主要指：城市之间形成了严格、多层次、高低不等的行政等级序列。而中国城市资源的配置是依据城市的行政级别高低来进行的，高行政等级的城市由于靠近权力中心，可以更多地争取来自中央和上级政府的资源分配，同时也可利用高行政等级优势，依靠行政手段促使资源由低行政等级城市流入高行政等级城市，最终提升高行政等级城市的资源聚集能力。中国城市的行政级别主要划分依次为：正部级（直辖市）、副部级（副省级城市）、准副部级（省会城市）、正厅级城市（地级市）、正处级城市（县级市）。中央政府根据这样的行政级别序列来进行资源再分配，最终导致城市间由于行政干预而发展不均衡。自从中国进行社会主义市场经济体制改革以来，放松了对户籍制度所限制的人口跨区域流动的管制，为了追逐利益"最大化"、享受各种政策优惠，大量的人群涌入行政等级高的城市，导致这些城市的聚集程度增加，城市迅速发展。

政府采取行政手段来提高城市行政级别，并通过资源配置的优先权来促进一部分行政级别高的城市优先发展，通过培育经济增长极推动社会主义各项事业的建设，具有鲜明的时代特征。但是，由于各个城市间行政级别的不同，城市得到的资源配置和权力安排存在差异性，从而导致资本、教育、医疗等社会公共资源向行政级别高的城市集中。同时由于市场的作用，高行政级别城市的资源聚集能力不断加强使得城市无限制的膨胀和扩张，处于崩溃的边缘；低行政级别的城市的城市竞争力和吸引力远不如那些享受优先资源配置的城市，城市发展缓慢。正如霍华德在《明天的花园城市》（*Garden City of Tomorrow*）一书中所提到的那样，每个社区、城市的发展规模都有一个极限，任何超过其极限的规划都必须转换为某种灵巧的形式①。这一原则对于中国城市的研究同样具有指导价值。中国城市发展由于行政干预,高行政级别的城市盲目地扩张,低行政级别城市萎靡不振,这有悖于城市发展的内在规律,也是中国城市发展的病态所在。

2. 研究意义

研究城市行政等级和城市发展之间的关系对理解中国城市发展进程及其模式有重要的意义,同时也有助于我们思考中国城市发展应该走怎样的道路。中国城市的发展主要依靠行政干预,在政府的优先照顾下,一些高行政级别的城市迅速发展,培育了经济增长极,在经济发展初期起到了十分重要的作用。随着城市不断发展壮大,资源配置的效率变得不再那么科学和有效,各种负面效应开始出现:对于高行政等级的大城市而言,投资边际报酬递减,经济发展效率开始下降,交通拥堵、住房困难、治安问题、生态环境恶化等问题也开始凸显;对于行政等级较低的中小城市来说,虽然具备吸纳厂商和劳动力的客观条件,但是缺乏中央政府在资金投入、政策照顾等方面的支持,导致城市经济发展缓慢,各项事业建设停滞不前。除此之外,政府行政等级划分的行为还会导致各级城市之间非市场竞争行为的增加,阻碍了城市之间形成良好的合作局面。

因此,本文从行政级别的角度来研究城市的发展,探究其影响城市发展的各个方面及影响程度的大小,能够使我们深刻认识到行政级别对于中国城市发展的积极作用,同时也意识到这种行政体制的安排会导致资源过度集中从而造成浪费,形成不公平的城市发展格局。在新型城镇化建设过程中应该正确处理政府与市场之间的关系,减少城市发展的行政干预,科学地运用政策和市场调节手段推进城市的发展。

(三) 文献综述

如同中国经济发展的模式,中国的城市发展同样受到政府力量

---

① 刘易斯·芒福德:《城市发展史》,中国建筑工业出版社2014年版,第537页。

的影响。在中国,由于受到计划经济时代的影响,城市之间也形成了严格且多层次的行政等级体系。不同行政等级的城市在资源的配置与行政权力的权限上相差甚远,从而导致不同行政级别的城市发展状况也各不相同。因此,对中国城市发展的研究离不开这具有浓厚政治色彩的城市行政级别的角度。接下来我们主要通过对国内外学者关于城市行政级别的研究进行梳理和总结,并且探讨行政级别与城市发展之间的关系,为下文分析模型的建立和数据分析提供理论基础。

1. 国外研究综述

埃兹和格莱塞认为统治者往往追求自身利益的最大化,为了统治稳定和政府及其精英阶层提供良好的居住环境,从而使得各种社会资源向政府所在城市聚集。这也就是城市间发展不均衡的政治因素。

亨德森把政府运用政治手段赋予某些城市优先发展的行为称之为偏袒议(Favoritism),并把这些选定为优先发展的城市称为 Favor City。主要表现在其对资金补贴、外商直接投资的引入、进出口市场方面的优惠政策照顾,为其提供高质量的教育和医疗等资源以及通过一些其他城市的发展来引导资源流入 Favor City[①]。他也强调这种做法的弊端:政府支持某些城市的发展,破坏了公平的竞争环境,导致资源配置的效率低下,大城市资源过度供给,不能有效利用,而小城市却无法得到发展所需要的资金;享有政策优惠的政府部门创造了寻租空间,政府管理部门可以通过发放补贴和准入证的方式获取利益,导致腐败的滋生。

亨德森和贝克尔指出政府在其城市的发展中通过一系列政策上的照顾使其得到优先发展的做法会吸引大量的企业和流动人口,创造更多的工作岗位,这样就会导致城市不断膨胀而超出其实际承载负荷,城市交通拥挤、生活品质下降,公共服务无法满足人群的需求,陷入

---

① Au, C. C., & Henderson, J. V., "Are Chinese Cities Too Small", *The Review of Economic Studies*, Vol. 73, No. 3, 2006, pp. 549–576.

发展的僵局①。我们可以看出,政府在城市的发展中具有重要的影响力。在中国,这种政治手段就是指城市的行政等级序列。

罗曼指出行政等级高的城市往往是各级政府驻地,享有各种资源的优先支配权力,占有更多的公共资源。包括教育、医疗、卫生、交通和基础设施等方面,从而吸引人口集中,促进该城市发展②。

综上所述,国外学者普遍认为,政府运用政治手段和掌握的资源配置能够很好地推动城市的发展。但是,这种方式具有明显的偏见性,享受政府青睐的城市往往有着较高的经济发展水平,而远离政治权力中心的城市则由于没有享受到这样的福利,城市发展也就较为缓慢。同时也认为,这种政治与经济高度结合的方式会破坏城市间公平竞争的环境,造成整体社会资源配置效率低下,使得城市不能很好地沿着市场化的轨迹前行。

2. 国内研究综述

尚莉通过研究中国城市的房价问题,发现城市行政级别对于城市房价收入比有一定的影响,房价收入比偏高的房地产发展健康状况较差③。由此可以看出,在研究代表着中国城市发展程度城市房价问题上,行政级别是一个重要的影响因素,它使得这些享受到政策照顾的城市的房地产过度开发,容易形成经济泡沫。

张占斌和黄锟认为,在新型城镇化建设过程中,城市的行政级别是影响城市发展健康状况的重要指标,城市行政级别越高,距离权力中心越近就越容易享受到政策照顾,而获得较高的行政权力权限,城市也就能够在发展过程中,根据自身的实际情况制定相应的政策、法规,因此发展地也就越健康、合理④。同时也强调,这样的行政干预

---

① Black D. & Henderson, "A Theory of Urban Growth", *Journal of Policitial Economy*, Vol. 107, No. 2, 2003, pp. 252 – 284.

② Romer P. M., "Increasing Returns and Long-run growth", *The Journal of Political Ecomomy*, Vol. 94, No. 5, 1986, pp. 1002 – 1037.

③ 尚莉:《我国不同行政层级城市房价收入比研究》,《中国市场》2014 年第 50 期。

④ 张占斌、黄锟:《我国新型城镇化健康状况的测度与评价——以 35 个直辖市、副省级城市和省会城市为例》,《经济社会体制比较》2014 年第 6 期。

是有悖于城市发展内在规律，应该通过扩大低行政级别城市的自主权，发挥市场在资源配置中的作用，使其在发展中能够发挥自身的优势，促进城市的协调发展。并且，建议增设2—3个直辖市、扩大省直管县试点范围，加快镇改市改革的步伐，这样才能推进城镇化健康发展。

张颖、王振坡、杨楠通过介绍美国小城镇规划、建设与管理的经验，指出小城镇发展主要受制于体制和制度的限制，其中较为重要的一点就是城市行政级别的制约。对于低行政级别的城市而言，提高其对城市管理的权限，下放更多的行政权力，使其在发展中能够享受到政策的照顾进而提升对于城市的管理创新能力[1]。

谢来位建议重构行政区划，适当增加省级行政单位的数量，缩小那些行政区域过大的省份，实现管理的精准化；扩大省级政府的管理权限，在有条件的地区撤销地市级政府，全面实现省直管县[2]。虽然这样的理论，有点脱离中国城市发展的现实状况，但是对于中国城市行政级别的研究有一定的指导意义。城市行政级别作为中国政治行政体制在城市管理上的缩影，有着浓厚的中国特色，它在很长一段时间内会继续存在，决定着一个城市的发展状况。但是，随着各项体制的深化改革，正如谢来位谈到的优化行政区划设置，城市行政级别观念会逐渐淡化，城市的发展会更多地依靠自身的条件，内化与市场机制中。

袁园在文中提出城市病的本质是有限的城市资源与日益增长的城市居民之间的供需矛盾。由于中国传统城市体系依据行政级别分配资源，高行政级别的政府在项目审批、引进外资、财政拨款、产业开发等诸多方面具有优先权，容易获得优质公共资源，结果导致城乡差距明显，剩余劳动力大规模向大城市转移，进而爆发城市病。因此合理

---

[1] 张颖、王振坡、杨楠：《美国小城镇规划、建设与管理的经验思考及启示》，《城市》2016年第7期。

[2] 谢来位：《优化行政区划设置：学理根据与现实选择》，《上海行政学院学报》2016年第2期。

分配公共资源就应该简政放权,破除城市行政级别这种单一的城市行政管理体制,要充分保证市场在公共资源配置中起决定性的作用,使政府内化于市场之中,推动城市健康发展[①]。

宋学文认为城市行政级别这样的制度安排一直伴随着城市发展,是中国城市发展中不可磨灭的痕迹,它会限制行政级别低的城市发展。城市行政体制改革迫在眉睫,其中市管县的体制安排,已经从计划经济时代对经济社会发展起到积极作用到现在阻碍小城镇发展的重要因素[②]。

徐骅、刘志强在研究不同城市建成区绿地率的问题中发现,城市的行政级别高低是造成城市绿化率差异的重要原因,行政级别越高,建成区绿地率的差异性就越大,反之则越小[③]。这是由于高行政级别的城市往往有着较高的财政收入,它们对于城市环境建设有着较高的资金投入,因此,城市的绿化率很高。而行政级别低的城市在绿地建设水平与高级别的城市则存在严重的不平衡。在新型城镇化建设背景下,城市发展应该逐渐淡化行政级别的影响,注重区域城市协调。

车娟娟以城市规模和城市行政级别为视角通过问卷调查及数据分析来研究居民幸福感,结果发现城市规模与级别对居民幸福感具有正向影响,对社会公平有负向影响,不过作用都较小。这也就是说城市规模越大、行政级别越高,环境越和谐、居民越幸福[④]。

邓伟指出,城市的经济发展仍与政治权力的影响息息相关,具体反映就是一个城市的行政级别越高,其经济发展水平就越高,从而导致不同行政级别的城市间的收入存在较为明显的差距[⑤]。因此,我们

---

① 袁园:《河南新型城镇化与城市病治理》,《南昌师范学院学报》2016年第1期。
② 宋学文:《中国市级政府行政层级的形成与改革》,《理论与改革》2016年第1期。
③ 徐骅、刘志强:《我国不同行政级别城市的建成区绿地率差异实证分析》,《苏州科技学院学报》2016年第2期。
④ 车娟娟:《城市规模与级别对幸福感的影响分析》,硕士学位论文,燕山大学经济管理学院,2013年,第35—40页。
⑤ 邓伟:《国有经济、行政级别与中国城市的收入差距》,《经济科学》2011年第2期。

要缩小不同城市的发展差距,应该继续推进市场化的改革,继续降低国有经济的比重,减少政府对经济的干预,淡化城市行政级别对国有经济的影响程度,更加充分地讨论发挥市场机制的作用,促进城市的健康发展。

詹其栎指出省属城市提高行政级别存在着诸多的弊端,不利于中国城市发展的健康格局和整体社会的总体利益,应该给予地级市更多的权力,通过立法来扩大地级城市的政治经济管理权限,只有这样逐渐淡化城市行政级别对于城市发展的根本性影响,构建良性的城市发展态势[①]。

王垚通过建立一个理论模型分析行政等级对城市的形成和发展的作用,结果表明在中国城镇化进程中,行政等级优势对城市人口规模的扩张有明显的促进作用[②]。我们应该认识到,就目前中国的国情来看,即便现在不对高行政级别的城市实施政策优惠,市场的作用依然会造成城市之间发展的差距逐渐扩大。因此,政府对于城市管理十分重要,应该在充分发挥市场机制调节的前提下,在城市发展中扮演治理者的角色,运用市场手段和宏观的政策调整,促进城市发展。

魏后凯认为中国城市发展资源的配置存在明显的行政中心偏向,中央把较多的资源集中在首都、直辖市以及副省会城市,而各省、自治区也把较多的资源配置在省会城市,这直接导致了城市规模的大小及增长速度与其行政等级的高低密度密切相关[③]。改变在资源配置中按照城市行政级别高低来进行的原则,淡化行政级别的影响,使城市在发展过程中,能够根据自身生态环境的综合承载力为依据。

周靖祥指出了在当今中国,党政官员高配的特殊行政治理模式下,政府主导着城市的发展,通过高行政级别城市的城市化所带来的人口红利驱动经济增长,以及利用土地资本化来推动城市空间重构和

---

① 詹其栎:《省属城市提高行政级别存在多种弊端》,《科技导报》2002年第2期。
② 王垚:《政府"偏爱"、行政等级与中国城市发展》,博士学位论文,对外经济贸易大学国际经济贸易学院,2015年,第35—45页。
③ 魏后凯:《中国城市行政等级与规模增长》,《城市与环境研究》2014年第1期。

扩张。中国副省级城市的发展特征是：官员高配下的政治与经济联动、党政官员职称化与更换高频次、依靠土地资本化和城市规模扩张来促进经济增长。同时强调，城市的物理边界应该由经济与人口规模而非土地和辖区来决定，土地资源应该在市场机制的驱动下进行省域范围内的优化配置[①]。

刘雅君回顾了中国城市行政管理体制的发展历程，指出其造成政府职能转变不到位、越位、缺位、错位现象频发；城市政府组织结构不合理、权责分离；城市政府与上下层级之间的职权划分不清楚[②]。在遵循市场机制调节原则的前提下，城市行政管理体制改革迫在眉睫。

刘新静等通过对中国12个大都市城市的竞争力评价和分析指出，这些城区常住人口在500万以上的大城市（行政级别较高）在人口、资源、资金等的集聚效应是城市化进程中的基本规律和特点。如马太效应那样，这些城市的规模会逐渐扩大，城市之间的差距也将进一步拉大[③]。

综上所述，国内学者在城市发展的研究中，都认为城市行政级别是一个重要的因素。对于行政级别高的城市而言，由于靠近权力中心而容易获得政策照顾和资源优先配置，城市在各方面发展都处于领先地位，不过也存在公共资源浪费、资本回报率低、劳动力短缺、生态环境恶化等问题。而行政级别低的城市发展状况则恰好相反，城市处于停滞不前的尴尬局面。国内学者普遍认为，应该逐渐淡化城市行政级别对于城市发展的影响，使每个城市都能够依据市场的运行机制，全面协调地发展。

---

① 周靖祥：《副省级城市发展逻辑：官员配置与增长驱动》，《领导文萃》2016年第1期。

② 刘雅君：《中国城市行政管理体制的回顾与反思》，《现代工业经济和信息化》2012年第16期。

③ 刘新静、张懿玮：《中国大都市城市竞争力评价分析——基于因子分析法》，《同济大学学报》2016年第1期。

(四) 研究方法与文章结构

1. 研究方法

本文所采用的研究方法主要有两种,一种是文献研究法,另一种是定量研究法。

(1) 文献综述法。通过中国知网和图书馆查阅中国城市发展与城市行政级别的相关文献,并对其进行阅读和梳理,归纳出所需要参考和引用的观点。

(2) 定量研究法。运用 SPSS 数据分析软件,通过查阅和整理 2011—2015 年《中国城市统计年鉴》287 个地级市[①]的面板数据,建立多元线性回归模型来实证检验城市发展与城市行政级别之间的关系。具体的分析方法有线性回归分析方法、双变量相关分析法等。

2. 文章结构

谈到城市的发展我们往往从经济的角度来看待和分析其发展,而本文在参考了诸多文献后发现,对于中国特殊的国情来说,从政治的角度来研究城市的发展也就是从城市的行政级别,更具有研究的价值和实际意义。这样也能使得我们提出更加科学合理的城市发展政策建议,为城市构建良性的发展格局,最终提高中国城市总体发展的效率。本文的文章结构具体有四个部分:

第一部分为问题的提出。查阅并梳理国内外学者对于城市发展的研究,以及对中国城市发展现状的观察。提出中国城市发展的行政因素,也就是城市的行政级别来进行研究分析,同时设定城市行政级别对城市发展有着积极的影响这一研究假设。

第二部分为问题的分析。构建一个回归分析模型,引入可衡量城市发展的 5 个指标,(城市 GDP、城区人口数、城市建成区面积、城市建设用地、预算内财政支出)结合《中国城市统计年鉴》2011—

---

① 其中安徽的巢湖市、西藏的拉萨市、青海省的海东市、海南的三沙市等,由于数据不完整,暂不在本文研究范围之内。

2015年287个地级市的数据，运用SPSS进行的回归和相关性分析，实证分析城市行政级别与城市发展之间的关系。

第三部分为实证结论的评价。根据实证分析的结论，对城市行政级别与城市发展的关系，做进一步的分析和评价。

第四部分为政策建议。根据讨论的结果，提出符合中国城市发展现状的政策建议。

（五）创新点和不足之处

1. 创新点

本文的创新点有以下两个方面：第一，从行政级别的角度来观察和研究城市发展。在通常情况下，我们研究城市发展都会从经济角度入手，而本文以行政级别这一视角来研究中国的城市发展，更加符合中国的国情，得出的结论和政策建议也更具有说服力。第二，建立了一个线性回归模型，引入可以衡量城市发展的5个变量（城市GDP、城区人口数、城市建成区面积、城市建设用地、预算内财政支出），并根据2011—2015年《中国城市统计年鉴》相关数据，运用SPSS数据分析软件进行回归分析和相关分析，这就使得对城市行政级别与城市发展的分析更具有权威性。

2. 不足之处

本文通过理论梳理和现实观察提出城市行政级别与城市发展存在着积极性关系的假设，通过SPSS数据分析软件和所掌握的数据来验证这一假设，结果证明它是成立的。本文的不足之处有两点：第一，我们在自变量的选择上范围过小，仅通过观察五个代表城市发展的变量与行政级别的关系就来判断两者之间的关系，未免有些武断。在今后的研究中，一定进行更加全面的分析。第二，在样本选择上，由于样本数量过大和数据的缺失，本文只把全国287个地级市以上的城市作为研究对象，没有选择县级别的城市，这对于城市行政级别与城市发展之间关系的判断缺乏合理性和全面性。

二 问题的提出：中国城市发展的行政因素

在中国，城市之间已经形成了严格且多层次的行政等级体系，这种行政等级制度中包含着资源的配置与使用权利的安排，对于城市发展有着重要的作用。因此，本文从行政级别的角度来进行城市发展的研究。通过城市行政级别和城市发展的相关概念和研究成果的回顾，并根据中国城市发展的现状，提出行政级别对城市发展有着积极影响的研究假设：行政级别高的城市发展迅速，而城市行政级别低的城市则发展缓慢。

（一）城市行政级别的概念和划分

1. 城市行政级别的概念

城市行政级别是指城市在行政管理体制中的等级序列，具有鲜明的中国特色。城市行政等级序列是中国集权行政管理体制在城市管理上的缩影，并对近三十年中国城市发展产生了深远的影响。城市行政等级如同城市的户籍，与这个户籍相配套的一系列制度和政策设计，包括人事、财政、土地、项目审批、开发区设立等，清晰限定了各级城市的发展空间，影响着城市的发展。

德国城市地理学家 W. Christaller 和经济学家 A. Losch 分别在 1933 年和 1940 年提出中心地理论，认为行政原则、市场原则和交通原则支配着中心城市体系的形成，有着严格的级别顺序[①]。Davis & Henderson 将政府运用政治手段赋予某些城市优先发展的行为，称为政府"偏爱"，并把这些被选定为优先发展的城市称为"受欢迎城市"。政府对这些城市的优先照顾主要体现在：资金补贴、外商直接投资的引入、进出口市场方面的优惠政策的照顾以及为其提供高质量的教育与医疗等资源，通过抑制其他城市发展来引导资源流入

---

① 许学强、周一星：《城市地理学》，高等教育出版社 2009 年版，第 45 页。

这些被偏爱的城市①。这种给城市贴上等级标签的行政干预就是城市行政级别的内在含义。

2. 城市行政级别的划分

城市的行政级别就是根据经济发展需要及其在区域中政治及文化作用的不同，对城市行政区划层级的划分。根据2004年第四部《中华人民共和国宪法》规定："中国城市行政区划应该是只有省、县、乡三级的：（1）全国分为省、自治区、直辖市；（2）省、自治区分为自治州、县、自治县、市；（3）县、自治县分为乡、民族乡、镇。直辖市和较大的市分为区、县"②。自治州分为县、自治县、市。自治区、自治州、自治县都是民族自治地方。国家在必要时设立特别行政区。在特别行政区内实行的制度按照具体情况由全国人民代表大会以法律规定。然而实际情况中，中国城市行政级别远远不止这三个级别。中国的城市行政等级的划分有着严格的界定，主要有以下几个级别：

（1）正部级（正省级城市）。是指北京、上海、天津、重庆这四个直辖市。直辖市为地方最高一级别行政区，行政地位与省相同；直辖市与省辖市、地级市管辖区域相同，下辖区、县、市（县级）。

（2）副部级（副省级城市）。一共有15个，包括10个省会所在城市：哈尔滨、长春、沈阳、济南、南京、杭州、广州、武汉、成都、西安；5个计划单列市（"计划单列市"的全称为"国家社会与经济发展计划单列市"，即是在行政建制不变的情况下，省辖市在国家计划中列入户头并赋予这些城市相当于省一级的经济管理权限。）：大连、青岛、宁波、厦门、深圳。这5个城市的收支直接与中央挂钩，由中央财政与地方财政两分，无须上缴省级财政，享受着省一级的经济权限。副省级受省级行政区管辖，其最高行政官员（市长）对应的行政级别为副省长级（副部长级）。

---

① Davis. J. C. & Henderson, "J. V. Evidence on the Political Economy of the Urbanization Process", *Journal of Urban Economics*, Vol. 53, No. 1, 2003, pp. 98 – 125.

② 参见1982年，第四部《中华人民共和国宪法》第一章总纲中，第三十条和第三十一条规定。

（3）准副部级。（准副省级城市）除去副省级城市其余所有的省会城市，由于是各省的中心城市，一般也都享有比一般地级市更优惠的待遇，省会城市的市委书记通常是省委常委甚至由省委副书记兼任。需要强调的是，在有的版本中，把"较大的市"划分为准副省级城市的级别中，而本文为了下文数据分析的方便性，将其划分到正厅级城市的序列中。

（4）正厅级（一般地级市）。包括除上述提到的正部级城市、副省会城市、准副省会城市剩下的所有的地级市。以及国务院批准城市的16个"较大的市"（"较大的市"是一个法律概念，是为了解决地级市立法权而创设的）。一旦获得"较大的市"地位，就拥有了地方性法规和地方政府规章的立法权。国务院共四次审批了共19个"较大的市"[①] 包括：唐山市、大同市、包头市、鞍山市、抚顺市、吉林市、齐齐哈尔市、无锡市、淮南市、洛阳市、宁波市、邯郸市、本溪市、淄博市、苏州市、徐州市。这些城市有权在不违背所属省的法律情况下制定自己城市的一些行政法规。

（5）正处级（县级市）最基层的城市，县级市一般由所在地的地区或地级市代管。截至2017年3月5日，中国大陆地区共计360个县级市。

（6）副处级（镇级市）也被称为县辖市，主要指一些经济实力较强的镇由镇级政府承享有县级政府管理权限，从而推动城镇向城市转型。主要在安徽、浙江等几个省试点，还未在全国普及。

需要说明的是：本文在数据分析的时候由于县级市的样本数量过大、镇级市数据不全面，就在下文数据分析时，排除了县级市和镇级市这两个城市级别，只保留四个序列，也就是正部级、副部级（副省会城市）、准副省级、一般地级市这四个行政等级序列，一共包括287个城市。

[①] 重庆因升格为直辖市，青岛以及大连升级为副省会城市而不再是"较大的市"。因此，目前国内实际存在的"较大的市"只有16个。

(二) 城市行政级别对城市发展的影响

由于受制于中国当前所处的国际环境以及自身的发展特点，发挥城市的集聚效应对中国经济的发展越来越重要并发挥着举足轻重的作用。然而，自改革开放以来，中国经济虽有突飞猛进的增长趋势，但城市的形成与发展依然处于转型时期，这就造就了中国城市发展既不同于发达国家成熟的市场经济模式，也区别于传统的计划经济模式。中国的特殊国情决定了中国的经济发展是市场调节和政府干预共同作用的结果。相对于市场调节作用而言，政府的干预政策在整个经济发展中居于主导地位。政府通过调节资源再分配来促进经济的发展，而尤为重要的是，通过设定城市等级序列来影响经济。从近年来的财政体制改革中不难看出，"财权上收，事权下移"的现象导致了中国不同行政级别的城市在责任权利上的严重不平等。毫无疑问，对于行政级别较低的县级市以及乡镇来说，即使花费了大量的精力来承担大部分公共事务，但受制于有限的财力投入以及较低的管理权利，经济的发展还是远远落后于行政等级序列高的城市。

中国的城市设置主要采取整建制设市的模式，现有的建制市均是包括城区与乡村在内的行政区域，而且不同的城市处于行政区划的不同层级，拥有不同的行政级别，其政治地位、立法和管理权限差别很大，下级城市（镇）严格服从上级城市的领导。这种依靠行政力量建立起来的城市行政等级体系，是中国城市不同于国外城市的根本特点。正是由于这种城市行政等级体系的存在，处于不同行政等级的城市，其政治地位、获得的资源和权益甚至发展机会都迥然不同。城市的发展需要各种资源的聚集形成的规模效应，在中国由于城市间存着严格且等级分明的行政级别，高行政级别的城市在资源配置中享有优先权，对于城市发展的影响主要有以下三个方面。

1. 党政官员配置

虽然城市的行政首长都被称为市长，但行政级别却相差甚远。直辖市的市长是省部级干部，副省级市的市长是副省部级干部，地级市的市长是厅局级干部,县级市的市长是县处级干部,镇级市市长是科级干部。这种以人事管理制度为基础的城市行政管理体制,决定着一个城市在资源配置中的优先权,以及城市在管理中的行政权限的大小。低行政级别的城市由于受上级高行政级别城市的领导,在城市各方面的建设中要优先考虑上级城市的需求,资源配置和政策的倾斜使得高行政级别的城市在发展中更容易形成规模效应,城市发展也就越快。

2. 税收财政安排

自1994年中国实行分税制改革以来,形成了国家、省、地(地级市)、县、乡五级财政。由于处于社会底层的农民生活状况不好,地方政府为了缓解农民的税务负担,开始大力推广"乡财县管"的改革。因此,中国现在的税收层级主要有:国家、省级、地市级、县级,这四级财政。分税制改革导致中国基本上形成了"财权上缴,事权下放"的城市管理格局。高行政级别的城市,由于靠近权力中心而更加容易获得中央的财政转移支付,有着较强的财政能力,在城市管理和建设中有充足的资金保证。因此,城市行政级别是导致城市间财政能力差异的根本性原因。

3. 项目审批权限

根据《中华人民共和国城乡规划法》规定:城镇空间布局和规模控制,重大基础设施的布局,为保护生态环境、资源等需要严格控制的区域由省级政府制定并报国务院审批。直辖市的城市总体规划由直辖市人民政府报国务院审批。省、自治区人民政府所在地的城市以及国务院确定的城市的总体规划,由省、自治区人民政府审查同意后,报国务院审批。其他城市的总体规划,由城市人民政府报省、自治区人民政府审批[①]。国家在法律层面上的规定,使得高行政级别的城市政府拥有较高的项目审批权限,就能够较为自由地制定符合城市实际情况的城市发展规划。而低行政级别的城市则由于城市层级较多,导致城市项目审批周期过长、审批难度大、资源浪费严重等问题。20

---

① 2007年,《中华人民共和国城乡规划法》第二章,第十二条—第十四条规定。

世纪90年代中期,国家开始编制土地利用总体规划,依据规划实行对各级政府的土地用途和总量管理,土地利用规划划分为国家、省、地(地级市)、县、乡五个层级,且土地指标由上而下逐级分解落实。对于城市而言,城市建设用地是城市发展的土地资源保证,而新增城市建设用地指标则更多地分配给行政级别较高的上级政府。这样的制度安排就直接限定了每个城市的城市规模和发展前景,导致城市由于行政级别的差异而发展失衡。

这种按照城市等级序列高低的方法来赋予权力的做法有利于行政级别高的城市大规模发展,而阻碍了基层中小城市的发展,是其致命的缺陷。随着这种体制制度不断深化,久而久之中国城市经济发展就会出现两极分化现象:大城市发展速度快,发展趋势好,而中小城市以及偏远的农村则发展缓慢,甚至停滞不前。这种因行政等级不同形成的城市间不平等以及政府资源配置的行政中心偏向,在市场力量的合力作用下,将产生一种交叉复杂的相互强化效应,导致近年来高行政等级的大城市过度膨胀扩张,人口激增、交通拥堵、生态环境的恶化等城市病的出现以及社会公共资源的严重浪费,而行政级别低的城市发展则受到各项政策的限制而发展较为缓慢,城市整体的发展效率低下。城市的行政等级制约着小城市的发展,尤其是在当今新型城镇化的背景下,这不利于构建良性的中国城市总体发展格局。

(三) 相关研究成果分析和现实考究

由于中国特殊的国情,对于中国城市发展的研究离不开行政级别这一政治因素的考量。这也需要通过对城市发展与行政级别的理论与现实的分析,使得本文关于城市发展的行政因素问题的提出更加具有说服力。

1. 研究成果

Henderson指出政府运用政治手段,在其城市的发展中通过一系列政策上的照顾使其得到优先发展的做法会导致公共资源配置效率低下、大城市资源过度供给不能有效利用、小城市缺少资金支持而发展缓慢①。我们可以看出，行政干预影响着城市的发展，具有重要的研究价值。在中国，这种政治手段就是指城市的行政等级序列。城市房地产的发展状况以及和城市人均收入之间的关系是衡量一个城市经济的重要指标，尚莉分别从房价收入比和房价高低与行政级别关系上进行了研究，结果发现：中国城市的行政级别高低的确对城市的房价收入比和房价高低存在着积极的影响②。张占斌、黄锟在评价中国新型城镇化的健康程度中也发现，城市的行政级别越高，城市发展的也就越好，健康程度越高③。宋学文指出，在中国当前特殊的国情中，城市行政级别这一体制会长期存在，并对城市的发展有着深刻的影响。在遵循市场经济体制运行的前提下，进行省直管县改革，提高县级城市的行政级别，是激活其市活力的有效措施，因此，合理地进行城市行政体制制度的改革有利于城市间的协调发展④。张耀宇、陈利根通过固定效应模型分析指出，中国城市行政级别对于城市用地扩张有着积极的影响，城市土地资源的合理配置是城市发展的保证，城市间权力的平等是城市土地资源合理的前提。城市行政级别的高低造成土地资源配置的不平等是城市行政级别对城市发展影响的重要体现⑤。邓伟指出城市行政级别对经济的影响主要通过对相应数量的国有大型企业的控制来实现的，这使得不同行政级别城市间经济发展不均衡，因此应该降低其在企业中的比重，减少政府对经济的干预，对国有经济进行市场化改革，充分发挥市场在资源配置中的重要作用，促进城市

---

① Au, C. C. & Henderson, J. V., "How Migration Restrictions Limit Agglomeration and Productivity in China", *Journal of Development Economics*, Vol. 80, No. 6, 2006, pp. 350–388.
② 尚莉：《我国不同行政层级城市房价收入比研究》，《中国市场》2014 年第 50 期。
③ 张占斌、黄锟：《我国新型城镇化健康状况的测度与评价——以 35 个直辖市、副省级城市和省会城市为例》，《经济社会体制比较》2014 年第 6 期。
④ 宋学文：《中国市级政府行政层级的形成与改革》，《理论与改革》2016 年第 1 期。
⑤ 张耀宇、陈利根：《中国城市用地扩张驱动机制的差异性研究》，《资源科学》2016 年第 1 期。

间协调发展①。王垚指出在中国城镇化进程中,行政等级优势对城市人口规模的扩张有明显的促进作用②。同时强调,行政级别等级序列所造成的城市间发展差距会由于市场的作用长期存在,因此,政府应该由在城市发展中所扮演的管理者角色,向治理者角色转变,通过市场化的手段和政府的政策来促进城市的发展,形成良性的城市发展格局。王麒麟通过数据分析证明,城市行政级别对城市服务业的发展有着积极的影响:行政级别高的城市更易于获得较多投资来发展服务业,其在金融体系、金融软环境的建设上的资金优势就越明显,城市就有充足的资金保证而得到迅速发展③。

通过以上关于城市发展与城市行政级别的研究成果梳理和分析,我们可以看出,城市行政级别影响着城市发展的各个方面,是研究中国城市发展一个重要的视角,尤其在全面建成小康社会的关键时期。这也有助于我们在新型城镇化道路推进过程中正确认识政府与市场之间的关系,从而科学地用"有形之手"和"无形之手"促进城市之间的协调发展,形成可持续性的城市发展格局。

2. 现实考究

从上述的国内外学者的研究我们可以看出,从行政级别的角度来研究城市的发展是非常符合现实的,尤其是对于中国而言。理论上讲,中国城市的行政级别对城市的发展有着重要的影响作用,也就是说,行政级别越高,城市发展的也就越快,反之则相反。然而现实情况是否如此呢,这值得我们进一步探究。

以河南省为例,我们观察城市发展的各方面指标都与行政级别有着密切的关系。郑州市作为河南省的省会,行政级别大于其余17个地级市;洛阳市是国务院批准的"较大的市",其市委书记是省委常

---

① 邓伟:《国有经济、行政级别与中国城市的收入差距》,《经济科学》2011年第2期。

② 王垚:《政府"偏爱"、行政等级与中国城市发展》,博士学位论文,对外经济贸易大学,2015年,第35—45页。

③ 王麒麟:《城市行政级别与城市群经济发展——来自285个地市级城市的面板数据》,《上海经济研究》2014年第5期。

委、副省长,行政级别仅次于郑州市。以河南省2011年的各项数据为例①(见表1所示):郑州市2011年城区人口数为529.8万人、市辖区生产总值为2291.5145亿元、第三产业占GDP的比重为65.05%、每百人公共图书馆藏书为88.2册、普通中学数量为143所、医院卫生院个数为127个。郑州市的各项指标都是河南省第一。这些指标衡量这一个城市的发展状况,指标的高低能直接说明城市行政级别对于城市的发展有着积极的影响。当然不可否认的是,这也由其特殊的地理位置决定的,它承东启西、连接南北,京广、陇海两大铁路干线交汇所在,同时也是中原腹地。从行政级别的角度来看,郑州作为河南省省会这一高行政级别城市的优势使得郑州市在发展的过程中,能够优在资源配置和政策照顾,城市的发展是领先于其他地市的(见表1)。

表1　　　　　　　　　2011年河南省各地市相关指标

城市名称	市辖区人口数(万人)	市辖区生产总值(万元)	第三产业占GDP的比重(%)	每百人公共图书馆藏书(册)	普通中学数量(所)	医院、卫生院数(个)
郑州市	529.8	22915145	65.05	88.2	143	127
开封市	86.4	2476624	50.59	64.27	43	53
洛阳市	168.4	8966279	48.92	42.86	90	91
平顶山市	104.7	5287515	23.12	46.66	61	64
安阳市	111.1	3982004	38.32	59.2	59	46
鹤壁市	62.7	2425419	21.45	52.74	39	31
新乡市	102.8	441723	47.67	68.39	66	59
焦作市	84.7	2855836	42.77	41.76	47	43
濮阳市	69	3048785	21.19	60.14	63	39
许昌市	41.7	2506547	25.79	132.54	28	44

① 由于篇幅所限,2012—2015年的数据就不在列举,数据均来自《中国城市统计年鉴》。

续表

城市名称	市辖区人口数（万人）	市辖区生产总值（万元）	第三产业占GDP的比重（%）	每百人公共图书馆藏书（册）	普通中学数量（所）	医院、卫生院数（个）
漯河市	140.8	4564094	22	19.95	50	34
三门峡市	29.8	1300229	42.1	109.56	17	18
南阳市	191	5130584	41.47	41.38	94	105
商丘市	179.3	2701219	32.23	16.61	82	41
信阳市	149.1	3278523	35.58	23.96	69	58
周口市	61.5	1366732	47.58	11.38	26	29
驻马店市	91.9	2159073	37.89	18.52	37	22

郑州市是河南省仅有的拥有地下轨道交通的城市，而洛阳市2016年年底地铁1、2号线也已经开工，其余地市则没有这样的规划。需要强调的是，根据《中华人民共和国城乡规划法》规定：直辖市、省会城市和国务院批准城市的"较大的市"城市的总体规划须报国务院审批，而其他低行政级别的城市的总体规划则需要向省政府报案审批[①]。由此，高行政级别的城市在项目审批过程中距离权力中心越近，往往会得到相应的政策照顾从而更加容易获得批准。一般的地级市由于行政级别较低，距离权力中心较远，它在项目审批过程中需要先报于本省批准再上报国务院备案，因此，这些城市的项目申报就相对不容易获得批准。

综上所述，我们很容易看出郑州市在经济总量、人口、基础建设、社会公共资源等各个方面和其余地市比较，都占有着绝对性的优势，城市发展自然最好。笔者是洛阳人，在郑州求学，就本人的实际生活体验来讲，郑州市明显比洛阳各个方面都发展得要好、要快。河南省的实际情况告诉我们：城市的行政级别越高，城市发展得也就越

---

① 根据2008年1月月实施的《中华人民共和国城乡规划法》规定。

好。即便在全国范围内,笔者相信也是如此。比如说北京市一定比石家庄市发展得要快,石家庄市也一定比保定市发展得要好。因此,我们都可以看出:城市的行政级别影响着城市的发展的诸多方面,并且起着重要的作用,行政级别越高,城市发展得也就越好。这也为下文的研究假设的提出和实证分析奠定了基础。

(四) 研究假设的提出和计量模型设定

1. 研究假设的提出

根据上文的理论分析和现实考究,我们提出这样一个假设:城市的行政级别与城市发展之间关系密切,且城市行政级别越高,城市发展得也就越快,反之则相反。我们可以建立一个计量分析模型,引入市辖区 GDP、城市人口数、城市建成区面积、城市建设用地和预算内财政支出这五个可以衡量城市经济、社会发展的指标,并通过中国 287 个地级市的面板数据来分析城市行政级别与城市发展的关系。

2. 计量模型的设定

本书用城市年末的 GDP 来衡量一个城市的发展程度,设其为方程的因变量。考虑到每个城市的异质性和要素禀赋,我们分别用城区年末的人口数(万人)、年末城市建成区面积(平方公里)、年末城市建设用地(平方公里)、年末城市预算内财政支出(亿元)、城市行政级别(哑变量)作为自变量,分析城市行政级别与代表城市发展的这些变量之间的关系,

我们根据上述的变量设定,建立一个多元回归模型来量化分析城市行政级别和城市发展之间的关系。具体回归方程如下:

$$Y = a + b_1 X_1 + b_2 X_2 + b_3 X_3 + b_4 X_4 + X_5 + c$$

其中,Y 表示市辖区城市 GDP(万元),X_1 表示市辖区年末总人口数(万人),X_2 表示建成区面积(平方公里),X_3 表示市辖区城市建设用地(平方公里),X_4 表示市辖区预算内财政支出(亿元),

X5 表示城市的行政级别（虚拟变量）①。

（五）变量解释以及数据来源

1. 变量解释

（1）城区年末人口数（万人）。它衡量一个城市对于人口的吸引力的大小。由于一个城市行政级别直接影响着城市发展的快与慢，城市发展的好坏又会导致其对人口的吸引力大小的不同，城市发展的好，人口就会由于集聚效应而流向这些城市，因此，年末城市人口数是衡量一个行政级别与城市发展关系的直接指标。

（2）年末城市建成区面积（平方公里）。它衡量城市的城市规模的大小，是城市发展扩张最基本的条件。由于城市的行政级别越高，它得到的用地指标也就越高，城市的规模自然就越大，故年末城市的建成区面积（平方公里）代表着城市规模的大小，与城市行政级别密切相关。

（3）年末城市建设用地（平方公里）。它是一个城市扩张、发展的土地资源基础，是衡量一个城市项目审批权限的重要指标，权限的大小则是根据城市距离行政权力远近，也就是城市行政级别的高低来决定的。由于中国特殊的国情，行政级别越高的城市拥有越自由的审批权限，而土地利用总体规划则实行对各级政府的土地用途和总量管理，且由上而下逐级分解落实。因此，城市建设用地（平方公里）能间接反映城市行政级别与城市发展之间的关系。

（4）年末城市预算内财政支出（万元）。它是衡量一个城市对于教育、科学、医疗、公共事业等重视程度的指标。中国实行分税制以来，财权上交，事权下放，地方财政在收入有限的情况下又要承担着本地区各类事务的管理，心有余而力不足。而中央的财政在转移支付时候很难做到公平公正，往往是行政级别越高的城市得到的越多，而

---

① 虚拟变量（Dummy Variables）又称哑变量。它是用以反映事物的属性的一个人工变量，是量化了的自变量，通常取值为 0 或 1。引入哑变量可使线形回归模型变得更复杂，但对问题描述更简明。

低级别的城市承担着主要的事务却得不到应有的财政转移支付。因此，从城市预算内财政支出（亿元）的角度也可以看出城市行政级别对于城市各项公共事业建设的影响。

（5）城市行政级别。关于中国城市行政级别的划分，本文为了分析的方便性，将其划分为四个级别：

正部级城市（直辖市）。有北京市、天津市、重庆市、上海市这四个直辖市，虚拟变量取值为1。

副部级城市（副省级城市）。有哈尔滨市、长春市、沈阳市、大连市、济南市、青岛市、南京市、杭州市、宁波市、广州市、深圳市、厦门市、武汉市、西安市、成都市这15个副省级城市，虚拟变量取值为2。

准副部级城市（准副省级城市）。包括除副省级城市以外的其余的16个省会城市①，虚拟变量取值为3。

正厅级城市（一般地级市），包括除上述提到的正部级城市、副省级城市、准副省级城市剩下的所有的地级市，以及国务院批准城市的16个较大的市②，国务院四次审批了共19个"较大的市"。其中，重庆因升格为直辖市而不再是"较大的市"，青岛和大连升级为副省会城市。因此，目前国内实际存在的经批准的"较大的市"只有16个，包括：唐山市、大同市、包头市、鞍山市、抚顺市、吉林市、齐齐哈尔市、无锡市、淮南市、洛阳市、宁波市、邯郸市、本溪市、淄博市、苏州市、徐州市。虚拟变量取值为4。

2. 样本和数据来源

由于时间所限，在样本的选择上，本文仅以全国地市级以上的城市为样本（县级市、镇级市由于数量过多且各个省份的实际情况不同，给予排除在外）。在此范围内，我们以全国范围内的287个地级

---

① 拉萨市由于统计数据缺失，暂不在本书的研究范围。
② 较大的市是一个法律概念，是为了解决地级市立法权而创设的。一旦获得"较大的市"地位，就拥有了地方性法规和地方政府规章的立法权。

市及其以上城市为研究对象①,通过量化分析来探究城市行政级别对城市发展的几个方面的影响及其大小。

在数据来源上,本文所使用的数据均来自2011—2015年《中国城市统计年鉴》。本文通过对这五年的数据进行梳理和总结可以看出,中国城市各项指标均衡增长,城市发展较为迅速;中国的城镇化率总体上达到56.1%,基本上达到中等发达国家水平,进入新型城镇化建设中。因此,我们选择这五年的数据来进行本文的实证分析,可以很好得体现出中国城市当前的发展状况,具有很强的说服力和代表性。

三 实证分析:中国城市发展与行政级别的关系

本文主要运用SPSS的多元线性回归分析、双变量相关分析这两种方法来分析城市行政级别与城市发展之间的关系是否如我们上文所提到的那样:城市的发展与城市行政级别密切相关,随着行政级别的递增,城市发展得也就越快、越好。对于城市发展的衡量指标我们选择市辖区年末总人口数、市辖区建成区面积、市辖区城市建设用地、市辖区预算内财政支出这四个变量。通过构建多元线性回归分析及相关性分析方法来分析它们与城市行政级别之间的关系。

(一) 多元线性回归分析

根据中国城市发展的现状和特殊的城市行政管理体制,本文选择市辖区生产总值、年末总人口、建成区面积、城市建设用地、预算内财政支出这五个能够衡量城市发展现状的变量来进行本书的实证分析。通过建立回归方程来观察它们与城市行政级别的关系,进而判断

---

① 其中安徽的巢湖市、西藏的拉萨市、青海省的海东市、海南的三沙市由于数据不完整,暂不在研究范围内。

城市行政级别对城市发展的利与弊。根据上文所设定，研究城市行政级别和城市发展的回归方程如下：

$$Y = a + b1X1 + b2X2 + b3X3 + b4X4 + X5 + c$$

1. 回归方程的解释

在 SPSS 中选择线性回归分析，设因变量 Y 为市辖区 GDP（亿元），自变量分别为：X1 表示市辖区年末总人口数（万人），X2 表示市辖区建成区面积（平方公里），X3 表示市辖区城市建设用地（平方公里），X4 表示市辖区预算内财政支出（亿元），X5 表示城市的行政级别。（由于城市行政级别是虚拟变量，需要设定 1、2、3、4 分别为正部级城市、副省级城市、准副省级城市、一般地级市。）通过建立这样的模型来观察城市行政级别与具有代表性城市发展变量之间的关系，使得下文的结果分析更加符合实际。

2. 变量的独立性和正态性检验

首先要进行变量间的独立性检验。在 SPSS 软件进行回归分析时，变量之间存在独立性是进行分析最基本的条件，如果各变量存在相关联性，则说明设定的回归方程式存在多重共线性，回归方程式的建立是没有意义的。

整理 2011—2015 年《中国城市统计年鉴》287 个地市相关的数据，录入 SPSS 中进行共线性诊断。以 2011 年的数据为例，如表 2 所示：

表2　　　　　　　　　　2011 年变量的共线性诊断

自变量	共线性统计量	
	容差	VIF
X1	0.321	3.117
X2	0.175	5.722
X3	0.182	5.481
X4	0.315	3.175
X5	0.334	2.996

如表2所示：自变量X1、X2、X3、X4、X5的容差（tolerance）分别为0.321、0.175、0.182、0.315、0.334；方差膨胀因子VIF分别为3.117、5.722、5.481、3.175、2.996。容差都大于0.1且VIF都小于10（容差大于0小于1或者VIF小于10说明自变量之间不存在严重的共线性），因此可以说明自变量之间不存在严重的共线性，可以建立线性方程（2012—2015年的数据检验也不存在共线性）。

其次，要判断变量是否符合正态性分布。变量符合正太分布也是线性回归方程成立的前提条件。正态性检验结果如表3所示：

表3　　　　　　　　　2011年变量的正态性检验

变量	单样本卡方检验	显著性水平
X1	正态分布	0.000
X2	正太分布	0.000
X3	正态分布	0.000
X4	正态分布	0.000
X5	正态分布	0.000

通过2011年变量数据的单样本非参数检验，如表2所示：X1、X2、X3、X4、X5都为0.000小于显著性水平的0.05，在0.05上显著，因此符合正态性分布。

3. 数据分析

把2011—2015年中国287个城市的面板数据整理录入SPSS软件中，选择回归分析中的多元线性，方法为进入，置信区间设定为95%、显著性设定为0.05。通过整理，具体输出数据如表4所示：

表4　　　　　　　　2011年—2015年数据分析结果

年份	2011	2012	2013	2014	2015
R^2	0.906	0.923	0.932	0.935	0.941
F值 Sig.	0.000	0.000	0.000	0.000	0.000
回归系数					
X1	0.108	0.111	0.042	-0.096	-0.028
X2	0.95	0.89	-0.146	0.695	0.221
X3	-0.64	-0.44	0.452	-0.99	0.233
X4	0.780	0.750	0.612	0.485	0.505
X5	-0.082	-0.118	-0.046	-0.014	-0.079
T值 Sig.					
X1	0.001	0.001	0.188	0.010	0.347
X2	0.030	0.028	0.010	0.000	0.001
X3	0.140	0.258	0.000	0.237	0.001
X4	0.000	0.000	0.000	0.000	0.000
X5	0.011	0.000	0.012	0.008	0.002

从表4我们可以看出：

（1）模型拟合度概述。2011—2015年数据表明，回归方程的R^2分别等于0.906、0.923、0.932、0.935、0.941。这些数值都较大，说明模型和数据拟合度很高，不被解释的变量较少，我们建立的回归方程能够很好地分析城市发展与城市行政级别之间的关系，并且数据分析在统计学上也有实际意义。

（2）方差分析。表4所示自变量X1、X2、X3、X4、X5的F值的统计量的显著性水平都等于0.000（也就是方差系数Sig.），都在0.05下显著，说明自变量和因变量之间存在线性关系，我们建立的回归方程是成立的，能够验证我们的假设。

（3）回归系数分析。首先，从2011—2015年的数据分析结果来看，自变量X5（城市行政级别）的T统计量的概率P值（回归系数Sig.值）分别为0.011、0.000、0.012、0.008、0.002，且都小于0.05，都在0.05上具有显著性，说明自变量X5和因变量Y之间存在的系数关系是成立的，两种存在的相关性是成立的。

其次，自变量 X5 和因变量 Y 对应的标准化系数分别为 -0.082、-0.118、-0.046、-0.014、-0.079，且对应的 Sig. 值都在 0.05 上显著。由于，自变量 X5 表示的是城市行政级别是由 1 到 4 逐渐递减的，1 代表的是最高行政级别的城市，4 代表最低级别的城市，因此自变量 X5（城市行政级别）和因变量 Y（市辖区 GDP）是成正相关的关系，从我们的面板数据分析结果来看，市辖区的 GDP 大小是和城市的行政级别的关系是显著的，存在着正相关关系。也就是说，在一般情况下，城市行政级别越高，城市的 GDP 也就越高。GDP 是衡量一个城市的发展状况的最重要的指标，城市行政级别越高，城市也就发展的越好。这一点也较为容易理解，高行政级别的城市资源聚集能力和行政权限是低级别的城市不可与之相比，这种与生俱来的优势经过城市规模效应和市场效应形成一种复杂的力量推动着城市经济迅速发展。

最后，在经济发达的地区，有的城市可能行政级别较低，但由于特殊的区位优势和资源优势往往经济发展水平较高，呈现很高的城市 GDP。由此，我们不能说城市的 GDP 越大，城市的行政级别一定就越高，但是行政级别高的城市由于先天性的优势，一定是有相对高的 GDP。正是由于这样的原因，才有了国家对于"镇级市"的改革试点工作，通过提高城市的行政级别使其与它的经济发展水平相适应，更好地推动城市发展。这也从侧面反映了，中国城市的行政级别需要和城市的经济社会发展水平相匹配。从中国 287 个地级市以上的城市整体的面板数据来看，中国城市的 GDP 确实是跟城市行政级别密切相关且呈正相关关系。

（二）相关性分析

由于上文提及的回归方程所反映的变量关系只能说明城市的 GDP 随着城市的行政等级的提高而递增，但这只是从整体的情况来进行比较，它并不能充分地证明城市行政级别与代表城市发展其他方面存在显著性联系。这是由于城市的发展是需要从多个方面来考量的，GDP 的大小只能说明城市经济发展的好坏，并不能说明行政级别和城市其他方面之间的关系,比如说人口、城市规模、城市规划权限、公共财政支出。因此,需要我们根据上文建立的模型,用 SPSS 中回归分析中的双变量相关法来观察 Y 市辖区 GDP、X5(城市行政级别)与代表城市发展的几个方面 X1(市辖区年末总人口数)、X2(市辖区建成区面积)、X3(市辖区城市建设用地)、X4(市辖区预算内财政支出)之间的关系,从而更加充分地分析城市行政级别与城市发展之间的联系。

1. 正态性检验

通过对自变量的非参数检验得知,市辖区 GDP、市辖区年末总人口数、市辖区建成区面积、市辖区城市建设用地、市辖区预算内财政支出这 5 个变量都在 0.00 上显著,符合正态性分布的,由此在 SPSS 中双变量相关中可以选择 Pearson 相关系数来观察城市行政级别和其他变量之间的关系。

2. 数据分析

在 SPSS 中选择回归分析中的双变量相关分析,导入 2011—2015 年《中国城市统计年鉴》287 个城市的面板数据,选择 Pearson 相关系数法,显著性检验选择为双侧检验,具体输出结果经过整理如表 5 所示。

表 5　　　　　　　2011—2015 年相关性分析结果

Pearson 相关性 X5		X1	X2	X3	X4
年份	2011	-0.788*	-0.523**	-0.467**	-0.742**
	2012	-0.788*	-0.523**	-0.489**	-0.742**
	2013	-0.508*	-0.529**	-0.532**	-0.528**
	2014	-0.516*	-0.527**	-0.518**	-0.525**
	2015	-0.786*	-0.809**	-0.797**	-0.742**
显著性(双尾)		0.000	0.000	0.000	0.000

注:** 表示在置信度(双侧)为 0.01 时,相关性是显著的。

如表 5 数据所示,X5(城市行政级别)与其他变量呈现如下关系：

（1）2011—2015年的数据表明，X5与X1的相关系数分别为 -0.788、-0.788、-0.508、-0.516、-0.786。双尾检测显著性水平为0.000小于0.01，相关性是显著的。同样由于，自变量X5表示的是城市行政级别是由1到4逐渐递减的，1代表的是最高行政级别的城市，4代表最低级别的城市，所以说城市行政级别与城市辖区年末总人口是正相关性的，城市行政级别越高城市的人口也就越多。高行政级别的城市具有优先的资源配置和政策安排，因此和行政级别较低的城市相比，有着更好的医疗、教育、工作、生活、公共服务水平。正是这样的吸引力，人们纷纷涌入这些行政级别较高的大城市，使得城市的人口急剧飙升。综述所述，城市的行政级别对城市的人口有着积极的影响。

（2）2011—2015年，X5与X2的相关系数分别为 -0.523、-0.523、-0.529、-0.527、-0.809。双尾检测显著性水平为0.000小于0.01，双尾检测相关性是显著的。同样由于城市行政级别虚拟变量的原因，城市行政级别与市辖区建成区面积存在着显著性的正相关关系。《中华人民共和国城市规划法》规定：直辖市城市总体规划由直辖市人民政府报国务院审批。省、自治区人民政府所在地的城市以及国务院确定的城市的总体规划，由省、自治区人民政府审查同意后，报国务院审批。其他城市的总体规划，由城市人民政府报省、自治区人民政府审批①。由于高行政级别的城市靠近权力中心，它们容易得到城市用地指标的照顾，建成区面积自然高于其他城市。有了较大的建成区面积，城市的规模才会进一步扩张，说明城市发展也就越有前景。由此，城市行政级别与城市建成区面积存在着显著性的正相关关系，行政级别越高城市的建成区面积也就越大，城市的规模也就越大，城市所发挥出来的潜力和吸引力也就越大。

---

① 根据2007年实施的《中华人民共和国城乡规划法》第十二条、第十三条、第十四条规定。

(3) 2011—2015 年,X5 与 X3 的相关系数分别为 -0.467、-0.489、-0.532、-0.518、-0.797,双尾检测显著性水平为 0.000 小于 0.01,双尾检测相关性是显著的。这说明城市行政级别与城市建设用地存在正相关关系,城市行政等级越高,城市建设用地也就越多。由于中国特殊的国情,城市各项用地指标受到中央的严格控制,行政级别高的城市靠近权力中心而得到较高的城市建设用地指标,城市各项基础建设才会越完善。因此,城市的行政级别对于城市建设用地的影响是显著的。

(4) 2011—2015 年 X5 与 X4 的相关系数分别为 -0.742、-0.742、-0.528、-0.525、-0.742,双尾检测显著性水平为 0.000 小于 0.01,双尾检测相关性是显著的。我们可以判断,城市行政级别与城市预算内财政支出存在显著的正相关关系,城市行政级别越高,城市预算内财政支出也就越高。城市预算内财政支出主要包括科学技术支出、教育支出、医疗卫生支出等。城市的财政支出高说明城市用于公共事业建设有充足的资金支持,城市发展也就越好。

3. 稳健性检验

为了确保相关分析的结果更加准确,本文又采用双变量分析的 Kendall 的 tau-b（K）相关系数来判断城市行政级别和其他变量之间的相关性,详细分析结果见表 6。

表 6　　2011—2015 年稳健性检验结果

Kendall tau-b X5		X1	X2	X3	X4	X5
年份	2011	-0.425**	-0.441**	-0.429**	-0.441**	-0.431**
	2012	-0.425**	-0.441**	-0.435**	-0.441**	-0.431**
	2013	-0.419**	-0.438**	-0.441**	-0.437**	-0.433**
	2014	-0.426**	-0.437**	-0.428**	-0.435**	-0.434**
	2015	-0.421**	-0.439**	-0.432**	-0.423**	-0.435**
显著性（双侧）		0.000	0.000	0.000	0.000	0.000

注:** 表示在置信度（双侧）为 0.01 时,相关性是显著。

如表 6 所示，2011—2015 年城市行政级别与城市人口数、城市建成区面积、城市建设用地、市辖区年末 GDP、市辖区财政预算内支出这五项变量之间的相关性是显著的。以 2011 年数据为例，它们之间的相关系数分别 -0.425、-0.441、-0.429、-0.441、-0.431，虽然相关系数有所下降，但都还是在 0.01 上具有显著性的。这也充分说明城市行政级别与城市人口数、城市建成区面积、城市建设用地、城市预算内财政支出存在正相关关系。

四 分析结论的评价

（一）实证分析的结论

我们通过整理 2011—2015 年中国 287 个城市的相关数据，利用 SPSS 软件进行多元回归分析、双变量相关分析，输出结果表明：

首先，城市行政级别与城市 GDP 之间存在显著性的正相关关系，也就是说城市行政级别越高城市的 GDP 也就越高。尽管，有一些城市的行政级别不高，它的 GDP 却很高。如浙江、广州等一些沿海发达地区的镇级市的 GDP 可能比内地的一些地级市的都还高。不过从宏观的角度上来看，由于中国城市的资源配置是按照城市行政级别高低来进行的，行政级别高的城市自然就获得更多的资源，从而使经济发展迅速，GDP 自然就很高，城市的行政级别是造成城市间 GDP 高低的重要原因，这也就很好地解释了那些 GDP 很高的建制镇为什么进行镇级市改革。

其次，城市行政级别与城市年末总人口数、城市建成区面积、城市建设用地、城市预算内财政支出存在着显著性的关系，同时也符合正相关性。这指的就是，随着城市的行政级别的提高，以上五类指标都会提高，而这些指标能够较好地衡量一个城市发展的状况。

最后，本文的实证分析结果充分验证了之前的假设：城市的行政级别与城市发展之间关系密切，且城市行政级别越高，城市发展得也就越快，反之则相反。但是这种高行政级别所带来的快速发展，是建立在大量的资源浪费的前提下，资本的回报效率越来越低。城市行政级别低的城市，尤其是处于城市社会最底层的县级市，缺乏相应的政策照顾和资源配置，城市经济、社会、文化等各项指标都较低，城市发展陷入僵局，前景堪忧。以上分析的结果使得我们深刻认识到，对于中国城市的研究离不开行政级别这一视角，这也是当今中国城市发展所必须面临且无法改变的现实。城市行政级别是中国城市发展的制约条件还是发展的机遇值得我们进一步探讨。但从整体上来看，城市管理的行政干预有悖于城市市场体制运行准则，也不符合城市发展的内在规律。

（二）实证分析结论评价

由于长期处于计划经济时代，中国在各项制度安排中都体现着计划经济的思维方式，形成一套中国特有的行政管理体制。城市行政级别就是这种行政管理体制在城市管理上的印证。中国城市存在着严格、分明的行政等级序列，不同行政级别的城市在资源配置、政策照顾、权力安排上都不尽相同。给城市贴上这样的"标签"，必然会导致城市发展不均衡，这也不利于构建可持续的城市发展格局。这种制度安排造成中国城市发展呈两极化分布：行政级别高的城市在发展过程中会得到优先的照顾而高速发展；行政级别低的城市则由于享受不到这样的政策福利而发展较为缓慢。由于城市行政管理体制的原因，中国城市在发展过程中受到诸多的行政干预，有的是有利于城市的发展，有的则会阻碍城市的健康发展。通过上文的实证分析，证明城市行政级别与城市的发展存在密切的关系，影响着城市发展的方方面面。本文依据中国城市发展现状，讨论城市行政级别是有益于城市发展还是阻碍城市发展，主要从以下四个方面进行。

1. 城市行政级别与城市 GDP

从上文对中国 287 个地市的数据分析表明：城市行政级别与城市 GDP 呈正相关关系，城市的行政级别越高，城市的 GDP 就会越高。行政级别高的城市往往受到中央政府的重视而得到优先的政策照顾和资源的配置，在经济生产活动中能够表现出较强的积极性，创造的劳动财富也就越高。在国有经济占主导地位的具体国情下，国有企业对于城市 GDP 的贡献是很重要的一部分。中国城市主要通过对国有经济资源配置的干预来影响城市经济发展，而国有经济是按照城市的行政级别高低来进行配置的，趋向于行政级别较高的城市。这就使得行政级别高的城市掌握了较多的国有经济，城市经济发展的也就越好，城市 GDP 也就越高；行政级别低的城市则缺少这样的资源配置，发展较为落后，城市 GDP 也就越低。这种行政干预，使得高行政级别的大城市经济发展迅速，呈现积极的城市活力；而对于低行政级别的小城市而言，这样的制度安排破坏了市场秩序，使得城市经济发展萎靡，不利于正常经济活动的进行。由此，继续推进国有经济的市场化改革，淡化城市行政级别对于经济活动的干预，构建公平、公正的城市发展经济格局。

2. 城市行政级别与人口规模

根据上文的数据分析结果说明城市行政级别与城市的人口存在正相关关系，指的就是：城市行政级别越高，城市人口规模也就越大。这些高行政级别的城市由于更好的教育、医疗、卫生、公共服务条件，吸引着大量的流动人口涌入，给城市发展带来大量的劳动力，促进了生产力的发展。这种集聚能力与市场的作用相结合形成一种合力，使得这些城市迅速膨胀、扩张。而行政级别低的城市由于没有享受到这样的政策照顾，城市吸引力较低导致人口不断流失，城市显得萎靡不振。不可否认，这种制度安排所产生的城市人口红利对推动大城市的发展、培育经济发展有着极重要的作用。但是，城市的发展规模是有一定限制的，人口不断的激增会逐渐超过城市有效负载，导致城市交通拥挤、生态环境恶化、公共设施无法满足正常需求等问题。因此，应该逐渐淡化城市行政管理体制对于城市发展的影响，减少对于高行政级别城市的政策照顾，使得城市人口规模处于一个合理的范围内。同时，在充分尊重市场的前提下发展城市，而不是过分的依靠政府的行政干预。

3. 城市行政级别与城市建设用地

上文分析的结果表明：城市行政级别对于城市的建设用地指标有着积极的影响，城市行政级别越高，获得的城市建设用地指标也就越多，反之则相反。在中国，城市的各项规划、土地指标、人口规模、城市规模等都受到中央政府的严格控制，按照城市行政等级序列进行配置。计划经济色彩浓厚是中国城市当前发展的现状。城市建设用地是一个城市进行发展最基本的条件，而对高行政级别城市优先配置的行为使得城市盲目进行扩张，变得越来越大而难以管理；低行政级别的城市则缺少用于城市建设的土地和资金，获得新增建设用地的难度越大。所以，应该给予城市适当的自由发展权力，能够使其根据自身禀赋不同，确定合理的城市规模，走可持续的城市发展道路。

4. 城市行政级别与预算内财政支出

同上，从本文分析的287个地级市来看，城市的行政级别与城市预算内财政支出存在正比例关系，城市行政级别越高，城市的财政支出也就越高。当然，这也是由于城市的经济总量决定的，城市的GDP越高，用于公共事务的资金也就越充足。城市的预算内财政支出主要包括：科学技术、教育、医疗、公共事务等。自从中国实行分税制改革以来，中央政府掌握了大量的税收资金，地方政府则需要上交大量的税收，造成了"财权上交，事权下放"的局面。中央的财政转移支付是按照城市行政级别高低来进行，而地方政府在公共事务管理中需要大量的资金，这就使低行政级别的基层政府的各项工作缺少资金而举步维艰。因此，应该在财政转移支付时，淡化行政级别的影响，更多得考虑低行政级别城市。

根据以上四点的分析和讨论可以看出：城市行政级别影响着城市发展的诸多方面，对城市的发展有着重要的影响作用。在高度集权的中央政府的领导下，由于城市行政管理体制的原因，高行政级别的城市得到优先的政策照顾和资源配置，各方面经济指标都比较高，城市经济发展迅速，但同时这也会造成城市盲目扩张、膨胀，进而导致城市生态环境恶化、交通拥挤、公共资源浪费等城市病的出现；对于低行政级别的城市而言,尤其是县级和乡级城市,由于资源配置和政策优惠都优先照顾它们的上级政府,各项指标数据都很低,城市发展速度相比较慢于大城市,甚至停滞不前而逐渐衰落。久而久之,随着市场作用和行政干预的不断强化,这种趋势会长期存在,影响着城市间的协调发展,导致城市发展的两极化。因此,在城市发展过程中,应逐渐淡化这种行政干预,在遵循市场机制的前提下,沿着自身应有轨迹稳步发展。

五 政策建议

改革开放以来,这种城市行政管理体制所带来的资源配置的优先权确实推动了行政级别高的城市的发展和城镇化的建设,它对于中国整体的现代化建设有着积极的促进作用,这一点是毋庸置疑的。但是,这种以牺牲部分城市的利益为代价所带来的发展并不符合城市自身发展的规律性,如果不加以政策调控、构建良性的城市发展格局,城市会越来越膨胀而不堪重负。需要强调的是,不仅我们在短时间内无法改变这种按照城市级别高低进行资源配置的城市发展模式,而且由于市场的作用会形成一种合力从而进一步拉大城市间的差距。综合以上,本文对于中国城市规划和发展有以下三个方面建议。

(一) 遵循城市发展内在规律

根据市场经济自身调节的特点,资本流动会遵循一定的规律,会从收入较高的城市流向收入偏低的城市。此规律使各个城市的收入水平达到一个均衡发展的状态,而并不会造成各城市间的经济差距。然而,经济的发展不仅仅是市场调节的作用,更重要的是国家的行政干预政策。但是,中国高度集中的管理体制使得政府忽略了市场调节的作用,不考虑城市自身的发展特点而造成了行政级别低的城市经济发展缓慢,逐步与行政级别高的城市产生差距。虽说行政干预在经济发展中占主导地位,但市场调节的作用也是至关重要的。中国正处于全面构建新型城镇化发展的特殊时期，更是要遵循城市发展的内在规律。只有在尊重客观规律的基础上，才能更充分地发挥出行政干预的重要作用，所以，政府在对市场进行调控的同时，务必要重视市场本身的发展特点，才能使得城市的规划和发展按照一定的规律达到预期的效果。只有将市场调节和政府行政干预有效地结合，才能构建和谐新型的城市发展格局，才能更好地促进中国特色城市的发展。

1. 以综合承载力为依据发展城市

中国长期以来把人口规模的大小作为衡量城市规模，控制政策的唯一依据。然而，经济发展的有机体是大中小城市共同发展的结果，他们的发展各有其特点，也各有优劣，并且作为国家经济发展的一部分，各自都各司其职，发挥着至关重要的作用。对于一个城市的发展规模来说，最重要的是该城市发展的内在潜力以及该城市所能承载的综合能力的大小，而不是规模大了就要控制，规模小了就要积极开拓。城市的综合承载力主要包括三个方面：第一，整个城市发展所需资源环境的承载能力，该方面勾勒出了城市人口发展规模的边界；第二，城市中的基础设施建设规模，也就是说，如果城市人口超出了城市中的基础设施建设规模，就会造成人口过量设备短缺的现象，从而导致城市发展滞后，居民生活水平下降；第三，人口吸纳能力，所谓人口吸纳能力是指该城市产业发展带来的就业机会。一旦城市缺乏产业的支撑，它所提供的就业机会就会大大降低，进城务工人口就会减少，所造成的失业人员比率增加，而由此造成的贫困状况也会陡增，从而导致社会发展的不稳定。所以，为了避免以上现象的发生，中国必须要改变以往的单单以人口规模为衡量依据的策略，实行以城市综合承载力为基础的城市规模控制策略。我们也不难发现，只要一个城市的发展超出了该城市自身的综合承载力，就会阻碍该城市的经济发展，而这与城市规模大小毫不相关，城市规模只有在城市综合承载力的基础上才会产生相应的影响。事实上，我们目前对一些人口超过400万人以上的城市进行人口控制并不是因为城市规模太大，而是因为他们的发展趋势已经趋于或者超过城市本身的综合承载能力。所以，就中国目前的经济发展而言，以综合承载力为依据的策略才能更好地促进城市发展，推动国家经济的整体化进程。

2. 淡化城市行政级别对城市发展的影响

就美国来说，自从建立联邦制以来，一直实行的都是分权管理原则，国家主权由联邦和州分享，美国自古以来就是一个地地道道由州政府和乡镇政府管理的国家，各州独立行使各种权力。而该制度更有利于各个州之间公平竞争，也避免了由于高度中央集权所造成的城市发展不平等的现象。相反，中国在城市发展方面实行的是严格的城市行政等级序列，高行政级别的城市与低行政级别的城市有着截然不同的发展趋势，两者所拥有的管理权力以及城市规划策略也完全不同。比如说，全国各地省会城市，基本上都是在该省内规模、经济、人口、政治、文化等方面占据优势的城市。毫无疑问，该种策略带有明显的弊端，所造成的贫富差距也是显而易见的。高行政级别的城市有着突飞猛进的发展，而低行政级别的城市发展受到严重阻碍。城市等级序列的产生正是由于政府过度使用干预政策的结果，并没有有效地协调市场的调节作用。正是由于此原因，政府在进行资源再配置的宏观调控策略时，一定要遵循一定的市场发展规律以及协调城市自身承载力，同时还要弱化城市等级序列的高低，从而构建和谐稳定的新型城市发展体系。

（二）创新城市发展理念

1. 确立绿色的发展目标

环境问题是目前全球都在考虑的首要问题，它也是制约经济发展的重要因素之一。对于居民来说，良好的生活品质首先要以和谐美好的自然环境为保障。自古以来，城市的建立都是以一定的自然环境为依据，城市的发展离不开和谐的生态环境。所谓人与自然的和谐发展，就是人一定要在遵循自然规律的前提下，进行一系列社会活动。所以，城市的发展更要以自然环境为基础。就全国而言，一些发达国家把环境建设摆在经济发展的首要位置，他们在城市中建设相对完善的垃圾及污水处理设施，在环境的基础上实行城市的可持续化发展战略，而这对于城市发展的效果是显而易见的。近些年来，中国也非常重视环境的作用，由于人们对环保意识的增强，城市发展中的绿色目标也不仅仅局限于绿地建设，一些小城镇也拥有了较好的环境设施。这样一来，生态环境得以改善，城市规划及建设质量就有了显著提高，城市也朝着可持续发展和协调发展的方面迈进。

2. 探索多元化的城市建设

城市的发展往往以规模较大的城市为主，而总是忽视小城镇的发展。从中国目前的经济发展状况来看，小城镇的发展在整个经济发展中的作用是不容小觑的。所以，政府在规划城市发展模式的过程中，要建立一个多元化的城市发展体系，将小城镇的发展摆在至关重要的位置上，充分发挥小城镇的特色和历史文化，建设有特色的城市发展格局。这就要求中国政府要制定科学的城市规划来促进各个城市的发展，构建具有特色化、多元化的城市发展模式。从最基层的来说，建立各项生活基础设施，改善良好的交通及公共服务条件对人民的日常生活水平起着决定性的作用。解决好了基本的衣食住行等方面的问题，才能促进城市朝着更高水平发展。其次，要本着可持续发展及城市长远发展的原则，遵循城市自身发展规律，考虑城市自身资源环境承载力，谋求城市最大化的发展。除此之外，还要根据目前全国乃至全球发展趋势，顺应时代的要求，在发展中逐步实行因地制宜的发展策略。政府要充分利用各个城市自身特有的发展优势来发展城市突出的功能及潜能，建立专项的建设投资，以此来促进城市朝着特色化、多元化的方向发展。随着信息化时代的到来，互联网的高速发展也促进了小城镇的发展，特色文化以及互联网的结合有效地开拓了小城镇的发展模式，激发了小城镇的发展潜力，在很大程度上促进了整个经济的飞速发展。

3. 实施城市的共享发展

党的十八届五中全会提出了共享的发展理念，共享体现了一个城市发展的高级形态，是城市发展到最优化的结果。要想促进城市朝着共享经济的方向发展，就要充分发挥出政府的宏观调控能力。首先，重中之重，就是要合理利用城市本身有限的社会资源进行再分配，将城市空置的空间及资源面向全体居民，以此来提高居民的生活质量。基础设施建设就是共享城市资源的一个重要标志，目前，全国不同层次的城市都拥有供居民享用的公共设施，如公园，图书馆，健身场所，博物馆等。这一系列的资源分配都体现了城市正在朝着共享经济的方向发展。其次，居民的生活水平以及幸福指数也是城市共享经济的一个重要特征。在共享经济的作用下，居民生活水平提高，城市间贫富差距缩小，小城镇和偏远的农村也能享受到经济发展所带来的各项优惠及好处。由此一来，整个社会的风貌以及心理就趋于和谐，平稳。最后，想要真正实现共享城市发展，就要从大局，宏观方面出发，顺应时代发展潮流，充分利用互联网及信息时代的特征。政府有效地进行资源再分配，建设合理的共享经济平台，让更多的群众参与其中，以此各取所需，达到城市的共享发展。

（三）构建高效的行政管理体制

1. 构建信息化的行政服务平台

一个国家的发展离不开法律。法律的权威性更是彰显了一个国家的整体实力以及社会的秩序性。同样的，城市的发展也离不开有效的指导和规划。好的规划能够促进城市日新月异的变化发展，而这就离不开民众的参与度与政府政策的公开度。城市的发展不仅仅依靠城市自身的资源能力，更重要的是城市的凝聚力。就目前行政改革的趋势而言，实现小城镇向城市化方向改变，规范小城镇的管理模式，充分发挥小城镇的管理职能，就需要坚持"以人为本"的原则，尊重人民群众的建议和智慧，构建一个信息化的行政服务平台。从中国社会发展的趋势来看，人民的参与度越来越高，由此可见，建立有效的市民机制是非常必要的。政府对市民的意见和建议进行归纳，整理，分析，而后更好地用于城市建设规划中，最大限度地利用了市民的智慧，并解决了实际问题，不仅提高了市民的参与度与归属感，也更大程度地发挥了政府的有效作用。

2. 继续推进"省直管县"改革

中国从2002年开始，在全国逐步推行"省直管县"的管理制度，由以往的三级体制逐渐改变为二级体制，也就是由省直接管理市、县的模式。这样一来，就给予了小城镇很大的发展空间，激发了小城镇的发展潜能，也让小城镇掌握了发展主动权。在改革之前，市管县的体制造成了行政级别过大，投入成本过高的问题，并且市县的竞争较大，市的发展往往优先于县的发展，这样就导致了市县发展不平衡、贫富差距拉大的现象。而"省直管县"的体制改革有效地解决了这一问题，充分发挥了小城镇以及县的发展优势，也有利于政府进行资源再分配，合理调动人力资源，进行小城镇分流管理体制。同时，要优先考虑小城镇自身的优势所在，因地制宜，合理利用，根据小城镇发展的特点来进行人员分配，以最小的管理来实现发展的最优化。除此之外，政府在资源分配上还要强调精简、充实，避免不必要的人员及资源浪费，最终形成高效、精简的城市管理模式。

3. 扩大"镇级城市"工作试点范围

作为中国"十二五"期间新的行政区域规划，镇级城市指的是将一些经济实力较强的镇由镇政府管理，逐步向城市转型的发展理念。镇级城市改革是中国体制化改革的创新，是实现新型城市化的重要步骤。根据目前中国经济的发展趋势，想要大力推进镇级城市的建设，就要充分赋予镇政府一定的行政和经济管理权力，并给予必要的资金投入。与此同时，镇政府要转变以往的管理模式，合理利用职能进行资源人力的再分配，精简机构，加大基础设施建设，在保证镇政府管理能力的基础上，也减轻了人民的负担，提高了人民的生活水平。在推行镇级城市改革体制过程中，首先要从经济较为发达的东部沿海地区开始，由此向中西部扩展，选择一些区位条件较好、功能齐全、规模较大、特点鲜明且具有发展潜力的城镇。在此基础上，适当扩大城镇的行政区域，合理利用小城镇自身优势及潜力，逐步发展为区域性的中心小城镇，以此来带动区域内经济全面协调发展。

除此之外，政府的调控功能以及政策扶持力度是至关重要的。一方面在推行改革的初期阶段，小城镇的各项发展以及基础设施建设并不完善，这就需要政府加大用地、财政、公共设施建设的力度，还要扩大镇政府的管理权限。另一方面，要及时对小城镇内部结构进行优化重设，根据小城镇的发展需要进行必要的人员调整、资源分配。镇政府要依据可持续发展的战略，着眼于小城镇的长远发展，及时取消发展无望的经济困难村，裁撤工作不力的村委人员。镇政府的管理及行政能力是镇级城市发展的主导力量，当然，小城镇的鲜明特点也是促进镇级城市改革的重要方面。镇政府要在遵循小城镇发展规律的基础上进行强有力的行政管理来促进镇级城市改革的实行。

结　论

本文的分析表明，城市的行政级别与城市发展之间关系密切，且城市行政级别越高，城市发展得也就越快，反之则相反。理论与现实的高度统一使得我们深刻认识到，对于中国城市的研究离不开行政级别这一视角，这也是当今中国城市发展所必须面临的无法改变的现实。改革开放以来，这种城市行政管理体制所带来的资源配置的优先权确实推动了行政级别高的城市的发展和城镇化的建设，它对于中国整体的现代化建设有着积极的促进作用，这一点是毋庸置疑的。但是，这种以牺牲部分城市的利益为代价所带来的发展模式并不符合城市自身发展的规律性。需要强调的是，我们不仅在短时间内无法改变这种按照城市级别高低进行资源配置的城市发展模式，而且由于市场的作用会形成一种合力从而进一步拉大城市间的差距。随着市场经济体制的不断完善，改革导致城市间发展不均衡的城市行政管理体制迫在眉睫。不过从目前中国的实际情况来看，这种城市发展的制度安排在短时间内是无法改变的，甚至在进一步强化。2016年12月，国家发改委印发《促进中部地区崛起"十三五"规划》第六章明确提出，支持武汉、郑州建设国家中心城市。不可否认，国家中心城市带来的政治、经济、文化的效益是普通城市不可与之相比的，但这样会使得城市间的差距越来越大，大城市过大、小城市则逐渐衰落。因此，应该淡化行政级别对于城市发展的影响，发挥市场在各项资源配置中的作用，使得城市发展能够根据自身的禀赋不同，采取差异化的发展道路，形成良性的城市间发展格局。由于市场调节存在一定的盲目性，未来中国城市在发展过程中还是离不开政府的行政干预和政策调节，只有两者形成合力，中国城市的发展才会更加合理。同时由于篇幅和时间所限，本文对于城市发展研究的变量选择范围较小，仅仅选择了五个变量来衡量城市发展，有一定的局限性。今后对于中国城市发展的研究，不应该仅仅局限于经济方面，应该更多地着眼于政治方面，也就是从行政级别入手，这样才更加符合中国国情。

从行政执法到空间治理：城管体制改革的逻辑重构

当前中国城市政府对城市公共空间管理主要沿着行政执法的路径进行，即使是以"城市管理"为部门名称出现的城市管理综合执法局的基本职能也是行政执法。实际上，城市管理综合执法是当前中国城市公共空间管理的一个重要组成部分，城管执法的基本职能事实上主要是关于城市公共空间及其中发生的违法行为的。以城管执法及城管体制改革为切入点，我们可以发现，行政执法本身就代表了一种管制，与我们当下普遍接受的"治理"理念背道而驰。以强化行政执法为方向的改革逻辑是当前城管体制改革遭遇困境的原因，也反映出构建统一的城市公共空间治理体系的必要性。

一 城管体制的改革逻辑

城市管理综合执法体制在中国建立的时间并不长，主要从20世纪90年代后期在许多城市才逐渐开始推广，最终上升为城市管理体制的全国性标配。城管执法局的出现从一开始就是面向监管的，主要是为限制城镇化进程中不断加剧的流动经营活动而成立的管理机构。但相当长一段时间来，城管执法出现了一系列问题，最显眼的莫过于暴力执法的问题。党的十八届三中全会特别在《关于全面深化改革的若干决议》中提出要"理顺城管执法体制，提高服务和执法水平"。这一举措曾让地方城管队伍深感意外，没想到城管问题能上升到如此高度来加以对待。然而，实际上我们可以说，城管执法暴露的问题已成为当前中国社会冲突集中高发的领域。一些学者在归纳导致城管执法乱象的原因时，多总结为执法依据不完善、相关法律法规严重滞后、城管人员编制不统一、执法主体不明确、城管执法行为的不规范等几个方面。

党的十八届三中全会以来，中国各级政府加紧推进城管体制改革。党的十八届四中全会对于城市管理体制改革做出了重要战略规划，要求城市管理执法系统合理化，加强城市管理综合执法机构建设，以及提高执法和服务水平。《中共中央国务院关于进一步加强城市规划建设管理的若干意见》中提出了城市管理体制改革的基本思路，指明了改革方向。就目前情况来看，各地城管体制改革主要集中于以下几个方面：

（一）确立中央和省级政府城市管理主管地位

城市管理的具体职责由城市人民政府承担，至 2008 年中国城市基本确立了城市管理执法体制。然而，由于没有中央和省级的主管部门，又很难反映地方城市管理的困难和问题，在中央和省级层面引入有针对性的政策措施很困难，由此突显出城市管理和执法的混乱。因此，现行体制改革明确了中央和省级相关部门对城市管理的指导、监督和协调，以促进城市管理健康有序发展。其中，特别强调住建和规划部门对城市管理综合执法的集中统一领导对地方而言往往成为标准的改革方案。

（二）确立城管执法的法律地位

长期以来，城管执法由于法律的缺失与不健全使其处在一个非常尴尬的地位，其在执法过程中的合法化和职能的定位都备受质疑。而中国通过对各个城市积累的城市管理经验，开始对城市管理进行统一立法。让城管在行政执法的时候有法可依，虽然一部统一的法律并不能完全地解决城市管理的问题，但是相应立法的出现也是为行政执法提供了法律保障，是中国城管行政执法的一项重大的进步。通过立法，可以清晰地解决执法队伍的范围、制度、协调、法律定位、城市管理执法综合行政执法标准等问题。当城市管理和商人之间存在矛盾时，解决办法就是遵纪守法，为行政执法中的城市管理提供强有力的法律支持。

（三）明确管理范围、职责主体和执法行为

2014年2月，习近平在北京市考察工作时强调，要健全城市管理体制，加强市政设施运行管理、交通管理、环境管理、应急管理。通过体制改革，明确管理范围。2015年3月，中央编办印发的《关于开展综合行政执法体制改革试点工作的意见》中明确"重点在与群众生产生活密切相关、执法频率高、多头执法扰民问题突出、专业技术要求适宜、与城市管理密切相关且需要集中行使行政处罚权的领域推进综合执法"。城市管理范围拓宽、工作任务量加大使得中国城管体制职能范围的划分显得尤为重要。目前来看，城管执法的职能主要包括：市政公用事业经营管理，城市面貌管理，环境与健康，园林绿化管理等各方面的责任；根据法律规定，市县人民政府与城市管理密切相关，需要将部分职责纳入公共空间秩序管理，环境保护管理，交通管理，应急管理等方面的统一管理。然而，实际上这些规划仍较为笼统，字面规定的职能事实上受到多方面因素的牵制，科学划定城管执法的职责范围仍需进一步加强工作。

（四）推行跨部门综合执法

2018年1月开始，全国15个试点城市开始推行城管执法综合试点改革，着力推动近似执法活动的归类统一执行，对16项城市管理行政处罚权作试点工作。此次试点推进的综合执法项目主要包括：（1）环境保护管理：社会生活噪声污染、建筑施工噪声污染、建筑施工扬尘污染、餐饮服务行业烟尘污染、露天烧烤污染、城市焚烧沥青塑料垃圾和其他煤烟和气味污染、露天焚烧秸秆叶子和其他粉尘；

(2) 商业管理：户外公共场所没有许可证的行政处罚和非法安装户外广告；(3) 交通管理：侵占城市道路、非法停车等行政处罚；(4) 水管理：对向城市江河倾倒废弃物、垃圾以及非法征用土地、拆除城市江河违法建筑的，给予行政处罚；(5) 食品药品监督管理：无照经营的食品饮料摊档的户外公共食品销售和行政处罚权、非法收售药品等。这些试点城市需要制定试点实施方案，明确步骤、程序和时间安排，从而推进集中行使行政处罚权。落实城市管理执法相关任务，包括公安、环保、水利、工商行政管理、食品药品监督等部门的管理责任，明确职责的界限，加强执法保障，深化合作配合。

综合来看，中国对城管体制的改革力度空前。就实际内容而言，目前国家和各级地市推进的城管体制改革基本上遵从的是行政执法的逻辑，即改革的总体方向是提高城管执法效能，各项改革措施都基本服务于这个逻辑的需要。

二 城管体制改革的困境

在行政执法的逻辑下，当前城管体制改革推进了一些具体措施。然而不得不说，城管体制所出现的种种问题一开始就是合法性的问题，即对其存在必要性的认识出现了偏差。按照强化执法的方向，我们可以预测，将来的城管体制仍会面临诸多难以调和的问题。正如俞可平所指出的，城管式困境体现的是最坏的政策绩效，没有任何人能从中受益，是一种结构不良的治理。实际上，城管式困境代表一种"不可治理"的状态，即正常的治理手段也无法有效实施。因此，如果继续按照行政执法的方向进行改革仍会陷入困境。

（一）行政执法的逻辑无法应对前置性累积问题

城管执法所遭遇的种种社会抵制并非完全是城管执法体制或执法人员本身的问题，而是城市公共空间规划设计和建设时就已经预留的问题。这些问题的产生发生于执法之前，属于"前置而后置处理"的结构不良的问题。实际上，如果没有城管对街道经营活动的监管限制，城市中许多地方恐怕都会沦为脏乱差的代名词。一方面社会大众对城管暴力执法充满了反感，以至于对城管人员的出现都表现出不友好的态度。另一方面，一旦某个街区出现了摊贩集中经营导致交通拥堵、环境恶化，居民又开始批评城管的不作为。但城管与摊贩的冲突并非某一方面行为失当的问题，而是整体结构上存在着城市公共空间不足，非正规就业经营场所大量缺失等问题，这些问题是行政执法前规划建设的决策错误所导致的。因而，这个问题不解决，城管与摊贩的冲突还会不断上演，即使城管队员都穿戴统一执法标识，采取更加柔性的执法手段。因此，行政执法的逻辑无法涵盖这些前置性问题。

（二）行政执法的逻辑无法照顾社会空间问题的复杂结构

随着社会的不断发展，城市公共空间问题呈现出越来越显著的复杂性。城市公共空间的形态并不局限于传统的中心广场、公园、道路或一些休闲娱乐场所。这些公共空间大多只是建筑师为规划城市而设计的一些实体空间。今天，这样的公共空间无法为人们提供一个真正意义上进行公共交流的场所，因为人们现在更需要的是根据自己的环境条件和生活方式，为公众参与和互动创造多样的甚至是即兴的共享空间。因此，当今时代的城市公共空间可能已经不是单单局限于实体的公共空间，还有很多隐藏在网络交流、电视等媒体的虚拟领域，多元社会和现代化的发展使得公共空间问题复杂化越来越明显，现有的城管行政执法逻辑已经不能有效的应对城市公共空间问题。

城管执法所面对的社会问题是高度复杂的，以执法的动作是解决不了的。例如，摊贩的问题一定程度上与城市经济社会结构联系在一起。简言之，为什么城市中有如此多的摊贩，原因就在于该城市中低收入人群较多，或者产业结构吸纳第二、三产业正规就业的能力有限。一定意义上来讲，城市产业结构的调整、经济活力的复苏、社会结构的优化都能缓解摊贩经营所带来的执法冲突。同时，行政执法的逻辑也不能应对同属社会空间问题的一致性。再如，占道经营和乱停车本质上都属于空间私用的现象，完全可以从属于一套管理体系加以管制，一些地方也试行将停车管理纳入城管执法范围。但问题随之而来，公安部门的交通管理怎么划分？于是一些地方创新办法，将道路上的乱停划归公安来管，而人行道上的乱停车划归城管来管。这种荒诞之举也是强化执法逻辑的一种体现。

（三）行政执法的逻辑不能妥善处理执法与服务的关系

党的十八届三中全会定调城管体制改革为"提高执法和服务水平"。然而，从现行改革进程来看，各方面推进的改革举措主要是执法的，而非服务的。各地在强化执法的方向上做出了许多努力，但在如何强化服务上难有作为。原因可能比较简单，执法的强制性和服务之间并不十分容易统合在一起。在没有明确城管队伍能够提供何种服务之前，只能靠不断强化执法效能来换取城管体制存在的合法性。一些地方尝试增加城管的服务性，如浙江试行在城管执法时提供摊位引导和规范服务，帮助街头摊贩更好地适应市政管理的需要，也使用行政法规的方式规定了城市规划建设中保持一定比例的市场性空间用于安置流动摊贩，同时在执法过程中推行柔性执法，好比"鲜花执法"等。但是从全国整体情况来看，城管的这些服务性举动主要是创新性活动，也就是说更多的是自选动作而非规定动作，对于执法机关而言没有强制力，而主要依靠政绩或伦理驱动。现在，我们必须要追问的是，城管执法体制的出现是不是从一开始就是一种错误的选择？或许，我们可以提供另外一种解决相关公共问题甚至系统地解决城市公共空间问题的一整套新方案？

三 走向空间治理：建构统一的城市公共空间治理体系的设想

（一）从执行性管理到决策性管理

当前中国城市公共空间管理与其说是一种管理职能，还不如说是由多重行政执法体系组成的松散联盟。行政执法本质上是一种执行性的管理，也就是主要针对已成文的法规或决策的一种实现过程。与行政执法为主的执行性管理相对，决策性管理就是包含问题分析、方案制定在内的管理活动。城市公共空间治理需要决策性管理：首先，城市公共空间失序的表现形式是一致的，但导致它的原因却存在多种差别。因而，很难用一种统一的标准化的解决方案去统一处理，必须针对现实治理环境的实践状况能动的探寻解决方案。也就是说，城市公共空间治理本质上是一种创造性的社会治理活动。其次，城市公共空间具有动态性。城市公共空间是社会实践的产物，人在公共空间中的活动以及公共空间的生产都充满着变化因素的影响，表现为某些无法用统一界定或者以前从未出现过的行为方式。例如，随着外部文化的传入，在中国城市不断上演的街头涂鸦现象，能否界定为反常态社会行为仍需针对实际情景加以判断。因此，城市公共空间治理体系的建构应该着眼于能够根据实际情况制定动态决策的治理活动。一定意义上讲，城市公共空间治理至少要在城市政府的总体性决策这个层面展开，而非部门性的执法活动。

（二）从"建设本位"到"秩序本位"

当前中国城市治理一大弊病就是所谓的"重建设、轻管理""重前期、轻维护"。在城市公共空间治理中，我们必须做到几个照应：第一，前期建设要照应后期的使用，在规划决策时就充分照顾到后期使用中可能出现的社会需求或者问题，特别是公共空间形态设计对其可管理性的影响，将社会秩序的建构投射规划建设工作当中；第二，行为监管要照应社会需求，特别是与居民日常生活紧密相关的公共空间需求，不能因为某种规划方案的审美需求而忽视了居民现实的生活需求；第三，差别化管理照应基础性规则供给，从对社会行为的过度干预转变为统一规则的制定，在不断加强规则供给的同时，强化规则执行的平等性，培育城市公共空间治理的法治环境。

(三) 从"分割治理"到"整体性治理"

城市公共空间治理的整体性要求呼唤打破当前中国城市空间管理上的碎片化治理。党的十九届三中全会通过了今后一段时期党和国家机构改革的方案，此方案具有明确的指向，就是根据事务的性质而不是部门本身来设计国家机构及其职能，也就是从以"行业导向"为依据的机构设置向以"问题导向"为依据的机构调置转变，突出公共事务的整体性解决。城市公共空间治理作为城市治理的重要组成部分也要遵从整体性治理的要求，建构统一的城市公共空间治理体系。在一些发达国家，城市公共空间中的许多事务都由单一机构统一管理。例如，美国的警察不仅行使交通管辖权，也同时可以对未获许可而在街道从事的经营活动进行驱离，这在一定程度上实现了相近公共事务的一体化解决。当然，这并不意味着要将涉及城市公共空间的所有管理职能都划归一个部门，或者将多个部门合并为一个，而是要尽可能减少部门重叠，推进机构合并简化的同时，促进不同部门之间的协同治理。城市公共空间治理体系的基本任务至少应该包括城市公共空间的规划建设、使用维护、行为规制、冲突管理和社会建构事务多个维度的有机统一。总体来说，城市公共空间治理体系应该涵盖城市治理的宏观层面，如社会结构调整，中观层面，如城市空间结构的优化，和微观层面，如日常行为的规范，是一个多重事务分层合作的有机体。

警惕街头官僚的权力任性[*]

街头官僚通常指的是那些工作在基层第一线的公职人员，他们虽然职务位阶较低，但由于其工作场景多为与民众直接接触的公共空间，他们的权力失范行为往往成为群体性事件的导火索。比如，这些年饱受诟病的城管暴力执法问题，为此中共中央《关于全面深化改革若干重大问题的决定》中专辟一条要求"理顺城管执法体制，提高执法和服务水平"。这说明，在推进国家治理体系和治理能力现代化的进程中，规范公权行使、提高权力的服务性，除了要关注那些"大权在握"的领导型官员，也必须重视街头官僚的权力任性问题。从一定意义上来说，能否管好规模庞大的街头官僚直接影响着国家治理体系建设的根基。

一 街头官僚权力的生产逻辑

根据街头官僚研究的先驱者李普斯基的界定，典型的街头官僚包括警察、公立学校的教师、社会工作者、公共福利机构的工作人员、收税员等。在中国则主要包括城管、警察、工商税务质检执法人员、政府服务的"窗口"人员。尽管这些公职人员的工作内容存在很大差异，但都有一个共同特征，即他们的职责主要是执行政策，包括法律法规的适用和公共服务的传输。在传统官僚制理论中，街头官僚并

---

[*] 原载《领导科学》2015年第23期。

不受到重视,因为在科层结构中这一群体被定位于服从上级命令和照章办事。他们"处于等级森严的政府'金字塔'的最底层,权力小,地位低,只有上级没有下级,数量庞大,占政府机关人数的绝大部分"①。然而在实践中,街头官僚却拥有广泛的社会影响力和控制力,他们在工作中的行为选择甚至代表了国家权力作用于社会运行的方式,是民众感知权力行使和政府形象的最直接途径。

强制性是街头官僚权力的运行基础。相比于制定政策、发号施令的决策者,街头官僚的工作是将公共权力的强制性直接施加于政策对象。执法类街头官僚权力行使的过程往往是将惩罚施加于组织或个体的过程。而服务类街头官僚也同样拥有强制力,即判定社会成员是否享有某种公共服务的资格。因而,街头官僚是现场决定社会成员利益得失的权力主体。基于此,街头官僚的日常工作并不容易给人以亲和印象,而民众在日常生活中也往往需要对街头官僚表现出足够的重视和尊敬,这构成街头官僚权力任性的社会心理基础。

再决策是街头官僚权力的施展空间。滥用强制力是一种易于识别的权力任性行为,而再决策为街头官僚提供了更为隐蔽的权力行使方式。一般而言,街头官僚的政策执行动作都要遵守既定的目标、方案和程序,但将政策应用于具体情景却有赖于街头官僚的独立判断。比如,交警对判定车辆是否违规以及违规后是否给予处罚或者处罚的尺度如何都可以有所选择,工商质检部门可以选择被抽查的对象。诸如此类的选择就构成街头官僚对既定政策的再决策,影响着政策执行的过程。现实中有几大类现象需要引起我们的注意:一是庇护型执法服务,即执法人员包庇漠视违法违规行为或为社会成员获取服务提供便利,如城管对一些违章建筑的长期容忍、警察充当涉黄涉黑组织的保护伞,再如保障房分配优先分配给关系户从而使该政策调剂贫富分化的功能受损。二是刁难式执法服务,与庇护型执法服务相反,街头官僚也可以过度监管或者为服务获取设置人为障碍,严重影响企业或个

---

① 韩志明:《街头官僚的行动逻辑与责任控制》,《公共管理学报》2008 年第 1 期。

人正常的生产生活。近日,李克强总理将"监管部门太任性,想查谁就查谁"列为下决心解决的七件事之一就说明了这种现象。而居民出境旅游要证明"你妈是你妈"的事件,也被李总理在国务院常务会议上痛斥为"天大的笑话"。三是捆绑式执法服务,即社会成员要获得特定许可或服务必须满足一些附加的强制条件,大到出租车必须安装指定供应的计价器、生育二胎要签订结扎承诺书,小到办手续要到指定地点高价复印或照相,等等。实际上,由于再决策机会的广泛存在和形式多样性,这些扭曲政策执行过程的行为在现实中是五花八门的,有时是难以甄别的,而其背后往往与利益联系在一起,甚至形成了组织内外部间的利益链条,就像前段时间查处的水务部门"小官巨贪"、车管所数十人大肆受贿数千万元等案件。这说明再决策机会已经成为街头官僚权力寻租的工具。

潜规则化是街头官僚权力的再生产机制。街头官僚的执法服务活动本身就是维护社会秩序、运行社会规则的过程,但他们同时也经常性地创造各种非正式规则,我们通常称为"潜规则"。比如,车辆审查时不找代理帮忙就经常难以通过或者需要长时间、往返多次才能办完,这也是办证、审查代理屡禁不止的原因。潜规则横行,一方面继续强化了街头官僚的特权地位,另一方面也塑造着社会行为选择。现实中,"现官不如现管""不找人就办不成事"的习惯性思维仍大有市场,许多民众办理事务先考虑"托关系、走后门"而不是走正当程序。甚至于,企业或个体经营也必须先与相关部门搞好关系才能更好地生存下去,而市场规则反倒并不重要了。现有理论研究已经表明,潜规则本身就会取代和挤压正式规则,从而导致制度法规难以落到实处,成为打通政策执行"最后一公里"的最大障碍。更为重要的是,这也会破坏社会信任基础,导致"城管式治理困境"的出现①。长此以往,街头官僚权力任性的社会土壤不断延续,而社会却陷入所谓"不可治理"状态,即必须依靠政府强制力来维护社会秩序,但政府

---

① 俞可平:《重构社会秩序 走向官民共治》,《国家行政学院学报》2012年第4期。

公信力丧失又导致对强制力的应用受到怀疑和抵制。

二 治理街头官僚权力任性的对策思路

无论从理论层面还是从当前中国全面深化改革的现实需求来看，治理街头官僚权力任性都是紧迫任务。但是，现有方案多关注控制街头官僚的个体行为。通过前述分析，我们可以发现，街头官僚权力任性生成于政治社会互动的场域，因而必须将其纳入国家治理的整体框架内予以考量，做到标本兼治、系统治理。按照完整的逻辑，第一步工作应该是缩减街头官僚的权力范围。只有从源头上减少依靠强制力控制和影响社会的机会，才能将权力任性的空间压缩到最低程度。换言之，无处不在的街头官僚本身就是一个控制难题。因此，深入推进简政放权仍然是基础性的工作。在此基础上，还需要着力作好以下几方面工作。

第一，提升行政法治化程度。应该说，街头官僚的权力失范现象不仅在中国出现，也是西方发达国家发展进程中的共性问题。时至今日，一些西方国家仍不断曝出街头官僚种族歧视、滥用警力等恶劣事件。不过，从各国治理经验来看，借助法律手段仍是最有效的途径。首先要明确法的适用精神。长期以来，中国街头官僚执法服务过程较少涉及法的适用性问题，事实上则是按照对公民"法无明文规定不可为"而对自身却是"法无明文规定可为"的原则开展工作。前几年警察擅闯民居逮捕在家中观看黄色录像的公民就是典型例证。而现在，必须扭转这种逻辑，明确执法服务的原则框架，切实减少街头官僚对社会行为选择的不当干预。其次，要建立行政行为法律规则的常态跟进机制。《行政许可法》《行政处罚法》等为规范街头官僚权力行使提供了基础性文本，但不可否认，操作性强的、实际指导作用大的法律规范目前还比较缺乏。为此必须跟进立法，做到及时发现、及时纠正、及时立法确权，减少街头官僚再决策的机会。再次，可考虑引入司法裁决机制。中国现行执法服务体制是行政机关自我裁决、自我执行，出了问题又自我复议，事实上强化了街头官僚权力的垄断性。而司法裁决机制对解决这一问题有借鉴意义。比如，一些国家警察开出罚单后如执法对象不服，在支付罚款前就可直接申请法院裁决。类似制度在执法动作与结果生效之间添加了一道环节，从而形成对街头官僚权力的制约。当然，这还需要建立快速司法审判制度来辅助。从这个层面上来讲，全面依法治国必须落实到权力运行的微观层面。

第二，改进执法服务流程。其一，探索完善执法服务工作程序。程序公正是结果公正的保障。执法服务时亮明身份、告知权利义务、允许陈述和申辩、公布执法服务结果等都是十分必要的操作环节，有些权力滥用现象正是在特定环节缺失的情况下发生的。实际上，针对不同领域执法服务特点制定规范程序是目前较容易推行的改革措施，也是当务之急。其二，理顺决策与执行间关系。减少再决策机会是治理街头官僚权力任性的关键，应适时建立特殊决策事项上级评估审定制度，对不在标准范围内或实际执法服务中遇到的不确定状况建立快速上报决策渠道，也就是对街头官僚实行"政策管制"。其三，增加执法服务过程的透明度。规范权力行使的最好方法就是将权力曝光在阳光下。街头官僚工作的微观性、即时性决定了防范其权力任性更需要开放式的可观察的执法服务过程。一方面要强化执法服务中的公民参与，另一方面也要创新工作方式方法。党的十八届三中、四中全会以来，一些地方在城管执法、警察审讯过程中引入全程录像就是很好的做法，既督促执法人员注意工作方式，也为日后审查留下证据，同时对行政相对人的行为也有规范作用。

第三，降低社会维权成本。作为工作在现场、第一线的公职人员，街头官僚拥有根据自身判断作出决定的主动权，其决策往往带有私人决策的性质。这就导致街头官僚大量的"事实做法"与有限的组织监督之间的失衡，加之街头官僚的工作绩效往往难以审计，使得内部监督控制经常面临失效风险。"街头官僚可以很容易地颠覆这些旨在控制他们的努力。在街头官僚的层面，很难实现官僚在受托责任上的可靠性"①。因此,外部监督对于约束街头官僚行为至关重要。现实中,制约外部监督有效开展的关键因素是社会维权成本过高。一方面,整体性的社会维权体制还没有理顺,官民维权、消费者维权以及社会组织和个人之间的纠纷维权往往都面临高额成本负担。另一方面,街头官僚对政策对象的执行动作往往造成即定损失,有时这种损失是致命性的,如秦皇岛供水公司负责人以断水威胁并长期勒索辖区企业的事实。政策对象即使行政复议胜诉也难以挽回损失,权衡利弊后只得选择屈服街头官僚的不当要求或者通过其他非正规渠道予以解决。这也是行政执行服务过程中潜规则难以根除的重要原因。为此,在继续深入推进政府信息公开,大力发展司法维权、中介维权、调节维权等维权形式的同时,也要着力改进社会维权程序、畅通社会维权渠道、建立社会维权成本的分担补偿机制,变事后维权为事前维权,促进形成矫正执法服务不正之风的社会环境。

第四,加强职业伦理体系建设。职业伦理体系不同于简单的职业道德教育,而是包括伦理规范、伦理形式、伦理监督与惩戒、伦理审判等在内的常态化、制度化的职业精神塑造系统。应该说,随着市场经济发展,利己主义、拜金主义风气日盛,伦理精神的作用遭到忽视,而职业伦理体系建设更是滞后,甚至在一些部门还是空白。但是,作为各自领域内高度专业化的履职人员,街头官僚的职业伦理规范又是必不可少的,关键在于职业伦理培育的可操作性措施上,这也是用职业伦理体系建设取代职业道德教育的意义之所在。总体来看,街头官僚的职业伦理体系建设包含非常丰富的内容。比如,不同类型街头官僚职业伦理规范的实施标准及其合法化的问题,公民伦理在行政机关中的应用问题。再如,道德委员会等职业伦理组织的建立和运行问题。还有街头官僚履职的伦理程序问题,如警察的就职宣誓等等。总之,街头官僚职业伦理体系建设已经成为新时期加强"吏治"必须予以正视并着力推进的新课题。

---

① 叶娟丽、马骏:《公共行政中的街头官僚理论》,《武汉大学学报》2003年第2期。

城市户籍开放度与城镇化发展

引 言

改革开放以来,中国长期按照"控制大城市规模、合理发展中小城市"的路线安排城市和城镇化相关工作,为此在户籍制度上亦长期秉持严格控制"农转非"的二元户籍制度。随着对城镇化发展重要性的认识不断加深,要求改革特别开放户籍的呼声高起。2014年国务院发布了《关于进一步推进户籍制度改革的意见》,提出了"有序开放中小城市、合理控制大城市、严格控制特大城市"的方针。稍后,国务院又出台了《关于调整城市规模划分标准的通知》,进一步明确了适用户籍改革方向的城市标准。至此,按照城市规模确定户籍制度类型的改革方向基础明确。2019年初,国家发改委发布了《关于培育发展现代化都市圈的指导意见》,提出要放开放宽除个别超大城市外的城市落户限制,在具备条件的都市圈率先实现户籍准入年限同城化累积互认,加快消除城乡区域间户籍壁垒。户籍制度改革又开启了新篇章,户籍开放的总基调已经确立。

但是户籍改革在当前有两个特点需要注意,一是户改如何与农业转移人口市民化的协调问题,中央政府推动农业转移人口城镇化由"有序"向"加快"推进农业转移人口城镇化的转变,要求相关改革加快和提高效率,而户籍制度的开放程度在尽力迎合这一指令的同时也表现出一定的滞后性,差别化落户的倾向十分明显。二是户籍制度改革遵从基本的"地方原则",即以城市为单位制定地方政策,虽方向性指导但没有明确规定,因而各城市户籍开放的表现和程序多有不同。本文着力对河南省城市户籍开放度进行测评,以期对河南当前户籍改革整体状况形成初步印证,为指导本省城镇化发展相关政策的调整提供依据。

一 指标体系的构成与评价方法

(一)指标体系涉及的相关因素

根据城市规模不同、发展程度各异,落户制度可以分为准入制和积分制两种。准入制是指根据不同种类的人群进行划分,如引进人才、投靠亲属、投资兴业与租赁购房等维度,制定相应的落户标准。在这些不同的维度中,有些政策的调整是随着经济环境的变化而变化的。例如,当经济陷入衰退时,投资和购房等限制措施往往会被解除,而经济过热时这些条件可能限制外地人购房。从总体上看,亲属投靠落户趋势从紧,高等教育等人才落户相对稳定。另一种落户制度是近几年开始实行的积分落户,主要是针对特大或超大城市而言的,如北京、上海等,在此不做过多解释。

目前,在国家大力推动下,河南省各地市进一步推进户籍改革。各地市均提出建立统一的城乡户籍制度和居住证制度;提出逐步放开有序的定居限制,合理的定居条件,严格控制人口规模的改革要求。当然,由于各地市发展水平存在较大差距,因此各地区户籍开放程度在具体要求上也有一定差异。

(二)指标体系的构成

通过查阅2015年以来河南省18地市入户标准的相关政策性文件,本文从亲属投靠、住所、就业和人才四个方面设置了4个一级指标,一级指标下面根据评估内容设置了8个二级指标,每个二级指标又根据具体的入户标准和条件设置了若干个评估指标(具体指标体系的构成见表1)。

表1　　　　　河南省城市户籍开放程度评估指标体系

一级指标	二级指标	评估要求
亲属投靠	亲属投靠附带限制	有无直系亲属要求 子女有无年龄要求 有无其他要求
住所	购房附带限制条件	购房有无面积要求 购房有无时间要求（6个月以上、一年以上、两年以上） 购房有无实际居住要求 有无其他要求
住所	租赁附带限制条件	租赁有无时间要求（6个月以上、一年以上、两年以上） 有无其他要求
住所	区域限制条件	落户是否有区域限制
就业	入职附带限制条件	有无签订劳动合同要求 有无时间要求（6个月以上、一年以上、两年以上） 有无缴纳保险要求 有无其他要求
就业	投资经商附带限制条件	有无工商营业执照要求 有无时间要求（6个月以上、一年以上、两年以上） 有无纳税要求 有无纳税金额要求
就业	自由职业附带限制条件	有无居住证要求 有无时间要求（6个月以上、一年以上、两年以上）
人才	毕业生附带限制条件	有无学历要求（本科以下、本科、本科以上）
人才	技术人员附带限制条件	有无职称要求（初级职称、中级职称、高级职称） 有无证书要求

（三）评价方法

本文采取分值计算法，即所有评价指标中的"有无……要求"均定义为:"有=1,无=0。"比如,亲属投靠条件中有无直系亲属的要求和子女有无年龄要求,如果"有"打分为1,"没有"打分为0;其他指标按照落户的难易程度进行打分,如学历高低的要求、年限长短的要求等,按照不同的等级进行打分,要求越高分值越高。如大中专学历1分,本科2分,硕士及以上3分;初级职称1分;中级职称2分,高级职称3分;年限6个月以上1分,一年以上2分,两年以上(含两年)3分等。

此外,本文在城市户籍开放程度评估指标体系的基础上,为加强各地市分值的可信度,又增加了一项附加分。假如其中一项一级指标与另一项有关联,即需要同时满足条件的时候,则附加1分,若两者没有关联,则为0分。通过查阅各地市的户籍政策资料,得出以下结论:郑州附加分为1分。因为郑州市在亲属投靠方面落户还需要同时满足住所的相关条件,郑州投靠亲属的入户条件必须满足夫妻其中一方在郑州有常住户口。

(四)评价结果

根据河南省18地市的实际政策情况,结合上述分值计算法,可计算出各市的户籍开放度分值,既得分越高的城市说明其允许落户的限制条件越多,意味着更多的人落户受到限制。由于允许落户的条件与城市开放程度成负相关关系,所以得分越高的城市其户籍开放程度越低,得分越低的城市其户籍开放程度越高。各地市的具体得分及排名情况见表2所示。

表2　　　　　　　　河南省各地市户籍开放程度排名

排名	城市	亲属投靠	住所	就业	人才	附加分	总分
1	濮阳	0	0	0	0	0	0
2	济源	0	0	0	1	0	1
3	许昌	2	0	0	0	0	2

续表

排名	城市	亲属投靠	住所	就业	人才	附加分	总分
4	漯河	0	0	1	1	0	2
5	安阳	0	0	0	2	0	2
6	平顶山	1	0	1	0	0	2
7	三门峡	2	1	0	0	0	3
8	南阳	0	0	2	1	0	3
9	商丘	2	0	0	1	0	3
10	焦作	1	0	2	1	0	4
11	鹤壁	1	1	3	0	0	5
12	周口	0	0	4	1	0	5
13	信阳	0	0	6	0	0	6
14	驻马店	0	0	5	1	0	6
15	新乡	2	1	3	1	0	7
16	开封	0	1	4	3	0	8
17	洛阳	1	0	6	0	0	8
18	郑州	5	3	7	4	1	20

统计各个地市的得分后，发现得分最低的是濮阳为0分，且没有附加分，户籍开放度排名第1。济源得分1分，户籍开放度排名第二。得分最高的是郑州，20分，户籍开放度最低，即入户门槛最高。接下来多数城市户籍开放度得分较为相似，如许昌、漯河、安阳、平顶山得分均为2分。三门峡、南阳、商丘得分均为3分。鹤壁和周口，得分均为5分。信阳和驻马店得分均为6分。开封和洛阳得分均为8分。总的来看，除郑州外，其他地市分值相差不大，说明其户籍开放程度也相差较小。由此得出，在河南省，郑州市的户籍开放程度最低，濮阳的户籍开放程度最高。

(分)

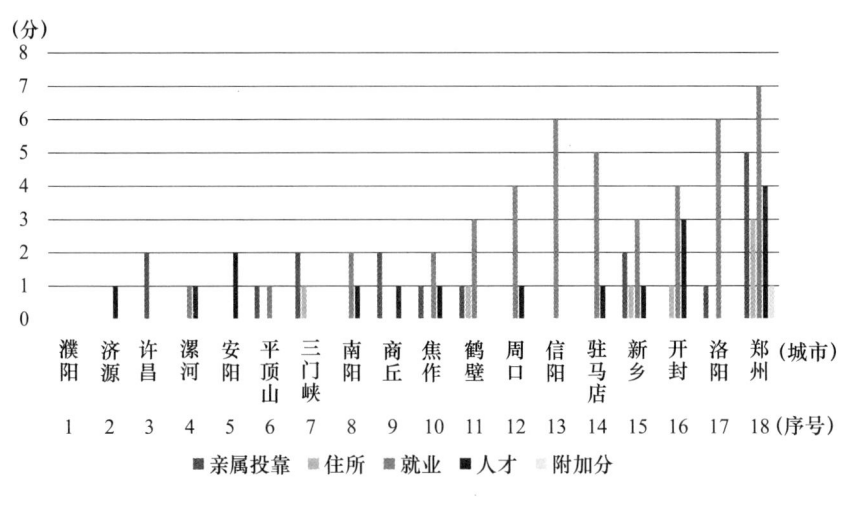

图 1 各市一级指标得分柱状统计

横坐标城市依次为：濮阳、济源、许昌、漯河、安阳、平顶山、三门峡、南阳、商丘、焦作、鹤壁、周口、信阳、驻马店、新乡、开封、洛阳、郑州（序号1—18）。图例：亲属投靠、住所、就业、人才、附加分。

综合表 2 和图 1 纵向来看，在亲属投靠落户方面，得分最高的是郑州市，为 5 分，这是由于郑州市亲属投靠落户的要求较高：第一，要求夫妻分居时间超过 3 年，而且其中一方需要在郑州有常住户口；第二，超过 60 周岁的男性和超过 55 周岁的女性，膝下没有子女，需要到郑州投靠他们的子女；第三，现在是郑州市居民，子女的年龄在 16 周岁以下的（在校学生年龄可放宽为 18 周岁）。这不仅对时间有要求，还对子女年龄有要求。此外，郑州还有 1 分的附加分，因为郑州市在亲属投靠方面落户还需要同时满足住所的相关条件，郑州投靠亲属的入户条件必须满足夫妻其中一方在郑州有常住户口。其他地市如濮阳、三门峡、济源、安阳、漯河、南阳、信阳、周口、驻马店、开封 10 个城市对亲属投靠都是没有直系亲属和子女年龄限制的。另外个别城市如新乡，当地的投靠亲属落户条件要求子女年龄应为未成年，且只包括自己的父母，不包括配偶的父母。

在住所落户方面，除三门峡、鹤壁、新乡、开封、郑州之外，其他地市均没有限制条件。其中三门峡在住所落户方面的限制条件为区域限制，户籍开放区域仅限湖滨区和陕州区。鹤壁在这方面的限制条件是在当地租赁房屋人员的入户需要满足以下条件：在市区范围内；租赁合法产权住宅；时间为6个月以上。而新乡在住所方面的要求为：购买商品房并且实际居住的人员（没有居住的不算），才可将户口迁入住所。开封市法定住所是指具有合法产权的单位住宅，不包括出租房屋和门面房屋。郑州市对居住条件的要求高于其他城市，购买商品房落户的人数是根据购买房屋的面积确定的。

在就业落户方面，濮阳、三门峡、济源、许昌、安阳和商丘6个城市得分为0。不管是在入职，还是投资经商，或者从事自由职业方面，都没有过多限制，落户门槛较低。在就业方面落户门槛较高的是信阳、洛阳和驻马店，得分分别为6分、6分、5分。在信阳，具有合法稳定职业且有合法稳定住所的人员，可申请落户，但同时还有以下条件限制：合法稳定职业主要包括行政机关、人民团体等，还包括事业单位的招聘或与当地企业签订劳动合同，并参加养老保险6个月以上；在当地依法取得工商营业执照，并依法纳税6个月以上；此外对于从事自由职业的人员，必须办理居住证6个月以上。在就业方面落户门槛最高的依然是郑州市，分值为7分。对于投资兴业落户的人员，在郑州需要满足以下几个要求：第一是时间要求，即在郑州市连续经营3年以上（且每年纳税总额达到3万元以上或1年之内纳税达到10万元以上）；第二是投亲限制：除本人之外，直系亲属可入户；第三在投资金额方面也做出了明确要求，外商投资企业按其投入金额作为限制条件（每10万美元可迁入1人）。

在人才落户方面，濮阳、许昌、平顶山、三门峡、鹤壁、信阳、洛阳得分均为0分，对人才落户基本没有限制。其次为济源、漯河、南阳、商丘、焦作、周口、驻马店、新乡，得分均为1分。安阳紧随其后，得分为2分。开封和郑州得分分别为3分和4分。就开封来说，大中专毕业生（学历要求）、中级以上技术职称（职称要求）人员，且已经在开封市就业的，可直接入户。就郑州来说，除了对学历和职称有要求外,还需要具备相关的证明材料。具有中级(工程师)以上专业技术职称、大专以上学历、高级管理人员等,都可持相关证明材料办理入户。

综上所述,河南省大多数城市的户籍制度是在中央政府的推动下逐步形成和发展的,各地市根据当地的经济发展水平和其他相关因素,制定了符合本市特点的户籍改革制度。近年来,各地市户籍开放度呈现逐步提高的趋势,各地市在亲属投靠、住所、就业、人才引进等不同方面也做出了不同程度的努力。

二 影响各地户籍开放度的因素分析

(一)城市经济发展水平与户籍开放程度紧密相关

中国在20世纪80年代中期以后逐渐放开了对农村劳动力流动的限制。在河南省内,对这18地市而言最大的好处就是可以享受农村劳动力转移带来的经济效益,而把投入的社会福利、教育、医疗等成本留在原户籍地。比如,原来户籍在焦作的一位公民,从小到大的各种培养都在焦作,等成年后去郑州打工并逐步落户郑州。因此,经济越是发达的地区对其户籍的限制也就越高(见表3)。郑州作为河南省经济最发达的城市,户籍开放的条件有20分,为全省最高。济源市的经济发展水平在全省排名垫底,通过放开落户条件吸引更多的优秀人才和成功人士落户济源,从而促进济源未来的发展。所以,户籍开放程度与城市经济发展水平成反比。

根据河南省18地市的户籍开放度得分情况,可将分值划分为4个分数段,分别为0—2分,3—5分,6—8分,9—20分,GDP也划分为若干段,再根据各地市实际情况填充表格,具体见表3所示。通过表3可以看出,随着GDP的增加,相应城市的户籍开放度分值也增加,即意味着城市户籍开放度降低。总的来看,GDP与城市户籍开放度成负相关关系。

表3　　　　　　　　户籍开放度分值与GDP分段

GDP 亿元 \ 户籍开放分	0—2	3—5	6—8	9—20
1000以下	济源、漯河	鹤壁		
1000—1500	濮阳、平顶山	三门峡		
1500—2000	安阳	商丘、焦作	新乡、驻马店、信阳、开封	
2000—2500	许昌	周口		
2500—3000		南阳		
3500—4000			洛阳	
4000—4500				
4500—5000				
5000—5500				
6000—6500				
7000以上				郑州

（二）社会发展差异影响户籍开放程度

地方政府是当地公共事务的主要承担者，教育、医疗、社会保障等公共服务主要是由地方政府来承担的。作为河南省经济最发达的城市，郑州市财政税收收入较高，因此，如果落户安置门槛过低，地方政府的公共支出将迅速地上升。这不仅会增加政府的财政负担，而且降低了原有城镇居民的生活福利水平。我们以城市人均公共预算收入作为政府的财力，以此来代表其整体社会福利水平，并将其与户籍开放程度得分情况进行比较。结果表明，二者呈负相关关系，即人均公共预算收入越高，户籍开放程度越低。

同表3，可将户籍开放度分值划分为4个分数段，分别为0—2分，3—5分，6—8分，9—20分，一般公共预算收入也划分为若干段，再根据各地市实际情况填充表格，具体见表4所示。通过表4可以看出，随着一般公共预算收入的增加，相应城市的户籍开放度分值也增加，即意味着城市户籍开放度降低。总的来看，一般公共预算收入与城市户籍开放度成负相关关系。

表4　　　　　　　户籍开放度与一般公共预算收入分段　　　　　　单位：亿元

户籍开放度分值（分） 一般公共预算收入（亿元）	0—2	3—5	6—8	9—20
50以下	济源			
50—100	漯河、濮阳、平顶山	鹤壁、三门峡	驻马店、信阳	
100—150	安阳、许昌	周口、焦作、商丘	新乡、开封	
150—200		南阳		
200—250				
250—300			洛阳	
300以上				郑州

（三）人才的吸纳程度影响户籍开放程度

城市经济发展与人才发展是互为一体的，不能将两者分开来谈。如何吸纳优秀人才是每个发展中城市都需要思考的问题，城市的发展离不开人才。因此，各市应集中精力增强人才吸引力，为当地经济发展打下坚实的基础。人才吸收能力包括城市为人才提供的就业信息量，如户籍政策中限制人才需求的最低门槛、信息的流畅性、城市人才评价体系等。纵观河南省18地市在人才落户方面的得分情况，许昌和信阳门槛最低，对人才落户基本没有限制。在人才方面得分最高的是开封和郑州。就开封来说，对学历和职称都有要求，大中专毕业生、中级以上技术职称人员，已经在开封市就业的，可直接入户。就郑州来说，除了对学历和职称有要求外，还需要具备相关的证明材料。具有中级（相当于工程师）以上专业技术职称、大专以上学历、高级管理人员、急缺的技术人员，都可持相关证明材料办理入户。由此可见郑州和开封对人才要求的门槛在河南省和其他地市相比还是比较高的，这也有利于当地吸纳更高水平的技术人才，进一步拉动当地经济的发展。对于其他地市，实际上广招人才不能等于大面积撒网，要有针对性地选择和接受。城市不应局限于"落户"以吸引人才。相反，政府和市场应该共同努力，来提高当地竞争力，优化人才发展的环境，完善人才培养体系和机制，建设真正的人才友好型城市，促进城市的健康快速发展。

（四）制度安排不完善，城乡政策体系不健全

制度安排和政策体系的不完整也会影响户籍的开放程度。在当今生活中，每个公民因为其平等的公民身份而在社会共同体内被平等地对待。20世纪60年代，中国实行优先发展城市战略，通过了《户口登记条例》形成了城乡分治的管理人口模式。从那往后，因为户籍制度而形成的城乡壁垒将同一地域内的居民切割成两个不同的身份，即农民和城市居民，二者在就业、教育、医疗等政策享有上都存在巨大差异，时至今日，这些因为历史原因形成的现今仍在运行的对资源分配明显不公的制度壁垒是造成户籍开放困境的重要因素。以户籍制度为例，它最开始的功能是身份证明和个人基本信息提供，但现在它的功能早已不是如此，那它至今仍存的价值是什么呢？由于严格的落户制度，大量农民工因职业和地区转型后无法获得城市户口而被排除在城市公共服务体系之外，这些都不利于我省各地市户籍开放工作进程的推进。

另一方面，社保、财税、土地、教育、住房等政策体系不健全使得农民和"半市民化"农民难以享受完善的公共服务，影响他们转为市民化的愿景，比如郑州市高昂的房价也会使本想落户的公民望而却步，这些都提高了转为市民化的门槛，又进一步增加了市民化进程也即户籍开放的难度。

总的来说，城市户籍的逐步开放是中国未来城市化战略的基本方向。按照国家总体的部署要求，我省18地市积极推进户籍制度改革，户籍制度的公开性和公平性取到了很大地提高。但是，作为一项综合性和复杂性的工作，户籍制度改革受多种因素的影响。它必须在整个国家计划框架内的不同类别和阶段中逐步实施从而取得良好效果。

三 提高户籍开放程度的对策建议

(一) 进一步推进户籍制度改革

深化户籍制度改革,提高户籍开放度,应从以下三个方面入手:一是大城市应继续吸纳外来人口;中小城市,小城镇,特别是县城,应从实际的角度逐步放宽户籍条件,使更多的人能够达到户籍登记的标准。二是逐步建立统一的户籍制度和城乡居民公共服务体系,促进农业人口向城镇有序转移,与当地城镇居民享受平等的待遇,切实推进其城镇化进程。三是逐步完善现有户籍制度。以城乡居民户口所在地为基本单位进行户籍登记,以相对固定的居住地和稳定的职业为基础,建立户籍准入制度。只要具备相对稳定的工作和相对固定的居住地,任何公民,包括农业转移人口,都有权登记注册为当地居民,并被列入城市人口管理的范畴。通过这种形式的户籍制度改革,逐步实现城乡人口综合管理,逐步消除现行户籍制度带来的社会不平等和机会不平等,城乡人口自由流动进一步实现,同时促进农业转移人口有序市民化。

(二) 将户籍制度改革与教育和就业制度配套实行

提高户籍开放度还需要将户籍制度同落户子女的教育制度和外来人员就业制度配套实行。首先要深化教育制度改革,落户条件中最普遍的一条就是亲属投靠落户,所以落户家庭子女的入学和教育问题不容小觑。各级政府应全面推行以居住地为原点的就近入学制度,以实现长久在此地居住的公民的子女能够就近入学,接受城市中小学教育等问题。在深化户籍制度改革基础上,实行高等教育招生制度和户籍相分离,逐步实现全国各地考生都可在入学所在地参加高考,使农业转移人口子女同城镇居民子女享有平等的受教育和升学机会,以确保农业转移人口市民化取得阶段性进展。然后是深化就业制度改革。坚持"就业优先"的原则,建立和完善当地人才市场,完善就业服务体系，鼓励落户人口就近流动。同时，要吸收更多的高技术人才，进一步促进地方经济的发展。最后，有关部门要把推动农业转移人口就业创业放在突出位置，把农业转移人口就业能力纳入就业保障范围，加强就业培训，对农业转移人口就业创业问题做好宣传工作。另外，需要对农业转移人口中的失业人员做好法律援助工作，使他们在需要的时候可获得法律援助。

（三）提高各市经济发展水平，缩小地区差距

河南省18地市虽然同属中原，但在经济发展水平和社会发展水平上还是存在不小差异的。因此，应该以尽快缩小地区间差距为原则推动户籍开放度的提高。郑州流动人口占比很高，主要是由于它的经济发展水平比别的城市更有吸引力，其他地市要大力发展生产力，推动经济发展。因此，从短期来看，户籍制度改革仍应遵循按城市规模分类和改进的原则，但从长远来看，我们应尽快采取措施缩小经济差距，减少大城市户籍的吸引力，降低户籍制度改革的难度。此外，郑州作为区域中心城市，经济发展水平比其他17个地市高出一大截，因此要努力消除郑州与其他地市的落户壁垒，推动落户同城化，实行落户积分制。

（四）积极推进农业转移人口市民化

在户籍开放工作中，农业转移人口市民化是检验户籍开放程度的一项重要指标，因此要大力推进农业转移人口市民化并做好相关配套工作。推进农业转移人口市民化，不仅需要加强对转移载体的管理，还需要降低市民化成本。这就要求改变城乡一体化的管理模式。按照易管理、居民自治的原则，科学划分社区，建立健全社区党组织和居委会，大力推进社区党组织领导、居委会参与、居民自治相结合的先进管理模式。此外，应扎实推进农村居民就地市民化，这不仅可以加快农业转移人口市民化进程，还大大降低了市民化成本，可谓一举两得。但是，就地市民化也对政府提出了进一步的要求。政府应进一步

加强城乡社区公共服务供给能力，加强基础设施建设，优化产业空间布局。一是加强农村社区公共服务体系建设，有效配置医疗、卫生和教育等资源，提升城市公共服务辐射带动能力。二是要把城乡经济产业作为一个整体，推进乡镇经济的特色化和产业化，充分发挥当地资源的优势。调整市县产业结构，促进产业融合，加强对产业就业的支持力度，拓宽当地的就业渠道。总之，推进农业转移人口城镇融入是提高户籍开放程度的必然选择。

四　结论

提高户籍开放程度是经济社会发展的必然趋势，是现代化的重要内容和表现形式。因此，户籍制度改革是提高户籍开放程度的必经之路，没有户籍制度改革就没有高度的户籍开放程度。加快推进户籍制度改革，是中国经济社会持续健康发展的迫切需要，还是解决中国的主要矛盾，实现人民美好生活愿景的迫切需要。通过对河南省18地市的户籍开放程度进行研究和分析，得出河南省继续推进户籍开放度工作的难点主要有四个：一是大部分城市经济发展水平不高；二是社会发展差异较大；三是人才吸纳程度有待提高；四是制度安排不完善，城乡政策体系不健全。针对以上问题，本文也给出了相应的对策和建议：首先，继续推进户籍制度改革；其次，完善相关配套制度，尤其是落户人员的就业问题及其子女的教育问题；再次，推动各地区经济发展，努力缩小与郑州之间的差距；最后，建立健全农业转移人口市民化的促进机制，加强对转移载体的管理，促进农业转移人口就地市民化，降低市民化成本，加快市民化进程。

新中国70年城市政权的演进逻辑

引 言

十余年来,中国城市治理研究蓬勃兴起。但总体来看,现有研究在议题、主旨乃至方法论层面都高度分散更像是一个"松散联盟"。这一方面体现了中国城市治理研究视野开阔、思路活跃,另一方面也说明城市治理仍是一个新兴话题,急需开展基础性的理论研究。从实践来看,至少两方面原因决定城市政权研究应被列为基础之列,一是除却经济、社会和文化的经典视角,政权又是驱动城市运行的关键变量,对其分析有助于更加全面地把握城市本质及其治理规律。二是因于城市治理必然是本地化的,政权形态构成城市治理的本地场域,反映城市问题的建构路径,以及解决这些问题所能依赖的政治资源,从而避免犯形而上的错误,以某种纯粹理论或者外来经验来指导中国城市治理实践。

城市政权是现有研究中"缺失的一环"。一方面,学界对农村政权及其建设给予过长期而集中的关注,而对类型学上另一端的城市政权则普遍忽视。另一方面,已有研究中对城市政权的观察主要集中于两个维度,一是新中国成立之初夺取城市政权的历史研究,但是缺乏对新中国70年历程城市政权演进变迁的理论追踪。二是城市基层政权建设的研究有了广泛开展,特别是对城市社区作为基层政权单元的关注,然而却缺少对作为中观整体的城市政权的观察。实际上,伴随

70年经济社会变迁，城市政权的作用对象已经不单单是管理城市，而涉及整个经济社会的协调发展，"城市政权建设"也有必要作为一个重要议题被正式提出。值此新中国成立70年之际，本文试图对中国城市政权的演进路径进行归纳性的逻辑梳理，以期为推动城市治理体系和治理能力现代化提供有借鉴意义的经验判断。

一 概念构成与分析框架

目前关于城市政权尚未形成理论化的概念界定，而国内对这一概念的使用主要集中于几个维度：一是属性论，即新中国成立前后新生政权对城市管辖权限的确立，也包括政权阶级属性的明确和维护，重点突出国家权力对城市区域的"实质控制"；二是区划论，即行政区划体制中的市级政权和与乡村相对的城镇政权，涉及以政府为标志物的权力等级体系，如市、区、街三级政权体系；三是职能论，将城市政权归为地方国家政权，关注立法、司法、行政等国家职能在城市的组织形态及行使机关，也包括政府对城市经济社会的管理职能；四是对象论，即从实施对象的维度勾画城市政权的实质内涵，关注政权及其组织在国家与社会的交界面如何开展活动，特别是城市基层政权建设。这些维度从不同侧面提到了城市政权的相关要素，为更加全面地认识其理论范畴提供了线索。综合来看，本文倾向于将城市政权作为集权力特征与地理特征于一体的复合概念。权力特征主要涉及城市政权作为国家政权的地方形态如何纳入国家架构，国家权力施加于城市社会时又如何与之发生互动联系的问题。而在地理特征上，城市政权标示特定区域空间在国家体系中的位置，城市与区域如何整合以形成统一国家，以及城市与乡村两种典型地理空间的关系。这两个维度交叉展示了理解城市政权的概念构成（如图1）。

"国家—社会"纵轴代表城市政权组织形态的演化，反映国家权力自上而下介入社会的过程，而城市政权则是国家权力向下传导的载

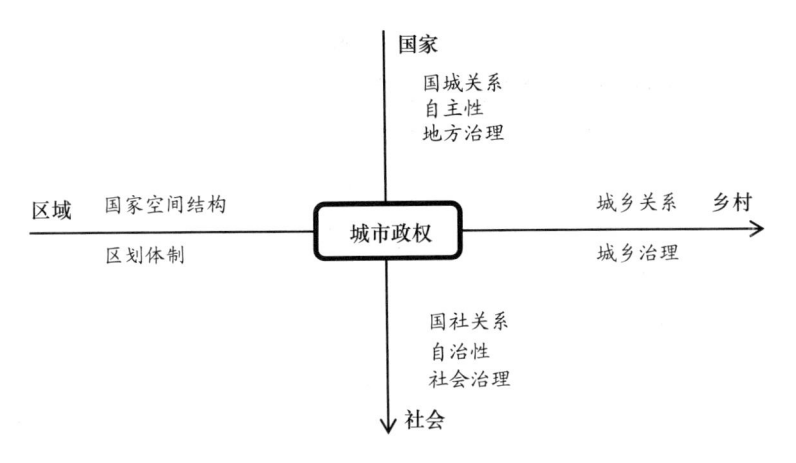

```
                        国家
                        │
                        │ 国城关系
                        │ 自主性
                        │ 地方治理
区域    国家空间结构       │              城乡关系    乡村
─────────────────────┤城市政权├──────────────────────→
        区划体制         │              城乡治理
                        │ 国社关系
                        │ 自治性
                        │ 社会治理
                        ▼
                       社会
```

图 1 城市政权的概念构成

体；"区域—乡村"横轴代表城市政权空间形态的定位，反映国家权力在领土疆域内的分配方式，而城市政权在区域结构和城乡结构中被赋予了特定地位和属性。本文将新中国成立以来城市政权的演进史放入上述两个轴向上进行分析，重点回答城市政权衍生发展的生长逻辑，以及城市政权组织形态调整背后的变迁逻辑，以便于发现政权环境对城市治理的影响。

二 建构现代国家：新中国70年城市政权的生长逻辑

新中国70年书写了辉煌壮丽的建构现代国家的进程，而这一进程与城市政权建设紧密联系在一起。一是新中国建设现代国家起始于城市政权的取得，并不断以城市政权为载体兑现各种现代国家的功能，即在城市中建设现代国家。二是以城市为枢纽，以城市政权为辐射节点实现了对国家的空间整合，也就是用城市来管理整个国家。回顾70年历程，中国城市政权的演生发展始终服从于建构现代国家之目的，这一逻辑持续至今并且随着城市型社会的来临而不断强化。

(一) 在城市中建设现代国家

新中国成立前后，中国共产党按照农村包围城市的战略路线取得革命胜利，随后迅速将领导重心转移到城市上来。"中共入城以后，城市成为'社会主义建设的命根子'，是中国共产党新政权建立和巩固的最重要阵地，也是中共施政的基础。"① 可以说，城市是社会主义现代国家的成长空间。根据国家建设不同时期的功能指向，城市政权的组织形态大致经历了三个阶段的演化。

1. 政治指向阶段（1949年至20世纪80年代初）

20世纪中期以前，城市政权的组织形式并不稳定。在隶属关系上，有直接隶属中央的直辖市，也有隶属六大行政区军政委的城市，还包括省辖市和县域中心城镇。在城市内部，设立了市人民政府，而市以下行政建制则经历了全部撤销到选择性恢复，最终明确了大城市设立市区街三级政权架构。同时，兼具行政性和自治性的居委会在密切党群联系、整合和动员社会运动、维护团结方面发挥重要作用，成为国家权力作用于社会的直接渠道。"虽然居委会名义上是自治组织，作为基层群众性自治性组织，居委会不是从社会内部生发出来的，而是国家政权建设和制度设计主动建构的结果。"②

随着社会主义改造的完成和第一个五年计划的全面实施，国家开始按照计划体制的设计对城市政权进行统一设置，其架构发生了根本性变化。省级行政建制正规化，而市级政权纳入省级建制的规则形成。按照集中统一领导的原则，城市权力结构复刻中央架构，机构、体制和职能参照中央设置，实行市人民代表大会制度，人民政府相关职能保持向上对口，除基本的财政、公安、救助职能以外，一些典型的城市性职能得到拓展，如市政建设、交通、就业等。至此，现代国

---

① 阮清华：《毛泽东时代城市史研究与中共地域史研究的深化》，《中共党史研究》2018年第5期。
② 王邦佐：《居委会与社区治理：城市社区居委会组织研究》，上海人民出版社2003年版，第93页。

家所必备的理性官僚系统在城市中初步建立起来。同时，计划经济的体制安排——单位制，取代街居制成为国家组织生产生活的主要方式。通过单位制，国家实现了对社会的全面控制。

新中国成立到改革开放前，城市政权体现出鲜明的"政治先异"色彩。无论是"党政系统+街居制"，还是后来全面实施的"党政系统+单位制"，国家史无前例地实现了对社会的全面控制和塑造，这一方面确保了新生国家的政权稳定，另一方面也建立起计划经济下受政治指令驱动的政治国家形态。单位制在城市的确立事实上在政治层面构造出一种超稳定结构，"把城市中的群众首先按生产和工作单位（即按工厂、企业、机关、学校），其次按职业（即按各行各业）组织起来，由市的机关去同他们直接联系。"① 单位制为城市政权联系群众作了铺垫和准备，使得国家管理社会时面对的是已经被高度组织化了的社会群体。所以，计划经济时代的城市政权实际运行于两条并行的权力体系之中，一个是由执政党领导的人民代表大会制下的城市行政体系，另一条则是国家职能部门自上而下直接影响单位的计划指令体系。当然，这种政治上的超稳定结构也带来了生产上的低效率，在随后的市场经济体制改革中面临失效的风险。

2. 经济指向阶段（20世纪80年代初到21世纪初）

改革开放以后，计划经济体制向市场经济体制转轨，城市政权的组织形态也随之发生重大变化。首先，"以经济建设为中心"的原则确立后，城市作为工业化、城镇化、市场化进程的主战场，提升其生产性功能受到重视，而借助政权力量推动市场发育和经济增长成为当时各级政府的首选。因而，经济管理职能在市、区、街道三级政权组织中得到迅速扩张，直接生成了深入街道办事处人员的招商引资工作。与此同时，以政府兴办企业为市场主体的生产经营活动开始出现，包括为解决国有企业下岗职工和返城青年就业问题，区和街道政

---

① 杨菁：《建国初期毛泽东城市行政管理思想及其实践初探》，《毛泽东思想研究》2008年第2期。

府创办的公办企业和集体所有制企业。

其次,为满足经济增长需要,国家推行了一系列区划调整。为适应城市扩张在郊区和周边农村推行的村改居、乡改镇、镇改街道,直接推动了集体所有制基础上的农村政权向城市政权的转化。也包括为促进有发展潜力的大城镇更快发展,而提升其管理权限,推行撤县设市或者撤县设区。统计显示,1978—1997年,中国市级行政建制的数量从原有的200多个迅速增加到600多个,增长了两倍多[①]。这些变化实际上代表了为推动经济发展和应对城镇化不断加快的挑战,而以扩大空间经济化和提高经济规模为目标,对城市政权进行的结构优化和扩权赋能。

与经济职能的扩张相伴而生,城市政权原有的"党政系统+单位制"两条腿走路的格局被打破。单位制的社会服务、社会控制和社会整合功能丧失,党政权力系统则获得反向发展机会,替代性地得到了强化。其一,街道政权得到确认和强化。单位人员大量流向体制外,加上进城务工农民不断增加,街道社会管理压力异常繁重,原先由单位供给的服务也转由基层政府提供,这使得原本在法律地位上不甚明确的街道政权获得了存在理由。至20世纪末,发端于上海的"两级政府、三级管理、四级网络"的城市政权架构迅速在全国推广,已然发展成为标准化的市行政体制。其二,基层党组织软弱无力的问题受到重视,通过党建向新生经济组织和社会组织覆盖,以加强党的领导弥补单位制的社会整合功能。其三,为适应市场经济发展带来的利益多元化,以及社会流动性和身份多样化变化,整合长期处于失能状态的居委会,组建社区居民委员会,发展社区制管理模式。其四,为应对人口流动性增强,强化城市政府的人口管制职能,城管执法、户籍管理等管制性职能应运而生。总体来看,在从计划经济向市场经济转型的过程中,城市政权形态发生了适应性调整,尽管还存在调整不到

---

① 康晓光、韩恒:《行政吸纳社会——当前中国大陆国家与社会关系再研究》,*Social Sciences in China*,No. 2,2007。

位甚至错位的情况。

3. 社会指向阶段（21 世纪初至今）

进入 21 世纪，社会主义现代国家的建设重心发生位移，进入所谓"重新发现社会"的阶段，特别是 2013 年党的十八届三中全会提出推动国家治理体系和治理能力现代化，代表了在新的历史起点建设更加完善的现代国家的努力，而方向则是超越国家中心论，寻求国家与社会互动调适中的治理现代化。同时，在新型城镇化、经济新常态、放管服改革等一系列新形势推动下，城市政权的职能重心向社会治理过渡。

推动城市政权的去经济化。城市仍然是经济增长的核心区域，但是政权力量推动城市经济的发展方式开始转变，同时更加强化其社会服务职能。按照"使市场在资源配置中起决定性作用和更好发挥政府作用"的指导原则，自下而上从基层政权组织开始剥离经济属性，包括逐步撤销街道办事处乃至区机关部门的招商引资功能，以及减少对各级政府的 GDP 考核比重。同时，提高城市综合承载力、改革户籍和开放城市公共服务体系、向城市释放权能，包括权力下放、提高行政级别、赋予专属审批权等改革，以调结构、理关系的方式释放发展动能，减少权力对经济社会的直接干预，规划城市群、城市带、大都市区和区域中心城市发展，促进要素的合理流动、区域联合发展和创新能力的激发，目的是简政放权，扩大城市自主性，提升城市治理能力。

引入社会治理创新。推广建立社区、社工、社会组织、社区志愿者"四社联动"机制，创新共商共议的基层协商治理体制机制，落实以社区为单元的服务设施配套、服务队伍健全、服务时效持续的社区服务体系，健全吸纳外来人口和流动人口的城市居民参与决策的制度。同时，在城市治理、环境整治、小区治理等多个领域同时推进，遵循"重心下移，力量下沉"的原则，将城市社会治理权限下沉到各社区，探索建立区、街道、社区（村）纵向联动工作平台，加强条块协同，初步建立起了"大联勤+"城市基层社会治理新机制。

此外，还有"一核多元"社会治理模式、"一主一体三化"多元化社会治理格局模式。

加强政权微循环建设。以精细化和微治理为方向，提高城市政府危机应对的有效性，包括在原有网格化管理的基础上，进一步推动实施路长制。当然，现有理论对这种转变存在分歧，支持的一方认为将资源人力向网格沉降更有利于提供精准服务，同时通过加强微治理、微调节，提高社会治理的回应性，及时化解基层冲突和矛盾。而反对的一方则认为这种控制体系仍然属于管制的范畴而与治理的要求相违背。但是无论如何，城市政权在宏观方面减少对经济的直接干预，而在微观方面则不断强化社会治理取向。

（二）用城市来管理现代国家

任何国家都需要一定的空间结构来实现国家整合，而整合的目的一个在于保持和维护国家的统一完整，另一个则是建构一种国家治理秩序使国家权力在不同区域的分配以及事务有效传导。新中国成立以来，保持国家统一和有效治理的空间格局是以城市为中心搭建的。除建国初期大规模的省级行政区划调整以外，省级行政区划长期保持相对稳定，而城市建制则始终处于活跃变化之中。而城市政权的变化则集中体现为一种趋势，既以城市为中心实现国家权力对全域疆土的有效覆盖，最直接的表现就是城市型政区的大规模出现并占据主导地位。通过赋予城市领导乡村的权力等级，城市政权不仅实现了对市镇区域的控制，也将广大农村地区置于市级政权的统辖之下。国家对城市这个非农区域的治理与国家对乡村地区的治理实现了融合，当然融合的方式是将农村置于城市的领导之下。也就是将城市政权从传统意义上的市县分治下的点状政权，变为覆盖市县的区域性政权，市政府不再是纯粹的城市政府，而是演变成为区域性政府。这一演进无疑与国家政权建设中对城市在国民经济社会发展中的重要地位密切相关。

新中国成立以来城市型政区的极大发展是现代国家区别于传统国家的一个重要特征。中国历史上很早就出现了人口规模较大的城镇，甚至不乏引领世界的城市文明，但从未出现过真正意义上的城市型政区，城市行政建制在国家区划体制中占极少比例，甚至是被乡村县制分而治之，因此就更谈不上所谓城市政权的建设问题。而中国历史上系统的开展城市政权建设则起始于新中国的成立。中国共产党领导革命胜利，组建新政权国家之初，从夺取城市政权、巩固城市政权、发展城市政权，取得了巨大成就。在过去70年间，通过多种途径，中国已累计设置城市行政建制674个。城市行政区成为国家经济社会发展的重点地域，城市政权建设在促进国家与社会的融合、维护现代国家统一性和结构化运行上发挥着重要作用，最直接的表现就是市作为国家权力的地方行使单位在规模数量和影响力两个方面都得到快速增长。改革开放后，随着快速城镇化不断推进，城市型社会来临对国家治理提出的许多新要求越发要求在城市建制和城市行政区方面做出调整，以适应新时代发展要求。

城市型政区的主导实现了以城市为节点组织现代国家。这一进程在新中国70年的历史上主要通过两项工作来实现，一是确立了市领导县的管理体制，二是推行大规模的整县设市，前者确立了以城市带动周边县域的治理结构，而后者则通过增设城市节点，实现了国家权力在空间上的切割重组，保障了城市行政区的整齐划一，显然与中央集权的单一制高度契合。

城市领导乡村的思路早在新中国成立初期就在中国共产党的执政理念中得以确立。一是随着中央政权和地方政权不断搬入城市，城镇的政治重要性不断显现；二是城市作为现代工商业集中地，自然成为区域政治经济文化中心；三是城市作为工人阶级的天然场所自然而然成为阶级统治的领导空间。正是因为此，城市在新中国成立以后一直处于政治上的领先地位，而实现这一目的的途径，就是将空间发展上的城市领导乡村变为行政关系上的城市领导乡村，也就是我们现在非常熟悉的市管县体制。从新中国成立初期的直辖市和少数较大的城市，实行市领导县的体制，一直到改革开放初期，全国有57个市领导县，147个县，分别占全国地级市以上的51.4%和县的6.9%，平均每市领导两个县。20世纪80年代开始，中国开始推行大规模的市领导县体制改革，甚至构成当时行政体制改革的主要内容之一。至20世纪末，先后通过，地市合并，撤县设市，和县级市改地级代管三种改革方式，使中国大部分地区都基本实行了市管县体制，原来市县分治的格局大体都向城市中心归置。此轮改革至2002年底，中国共有建制城市660个，其中直辖市4个，副省级市15个，地级市260个，县级市381个，其中地级市所领导的县占县级总数的70%以上。由此，以城市为中心涵盖周边县城和农村正式成为国家权力结构中的一个层级，并且国家通过控制城市实现了对周边地区的整体控制，这无疑成为现代国家实施国家治理的便捷的甚至看似整齐的空间策略。

与市领导县体制同步推进的，还有城市行政区域在数量上的迅速增长，也就是城市政权的组织单位的大量增加。城市行政区的数量增长大致经历了三个阶段的变化。第一个阶段是20世纪80年代以前，中国城市建制的设置主要依靠切块设市，也就是对达到相应标准的地区从周边区划中提取出来设置为城市行政区，城市与周边县域在行政地位上是彼此分离的，没有隶属关系。这一时期的切块设市一定程度上满足了对较大的重要工矿企业所在地交通枢纽等城市在政治上的地位保证，因而与计划经济体制高度配合。第二个阶段为20世纪80年代至20世纪末。为克服切块设市所带来的行政区划上的碎片化，国家开始实行大规模的整县设市，既将人口和工商业聚集的县城改制为市级政权，原有设在乡镇的基层政权保持不变，同时自然转归为市级政权管辖。整县设市和市领导县相互配合使得中国几乎不存在切块设市的市，几乎所有城市都下辖若干县区和县级市，而城市建制的数量则由原来的200左右增加到600多个，增长了两倍多。21世纪开始的十年里，为避免虚假城市化的问题，国家停止了整县设市，但同时出现了大规模的撤县设区的改造运动，这实际上使得城市行政区在空间面积上得到了拓展，原有的乡村空间被转化为城市空间。2011年以后进入新时代以来，城市行政区又进入了新的发展时期，与《新型城镇化规划纲要2014—

2020》目标相一致，该规划指出到2020年中国的城镇化率要达到60%，努力实现一亿左右的农业转移人口和其他常住人口在城镇落户。此外，包括十八大报告在内的一系列重要政策文件明确指出"对具备行政区划条件的县可有序改市"。可以说城市在国家经济社会政治中的作用日益增加，其政治地位也越发凸显。

（三）重新认识城市政权的意义

综上回顾，城市政权不能被简单地理解为城市中的国家政权，其在现代国家建构中扮演重要角色，蕴含更加丰富的内涵。实际上，从计划经济时代到市场经济转型，再到新时代继续深化改革开放，中国城市政权的演化发展与现代国家的成长同步而行。以传统和现代为分界，新中国史无前例地摆脱了传统国家形态，初步建成了现代国家，并不断深入完善其构造。"当民族国家的边界确立下来之后，现代国家的任务就是改变国家上层与地方社会之间的断裂状态。"[①] 因此，从建立新型国家，到充分认识市场，再到重新发现社会，城市政权的演化发展体现了以不同形式维持国家对地方和社会的联系。从比较意义上来讲，中国特色现代国家的独特性就体现于"城市中心"的国家建构路径，这一路径在中国有其历史必然性。

首先，管理城市空间是现代国家的基本任务。现代化进程必然伴随城市空间的不断增长，甚至随着城市化不断推进，一国之政治、经济、文化和社会活动向城市聚集，如何有效控制和管理城市空间是现代国家必须面对的问题。从理论上来讲，现代国家生成于农业社会向工业社会的转型过程，工业生产和工业文明不断超越农业生产和农业文明的主导地位，工业生产衍生的社会性活动存在于城市之中并且有赖于城市支持系统的保障和维持，因而对城市生产生活实行有序管理是现代国家的必备技能，而传统国家则不具备发展城市政权的必要性

---

① [英] 约翰·伦尼·肖特：《城市秩序：城市、文化与权力导论》，上海人民出版社2015年版，第113页。

和可行性。从实践层面来看,中国共产党领导新中国建设始终致力于快速实现现代化。从中华人民共和国成立之初到整个计划经济时代,国家权力强力干预推动创建相对完备的工业体系,使新中国在较短的时间内,从积贫积弱的农业封建国转变为工业现代国。改革开放后,市场经济改革中工商业和现代服务业快速发展,这在客观上要求加强城市政权建设以应对城市生产生活方式变迁的挑战。所幸,1949年党的七届二中全会就明确了"党的工作重心由农村移到了城市","要以城市工作为重心来领导全党的工作"。这一定位无疑奠定了以城市为中心建设社会主义国家的总基调。2015年,中央城市工作会议仍旗帜鲜明地指出,城市是中国经济、政治、文化、社会等方面活动的中心,在党和国家工作全局中具有举足轻重的地位,城市建设成为现代化建设的重要引擎。一定意义上来讲,中国在"压缩的现代化进程"中能够完成国家建构的多重目标要得益于创制和巩固了城市政权,从而实现了对发展风险的有效控制。

其次,城市型政权体系为现代中国创造了新的治理条件。传统中国尽管发展出了所谓"官僚制帝国"的国家形态,但是国家权力自上而下仍无法实现对大型社会的有效渗透,以致出现社会低质量发展与国家权力鞭长莫及的分裂状态。"现代国家之所以能够进行传统主义国家无法做到的工作,原因在于现代国家具备了新的治理条件。"中国从传统农业国走向现代工业国正是因为有了新的治理条件,即城市型政权体系。通过大力营造城市型政区,提高城市政权的辐射能力,不仅实现了国家权力与基层社会的结合,拓展了国家治理空间。更重要的是,通过调整城市政权在区域政权体系中的位置,国家实现了对包括城乡空间在内的全域疆土的无缝覆盖。也就是说,城市政权建设在中国建构现代国家的进程中已经被作为一种国家治理的空间策略。尽管新中国70年经济社会结构发生重大变化,但以城市政权为辐射节点的国家政权体系却提供了一种整齐稳定、简便可行的空间治理结构。推而论之,多省试点的省管县体制改革之所以面临重重困境,而河南省更是于2018年将直管县全部回归省辖市管理,深层次原因就在于，省管县体制作为一种新的空间策略，在城市型政权体系的主导格局中存在全方位的不适应，遭遇到结构性的运行障碍。事实上，只要"用城市来管辖周边""用城市来领导乡村"的逻辑还继续存在，省管县体制改革就难以深入推行。

三 理顺三大关系：新中国70年城市政权的变迁逻辑

尽管城市政权作为现代国家空间节点的基本逻辑是一以贯之的，但这一逻辑的维持过程却蕴含着多重关系的变迁调整，概括而言，主要包括国城关系、国社关系和城乡关系这三大关系的变迁演进。也就是说，新中国成立70年以来，城市政权建设事实上最终都作用到这三大关系的调整上来，从中也可以看出，新中国70年城市政权建设的成就和未来趋势。换句话说，三大关系的进一步理顺是推动城市政权建设的根本动力。

（一）国城关系：从整体性国家到地方治理

与西方城市不同，今天中国城市的发展在很大程度上仍然是一个国家与城市权力关系调整的过程。新中国70年历程中，国家与城市关系重大转折出现于改革开放。改革开放前的计划经济体制时期，国家通过上通下达的"条条结构"将各种计划指令直接下达到各个生产单位，而与单位制生产高度捆绑在一起的单位人生活关系又意味着国家对城市生活的直接干预。与此同时，城市政权的城市管理功能是部分的、不完全的，在生产性活动上主要承担协调功能，而在社会服务方面除市政管理以外的教育医疗养老等服务几乎都由单位分担或多头共享。因此，整体性国家架构下的城市自主性是有限的，典型例子就如城市大量存在的中央部委直属单位的行政级别比市政府的还高，从而导致市级政权在协调各单位活动时捉襟见肘。

一方面，改革开放以后单位制逐步瓦解，国家的整体性控制失效，迫切需要加强城市自主性以应对复杂形势的变化。一是城市政府开始全面承接促进生产力发展的职能，经济建设走向地方化，自主发展本地经济的权能全面提升；二是传统单位制下的社会服务渠道中断，要维持社会继续良性运转，城市政府必须弥补公共服务供给短缺；三是脱离了体制的人员以及不断涌现的新经济社会组织，用粗放的整体性架构已无法统御，而只能寄希望于地方政权在一线对其实施管理。从20世纪80年代赋予较大的市地方立法权，到2015年修改立法法赋予全部有社区的市地方立法权，其背后的逻辑恰恰正是为了提高城市自治的权限和能力，是从国家主导向强化地方治理方向的重大变迁。另一方面，改制和划归地方等单位改革切断了地方企事业单位同上级部门的直接联系，从而建构起整齐划一的行政隶属关系，为市级政权实行统一管理扫清了障碍。

当然，地方治理的加强也同时强化了政权体系的等级结构，从而出现整体性国家到层级化国家的转变。城市政权体系中，原有的行政末梢即街道办事处的工作任务持续加大，一度有朝向做实一级政府的趋势发展，这恰恰是走向地方治理的过程中必然出现的情况。以往我们倾向于拒绝这种增加行政层级的做法，但也要认识到，从整体性国家中脱离出来的城市也迫切需要建立起完备的地方治理体系。

（二）国社关系：从社会国家化到社会治理

国家与社会关系仍然是理解城市政权变迁的重要分析框架，而建构国家与社会间的合理化关系又构成城市政权建设的重要遵循。新中国70年间国家与社会关系的演变实际上指的就是城市社会（市民社会）与国家关系的演变，而农村地区生产资料集体所有制基础上的村民自治则在逻辑上保持不变。众所周知，理论意义上的国家与社会关系变迁就发生于改革开放后单位制的瓦解，而在此之前，城市社会是高度国家化的，"单位制+街居制"实现了国家对社会的高度统合，居委会作为名义上的社会自治组织也从根本上丧失了自治功能。随着市场经济体制改革走向纵深，理论层面上的市民社会崛起，但仍没有摆脱国家权力的干预。国家继续以行政吸纳社会的方式保持其在与社会互动中的领导地位，从而保持社会和政权稳定。甚至到了后单位时期，国家又进一步通过组织边界扩大化和组织去法团化，实现双权威重构，国家依然可以将力量渗透到群众的日常生活。

国家在经过一系列自我革命、自我调整后，社会的成长空间也确实得到了释放。但是改革开放40年里，国家与社会关系仍在两条轨道上演进，一条是国家通过转变控制方式继续保持对社会的领导，如党组织在社区、街道以及大量出现的私人企业保持影响力。党的十八届三中全会以后，加强网格化管理、推进城市精细化管理、提升微治理能力等在实践中都带有加强社会控制的色彩。而在另一条轨道上，国家又认可社会的变迁和高度复杂性，承认社会自主性的存在必要，鼓励各种形式的社会治理创新，并为社会组织健康成长创造条件。因此，一方面国家权力继续保持向下延伸的姿态，另一方面又通过强化服务、协商对话发展出与社会自治协调并存的社会治理体制机制，比如基层协商治理。进入新时代，"党委领导、政府主导、社会协同、公众参与、法制保障"的总方针得到确立，代表走向国家与社会合作治理的未来方向。

（三）城乡关系：从城乡分立到以城带乡再到城乡合治

中国城市政权体系的演化深刻影响到城乡关系的变迁。空间政治学基本原理表明，区域发展的差异化一定程度上源于空间组织的不均衡分布，而权力组织是空间组织的典型代表。中国在现代化建设之初按照城市领导乡村、农业支持工业的原则安排城乡发展时序，城市被安排为发达生产力的聚集区，计划配给则消除了城乡资源自由流动，而为了保护城市生产性，维护城市生产和就业秩序，中国相当长一段时间内实施的是城乡分治的权力结构，甚至对城市实施封闭化管理。一方面城市政权与农村政权分而设立，互不干涉，行政区划上实行市县分立体制。另一方面通过户籍档案组织关系等身份制度消除人口的城乡流动。

20世纪80年代后，市领导县体制的全面实施带来城乡关系的新调整，其核心特征就是通过确立城市相对于乡村的权力优先性塑造以城市发展带动乡村发展的差序格局。以城带乡的初衷首先是推动城乡行政区与经济区的重叠整合，打通城乡市场要素的流通渠道，取消"城市管工业，农村管农业"的人为分割，加强工农业经济联系。其次，通过释放城市生产力来带动整个周边区域的经济增长，使计划时代的单向生产变为商品时代统筹供需的生产力。然而，城市带动乡村发展的设想最终走向了异化，在自上而下的资源分配中，权力优势的城市区域获得更多资源和机会，形成对县域及乡村的机会剥夺，这也是后来推动省管县体制改革的重要原因。

进入新时代，城乡一体化的观念不断深入。2015年中央一号文件首次在"三农"问题上引入城乡一体发展思路。而实现城乡一体化发展的机制则是统筹协调，就是通过调整职能结构来扭转城市挤压乡村的局面，促进城市发展成果向农村的回输和共享式发展，突出城乡发展的统一规划，城乡合治理念初显端倪。另一方面，在政权结构上突出乡村政权向城市政权的转化，在规模和质量上提升城市包容乡村发展的能力。当然，城乡合治的前提是承认城乡差别，既建设遵循城市发展规律、符合城市人本属性的城市治理体系，又着手发展贴近乡土中国特色、现代而有效的乡村治理体系，完善区别治理基础上的城乡合作式治理机制。

四 政权环境：中国城市治理转型的路径依赖

新中国70年城市政权演进历程业已形成了机制化了的政权环境，深刻影响中国城市治理的运行轨迹，认识政权环境及其机制将更有助于推动中国城市治理转型。

首先，调节权力秩序成为城市治理的政策工具。新中国成立以来，为适应赶超式发展的需要，通过调节权力秩序来塑造区域发展格局已经逐渐演变成为国家治理的一种工具。通过调节权力等级来划定空间发展的优先顺序已经演变成为一种成熟的国家治理工具。基层城市城乡区域乃至整个国家,一定程度上都在权力结构的规约下开展治理活动,通过对政治权力空间分割和重组来建构特定的治理秩序。长期以来,在城市政权建设方面已形成了一种政治晋升机制。地方往往通过提升人口、经济、区位等多个方面的重要性来换取城市的政治地位的提升,如城市行政级别的提高或者城市战略地位的认定,就像早些年地方争取副省级城市,到现在纷纷角逐国家中心城市的名分,乃至长期存在的县域城镇争取设市级政权的动机,甚至在城市新区也普遍存在的国家级、省级和市级的等级体系。而反过来,既有的权力结构又成为地方推脱发展责任的借口,如有学者论,行政级别已经成为限制城市发展的紧箍咒。因此,中国的城市治理既要从这个因素中寻找问题的成因,也要善于从中发现解决问题之道。"城市不是独立于广阔社会之外的另一个东西,并不存在能从社会反思中抽象出来的独立的城市话语。危机城市问题都是社会危机、社会问题,前者不能被简化为地理解释。"在权力先于发展的逻辑下,出现了城市发展速度超过了行政政治变化的缓慢进程,这种现象。特别是当城市走向一体化,城市群城市带区域融合的过程中而行政碎片化却始终未得到改善,以至于区域联合发展经常面临政治分割的障碍。当然权力结构的先导地位,也有利于抵制市场机制失灵的不足之处,特别是在资源用脚投票,向大城市聚集,从而导致区域发展失衡的进程中通过恰当的全力安排来校正,资源分配不公,促进资源向欠发达地区分布,从而实现区域协调发展。

其次,公共服务是城市治理转型的关键突破点。毋庸置疑,随着城镇化进一步快速推动,人口向城市聚集,国家治理与城市治理之间的关系将更加紧密,地方治理功能将不断加强,政府、市场和社会关系也会发生变化。因此,推动城市治理转型是基本趋势。目前学界倾向于从主体多元角度来描述管制向治理的转型,但笔者更倾向于使用动力机制来观察这个问题,也就是各类治理主体会根据何种路径来调整自己的行为,其中,历史脉络中的积累性资源和制度习惯是重要方面。当前，地方治理，社会治理和区域合治的景象已经勾勒出来，但是一些传统政权建设的经验仍然在发挥效力，一方面国家权力仍然试图在城市基层社会建构更加细密的微循环系统，另一方面国家又希望通过改革来消除对经济社会的过多干预。所以一方面传统的国家空间观已经无法使国家再次渗透新型的社会激励当中，其结果是治理过程的表面化，实际功效甚微。而另一方面，被寄予厚望的社会力量，却迟迟没有发育成为理性成熟的治理主体。因而等级化的国家经济和社会运行机制，仍然普遍发挥作用。城市政权演进中所蕴含的一些治理策略和机制已经逐步形成稳定的治理规则。从目前情况来看，着眼于公共服务推进改革，恐怕是城市治理转型切实可行的突破之处。一是通过建构全国统一的公共服务体系，理顺国家与城市，中央与地方之间的关系。二是通过加强公共服务传输系统的建设，激活基层治理的活力，一定程度上软化，根深蒂固的深化到基层社区的等级式治理结构，至少改革资源分配从上而下的倒置结构，从而为多元合制的局面提供发育机制。三是城乡之间的根本差距在于公共服务，推进城乡公共服务均等化是在现有以城市为中心的城乡权力关系的条件下，在对已有的政权组织规则不形成重大挑战的情况下，实现城乡合治的重要途径。总之，在新时代新形势下，推动城市治理体系和治理能力现代化，中国城市经历了从生产型城市向发展型城市的转变之后，应以推动城市服务性为核心，促进城市政权及其机构的人民性。